한국인의 생활사

한미라 · 전경숙

일진사

강의 첫 시간에 들어가 '역사를 좋아하는가'에 대해 학생들에게 물어보면 대부분 '싫다'라는 대답을 한다. 왜 싫으냐고 물으면 '외우는 게 너무 많다'라든지 '재미없다'는 것이다. 좋아한다고 대답한 학생들도 역사 선생님을 좋아해서 역사를 좋아한 경우가 대부분이니 실제로 역사를 좋아하는 학생들은 거의 없어 보인다.

역사의 주체는 인간이다. 그럼에도 불구하고 우리가 초·중·고등학교 때 배운 역사에는 인간이 없다. 단지 위인의 이름과 그들이 남긴 업적이 빼곡하게 나열되어 있다. 사실 반만년의 역사를 자랑하는 우리 민족의 역사를 교과서 2권에 담으려다 보니 어쩔 수 없는 일일 것이다. 교과서가 이렇다 보니 역사는 암기 위주의 교육일 수밖에 없었고, 학생들의 흥미를 끌기가 쉽지 않았다. 그렇다면 정말로 역사는 재미없는 것일까.

많은 사람들이 역사를 지루한 것으로 생각하는 반면에 베스트셀러 중에는 삼국지나 영웅담 같은 역사소설이 많고, 최고의 시청률이나 관객 수를 동원하는 역사 드라마나 영화도 많이 있다. 이렇게 보면 일반인들이 한국사에 대한 관심이 아주 없는 것도 아니라고 할 수 있다.

1990년대 이후 한국사에 대한 일반인의 관심이 늘기 시작하면서 대중의 흥미에 부응하기 위해 한국사에서 재미있고 흥미 있는 부분만 간추려 주제별로 꾸민 역사서가 많이 출간되었다. 이러한 책을 통해 역사가 고리타분하거나 어려운 것만이 아니라 쉽고 재미있을 수도 있다고 생각하게 되었다. 이러한 점에서 역사대중서의 출판은 나름대로 의미가 있다고 할 수 있다.

그러나 중요한 것은 이러한 대중서를 쓴 저자들이 역사를 본격적으로 연구한 사람들이 아니라는 것이다. 비정상적인 역사가 정상적인 역사로 둔갑하기도 한다. 이를 바로잡기 위해 일반인과 함께 호흡할 수 있는 바른 역사서를 쓰기 위한 노력이 한창이다.

이 책도 이러한 노력의 일환으로 인류가 처음 나타나기 시작한 때부터 조선시대까지의 사람들이 무엇을 생각하며 어떻게 살았는지에 대한 모습을 담아보았다. 특히 현재 생활양식의 원형을 이루는 조선시대를 중심으로 당시의 사람들이 얼마나 열심히 그 시대를 살아가며 역사를 만들었는지에 대해 서술하였다.

    이 책은 크게 4부분으로 분류할 수 있다. 첫 부분에서는 사료가 많이 남아 있지 않은 고대인의 생활상을 유적과 유물을 통해 살펴보았다. 우리 민족이 어떻게 형성되었으며, 우리 민족을 우리답게 만드는 특징은 무엇인가에 대한 질문을 시작으로, 고분벽화·토우(土偶)를 통해 삼국시대 사람들이 어떻게 살았는지를 살펴보았다.

    두 번째 부분은 고려시대와 조선시대를 살았던 사람들을 왕·관료(官僚)·농민·천민, 그리고 여성으로 나누어 그들이 구체적으로 어떻게 살았는지를 담았다. 당시 사람들이 같은 시대를 살아가면서 신분에 따라 얼마나 서로 다른 삶을 영위했는가를 알 수 있을 것이다.

    세 번째 부분은 인간이 태어나서 죽을 때까지 행해지는 일생의례를 살펴보았다. 이를 통해 우리가 가장 중요하게 여기는 의례인 관혼상제(冠婚喪祭)가 언제 어떻게 만들어졌고, 그것은 어떤 의미를 가지고 오늘날까지 이어져왔는지에 대해 생각해 볼 수 있을 것이다.

    마지막 부분은 고려시대와 조선시대의 사람들이 무엇을 입고 먹고, 어디서 살았는지에 대해 분야별 생활양식을 살펴보았다. 우리나라 고유의 의식주(衣食住) 생활의 특징은 무엇이며, 어떠한 변화과정을 거쳐 현재의 모습을 형성했는지를 알 수 있을 것이다. 아울러 생활 규제의 측면에서 만들어진 형벌제도도 서술하였다.

    역사를 제도사가 아닌 생활사를 통해 살펴봄으로써 우리는 인간의 삶에 대해 깊이 생각하고 현재 우리의 삶을 되새겨 볼 수 있을 것이다. 과거는 현재의 원인이고, 현재는 과거의 결과이다. 미래는 또한 현재를 살아가는 우리들 삶의 결과물일 것이다. 이렇게 볼 때 역사는 더 이상 '죽어 있는' 것이 아닌 '살아 있는' 것으로 보다 가깝게 인식될 것이다.

저자 씀

I. 유물에 나타난 생활

|첫 번째| 우리 민족의 기원

민족(民族)이란 10
인류(人類)의 출현과 진화 12
우리 민족의 기원 15
우리 민족의 전형적인 얼굴 19
반만년의 역사를 가진 우리 민족 21

|두 번째| 암각화(岩刻畵)로 보는 선사인(先史人)의 생활

암각화(岩刻畵)란 26
가장 오래된 울주 반구대 암각화 27
추상적인 내용의 울주 천전리 암각화 34
그 밖에 어떤 암각화가 있을까 38

|세 번째| 고분벽화를 통해 본 고구려인의 생활

고분벽화(古墳壁畵)는 왜 그렸을까 41
고분벽화는 어떻게 그렸을까 43
고구려 고분벽화의 내용의 변화 44
무엇을 입고 살았을까 47
무엇을 먹고 살았을까 53
어떤 집에서 살았을까 55
고분 벽화에 나타난 신분 59

|네 번째| 토우(土偶)로 살펴본 신라인의 생활

토우(土偶)란 62
토우는 왜 만들었을까 63
신라 토우의 발굴 64
토우로 살펴본 신라인의 성(性) 풍속 65
토우를 통해 본 생활상 67

Ⅱ. 중세의 신분별 생활

| 다섯 번째 | 왕(王)의 생활

'왕(王)'이란 명칭은 어떻게 생겨났을까 78
왕의 여러 가지 호칭(呼稱) 80
왕은 하루를 어떻게 보냈을까 82
왕의 상징물 84
왕은 어떤 옷을 입었을까 86
왕의 식사 89

| 여섯 번째 | 관료(官僚)의 생활

귀족·양반·선비의 정의 93
관료가 되는 방법 94
과거(科擧)를 보기까지의 교육과정 99
중세의 관료 규모 105
재상(宰相)이 되기까지 107
관리의 수입은 얼마나 되었을까 109

| 일곱 번째 | 농민(農民)의 생활

양인(良人)이란 111
24 절기(節氣)와 한 해 농사 113
농가(農家)의 수입과 지출 118
농자천하지대본(農者天下之大本) 120
농경의례(農耕儀禮) 125

| 여덟 번째 | 여성(女性)의 생활

여성 지위의 변화 130
조선시대 여성들의 생활 규제 모습 138

| 아홉 번째 | 천민(賤民)의 생활

가축보다 못한 인간, 노비(奴婢) 146
노비보다 못한 양인, 백정(白丁) 156

Ⅲ. 일생의례(一生儀禮)

| 열 번째 | 기자신앙과 출산 · 육아의례

일생의례(一生儀禮)란 164
기자신앙(祈子信仰)이란 165
아들을 낳으려면 166
태교(胎敎)의 어려움 170
아기 낳을 때의 의례 173
출산 이후의 육아의례(育兒儀禮) 175

| 열한 번째 | 관례(冠禮)와 혼례(婚禮)

관례(冠禮)란 180
혼례(婚禮)란 185

| 열두 번째 | 상례(喪禮)와 제례(祭禮)

상례(喪禮)란 194
제례(祭禮)란 203

Ⅳ. 의식주와 제도

| 열세 번째 | 의생활 문화

옛날에도 패션이 있었을까 214
특이한 조선여인의 복장 222
패션의 선두주자, 그녀는 기녀(妓女) 223
시대 최고의 미인상은 225

| 열네 번째 | 식생활 문화

우리 민족의 식사예절 231
정말 많이 먹는 우리 민족 233

최초의 요리책, 『음식디미방』 236
우리나라의 대표적 식문화 238

| 열다섯 번째 | **주거생활 문화**

우리나라의 대표적인 주택 248
주택의 변화 250
집에는 사람만 살까 256
집터잡기 262

| 열여섯 번째 | **가족제도**

가족과 가족제도 267
성(姓)은 언제부터 사용하였을까 272
본관(本貫)이란 274
족보(族譜)의 발달 275

| 열일곱 번째 | **형벌(刑罰)제도**

법은 어디서 집행하나 279
죄를 지으면 가는 곳 280
고통스러운 감옥생활 282
형벌의 절차 283
죽어서도 받는 육시(戮屍)와 부관참시(副棺斬屍) 292

부록 1. 역대 왕실 세계표

신라 296 / 고구려 299 / 백제 301 / 발해 303 / 고려 304 / 조선 306

2. 친족 체계표

친족 계보와 촌수 308 / 외가 계보와 촌수 309

찾아보기 310

Ⅰ
유물에 나타난 생활

우리 민족의 기원
암각화로 보는 선사인의 생활
고분벽화를 통해 본 고구려인의 생활
토우로 살펴본 신라인의 생활

| 첫 번째 |

우리 민족의 기원

우리나라는 세계에서 유래를 찾기 어려울 만큼 오래된 역사와 전통을 지닌 단일민족(單一民族)이라고 한다. 우리는 아무런 의심 없이 '단군(檀君)의 자손'이라 믿고 있고, 단군이 고조선을 세운 BC 2333년을 시작으로 단기(檀紀)를 쓰기도 한다. 이렇게 강한 민족의식은 언제부터 나타나기 시작했을까?

민족(民族)이란

'민족(民族)'이란 말은 근대 이전의 동아시아 한자문화권에서는 사용하지 않던 용어이다. '민족'이란 단어는 19세기 후반에 일본인들이 'nation'을 번역하면서 만들어 낸 말이다. 이처럼 민족이란 단어가 19세기 후반 이후 처음 사용되었다는 점에서 한국 민족의 형성을 개항기 이후 근대 자본주의 사회의 산물로 생각하기도 한다. 그러나 민족이란 용어는 없었지만 민족에 해당하는 실체는 이미 근대 이전 시기에 형성되어 있었다.

민족이란 역사공동체의 구성원이라는 깊은 자각으로 뭉쳐진 하나의 문화적 개념이다. 이 같은 민족의식은 유럽사를 기준으로 볼 때 대개 근대사회의 성립과 더불어 형성된 것으로 이해되고 있다. 민족이 형성되기 이전에는 흔히 인종(人種) 혹은 종족(種族)과 같은 개념으로 쓰고 있었는데, 이는 신체의 유전적 특성에 기초한, 다분히 생물학적 개념이라고 할 수 있다.

일반적으로 민족의 형성에 중요한 역할을 하는 객관적 요소로는 언어·지연(地緣)·혈연(血緣)·문화·정치·경제·역사의 공동을 들 수 있다. 언어는 공동체 구성원으로 하여금 공동의 사고(思考) 유형과 감정·의지를 형성하도록 해 주며, 지연(地緣)은 곧 인간들의 상호교섭과 접촉의 터전을 의미하고, 혈연은 민족이 형성되는 초기의 발생론적 요소로서 공동체 의식 형성의 기반이라 이해된다. 그러나 민족이란 사회·문화·역사적 개념으로 파악해야 하므로 혈연이란 요소가 민족 형성의 필수불가결한 조건은 아니다.

문화(文化)란 특정 시점 또는 통시대적으로 집단구성원들 사이의 사회생활 과정에서 습득·공유되는 것으로서 세대간의 경험 축적을 통해 전승된다. 게다가 문화는 다양한 변동요인에 의해 변화의 과정을 겪으면서 전체 형상으로 유형화되는 속성을 갖고 있기 때문에 민족 형성 문제의 해명에 중요한 요소로 간주된다.

정치의 공통이란 일정한 지역을 기반으로 한 하나의 국가나 정치체가 다른 집난과 구별되는 통치조직과 이해관계를 갖추고 오랜 기간 공동의 정치생활을 영위할 경우 민족의 형성과 직결되는 요소가 된다.

경제는 마르크스주의 학파에서 특히 중시하는 것으로, 경제생활의 공통성이 생성되지 않은 자본주의 이전의 사회에서 인종과 민족 사이에 있는 준민족(準民族)의 범주를 설정하는 준거로 활용되었다.

여하튼 언어·지연·혈연·문화·정치·경제 등의 공동요소를 내포한 집단이 세세대대로 이어지는 공통의 경험을 갖게 될 때 그 집단은 역사를 공유하게 되며, 역사의 공유에 의해 '민족'이라는 공고한 결합체가 이루어지게 되는 것이다.

✺ 인류(人類)의 출현과 진화

천체과학자들의 연구 결과에 따르면 우주는 지금으로부터 약 180억 년 전쯤에 탄생하였을 것이라고 한다. 그리고 시간이 지나 지금으로부터 약 45억 년 전쯤에 이르러 지구가 탄생했다.

인류가 지구상에 처음 등장하는 것은 다소 편차가 있지만 지금으로부터 약 500만 년 전이었다고 한다. 이 고(古)인류를 오스트랄로 피테쿠스라고 한다. 오스트랄로는 라틴어로 '남쪽'이라는 뜻이고, 피테쿠스는 '원숭이'라는 뜻이다. 1925년 남아프리카공화국에서 이 고인류의 두개골이 발견되었기 때문에 '남쪽에서 나온 원숭이 사람'이라는 뜻으로 오스트랄로 피테쿠스라는 이름이 붙여졌다. 오스트랄로 피테쿠스(Australopithecus)는 현생 인류인 슬기 사람의 조상으로 추정되며, 주변의 식물을 채집하거나 육식동물이 먹다 남긴 찌꺼기를 먹으면서 생활하였다.

화석을 조사한 결과 '남쪽 원숭이 사람'의 두뇌 용량은 평균 약 500cc로 추정되며, 성인 남자의 평균 키는 140cm, 몸무게는 52kg 정도였다. 원숭이의 뇌 용량이 500cc에 조금 못 미친다고 하는데, 이렇게 본다면 오스트랄로 피테쿠스는 사람보다는 원숭이에 가까웠다고 할 수 있다. 이들의 평균 수명은 11~12살이어서, 여성의 경우 늦어도 7~8살쯤에는 출산이 이루어져야 했을 것이다.

오스트랄로 피테쿠스에는 호모(Homo)라는 말이 붙지 않았는데, 이는 아직

까지 그들을 사람으로 볼 것인가에 대한 논쟁이 있기 때문이다. 그러나 이들을 단순한 원숭이류로 분류할 수는 없다. 이들은 화석구조로 볼 때 두 발로 걸었으며, 생활근거지를 확보하고 성(性)에 따라 노동을 분담하였으며, 의사소통이 가능하였고, 가족과 친족관계를 이루어 생활하였기 때문에 인류의 한 갈래로 집어넣어도 크게 무리가 없을 것으로 보인다.

두 발로 걷는다는 것은 손을 자유롭게 했고, 이에 따라 사람들은 도구를 만들어 사용할 수 있었다. 인류 최초로 석기(石器)를 사용한 이들을 호모 하빌리스(Homo Habilis : 손재주 있는 사람)라고 하는데 약 260만 년 전에 나타났다. 이들이 호모 에렉투스(Homo erectus : 곧선 사람)로 발전한다. 이들은 약 100만 년 전에 나타났는데, 우리와 상당히 유사한 새로운 종류의 인간이었다. 호모는 라틴어로 '사람'이라는 뜻이고, 에렉투스는 '바로 서 있다'라는 뜻이다.

뼈의 구조 등에서 현생인류의 조상임에 분명한 호모 에렉투스의 초기 두뇌 용량은 성인 남자를 기준으로 삼았을 때 700~800cc 정도이며, 후기의 뇌 용량은 1,000cc로 추정하고 있다. 성인 남자의 평균 키는 162.5cm, 몸무게는 76.5kg으로 추산된다. 호모 에렉투스의 대표적인 예로는 50만 년 전에 해당하는 북경원인(北京猿人)과 자바원인(Java猿人)을 들 수 있다.

호모 에렉투스는 자신들이 살던 지역의 기후가 변동하자 살기 좋은 지역을 찾아 이동하는데 그 중 일부가 아프리카에서 아시아 지역으로 온 것으로 추측된다.

그러다가 30만~40만 년 전에 최초로 호모 사피엔스(Homo sapiens : 슬기 사람)가 출현했다. 두뇌 용량은 1,300~1,400cc로 현생인류와 비슷하며, 골격도 유사하다. 타제석기(打製石器)를 사용한 이들은 기둥을 세운 집을 만든 듯하며, 원시적 종교 관념을 지녔던 것으로 알려진다.

호모 사피엔스의 대표적인 예로는 독일에서 발견된 네안데르탈인의 화석을 들 수 있다. 20만 년 전쯤에 해당하는 네안데르탈인(Neanderthal人) 관련

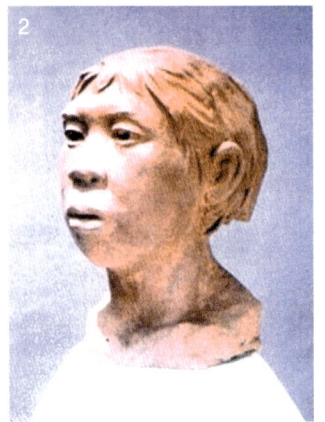

1. **평양의 역포인. 2. 덕천 승리산인.**
호모 사피엔스와 호모 사피엔스 사피엔스에 해당하는 우리나라의 인골 화석을 복원한 것.

유적에서는 실과 바늘을 이용한 듯한 가죽옷의 흔적이 발견되었다. 우리나라의 경우 1972년 덕천 승리산에서 발견된 '덕천인'과 1977년 평양에서 발견된 '역포인'의 화석이 이에 해당된다.

대략 3만 5천 년 전 정도에 현생인류, 즉 오늘날의 인류와 같은 호모 사피엔스 사피엔스(Homo sapiens sapiens : 슬기 슬기 사람)라고 하는 인종이 등장해서 지금에 이르게 되었다. 사피엔스는 라틴어로 '지혜' 혹은 '슬기'라는 뜻이다. 사피엔스를 두 번 반복한 것은 현생인류가 과거의 호모 사피엔스보다는 훨씬 뛰어난 각종 지능과 관련된 능력을 갖고 있기 때문이다.

프랑스에서 발견된 크로마뇽인(Cro-Magnon人)은 골격이 현재의 유럽인과 흡사하며 두뇌 용량도 1,500~1,600cc로서 현재인과 동일한 수준이었다. 이들이 흑인종·황인종·백인종으로 분화되어 전 세계에 분포하며 지금에 이르게 되었다. 우리나라의 경우 덕천 승리산에서 발견된 '승리산인', 평양시 만달리 유적

복원된 흥수아이.
충원 청원군 문의면 노현리 두루봉 흥수굴에서 5~7세 정도인 두 어린아이의 뼈가 거의 완전한 상태로 발굴되었다. 이것을 토대로 해 복원한 모습.

에서 발견된 '만달인'과 충청북도 청원군 두루봉 흥수굴에서 나온 '흥수아이'의 화석이 이에 해당한다.

우리 민족의 기원

한반도에 인류가 살았던 최초의 흔적들은 충청남도 공주 석장리나 평안남도 상원의 검은모루 동굴 등 여러 곳에서 나타나고 있다. 그 시기는 대체로 50만~60만 년 전이라고 보고 있으며, 이들은 호모 에렉투스에 해당한다.

한국에서 구석기시대 유물의 발굴은 1960년대 이후에 활발하게 전개되었다. 이로 인해 현재까지 50여 군데가 넘는 구석기시대 유적지가 전국적으로 분포되어 있음이 밝혀졌다. 이를 통해 적어도 우리나라에서 구석기시대가 끝날 무렵, 한반도의 전역에서 우리 모습과 비슷한 사람들이 많이 살고 있었다는 것을 알 수 있다.

그러나 이들이 한국 민족의 직접 선조(先祖)일 가능성은 희박하다. 당시에는 이동에 의한 사냥과 채집을 주요 생업으로 하고 있었기 때문에 어느 한 지역에 정착하여 대대로 마을을 이루고 지속적인 공동체를 형성하지는 못했다. 또한 이 시기에는 네 번에 걸친 빙하기와 간빙기로 대다수가 중국대륙이나 일본열도로 이동했을 것이기 때문이다. 그것은 또한 평안남도 덕천(德川)의 승리산 동굴에서 발굴된 인골이 현재의 한국인과 많은 차이가 있는 것에서도 알 수 있다.

민족 형성의 요소인 지역의 공동을 위해서는 먼저 정착생활이 전제되어야 한다. 정착생활을 통해 공동생활의 경험을 축적하고 역사를 이루어내야만 민족이라고 부를 수 있기 때문이다.

암사동 선사 주거지.
우리나라에서 밝혀진 신석기시대 최대의 집단취락지이다. 이 그림은 움집을 복원해 놓은 것이다. 움집은 땅을 둥글게 혹은 원형에 가까운 네모 모양으로 판 다음 그 위에 나무를 세우고 풀을 얹어 만든 집이다.

그렇다면 언제부터 인류의 정착생활이 시작되었을까? 세계사적으로 인류사회의 정착생활은 신석기시대에 이르러 농경이 시작되면서 가능하게 되었다고 보고 있다. 영국의 인류학자 차일드(G. V. Child)는 이것을 이른바 '신석기혁명'이라고 불렀다. 농경이야말로 인류가 이동생활에서 정착생활로 질적인 전환을 이루는 것이며, 산업혁명에 비교해도 손색이 없는 것으로 보았다.

한반도에서 신석기는 대략 기원전 6,000년경부터 시작되었는데 처음에는 밑이 둥근 무문토기(無文土器)를 쓰다가 점차 밑이 평평한 빗살무늬토기를 제작하여 썼다.

처음에는 어로·수렵을 통해 자연물 채집을 하였지만 후기에 이르자 농경생활을 시작하였다. 농사를 짓기 위해서는 농경지 근처에서 정착하여 살아야 했다. 이에 따라 신석기인들은 움집을 지어 생활하게 되었다. 당시에는 아직 권력이나 계급이 발생하지는 않았으며, 삶과 죽음에 대한 자각으로 애니미즘(Animism)·토테미즘(Totemism)·샤머니즘(Shamanism) 등의 신앙이 생겨났다.

그러나 한반도의 경우에 신석기시대에도 정착 농경을 했음을 보여주는 확실한 자료들이 알려져 있기는 하지만 본격적인 정착 농경은 초기의 원시농경 단계를 어느 정도 지난 청동기시대에 들어가서야 확산되었다고 보아야 할 것이다. 그러므로 한반도 및 주변 일대의 청동기시대에 살았던 주민들을 우리 민족의 직접적인 선조라 할 수 있다.

우리가 흔히 '단군(檀君)의 자손'이라고 하고 '단일민족(單一民族)'임을 언

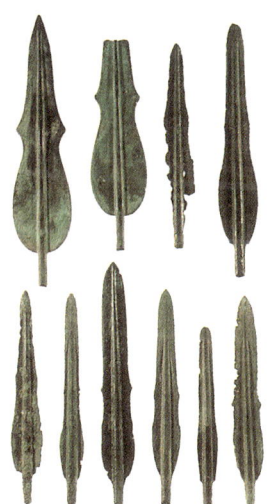

비파형 동검.

세형 동검.

고인돌.
청동기시대의 대표적인 무덤. 강화도 소재.

급하며 우리 민족의 기원을 단군에 연결시키는 것은 청동기시대가 되어서야 본격적인 정착생활을 하면서 언어·경제·사회·문화 등의 분야에서 초보적이긴 하지만 민족의식이 나타났기 때문이다.

기원전 10세기부터 시작된 청동기시대의 주인공들은 움집에 살면서 농경생활을 하였는데 이때부터 무문토기(無文土器)를 만들어 썼으며, 비파형 동검(銅劍)을 사용하다가 기원전 3~4세기에는 한국식 동검이라고 하는 세형 동검(細形銅劍)으로 발전시켰다. 이 시대의 유물로 야산이나 구릉지대에서 무문토기(無文土器)가 발견되었으며, 반달형 돌칼과 유구석부(有溝石斧) 등의 농기구가 출토되었다.

농기구가 발달함에 따라 생산력이 증대되자 빈부의 차이가 발생하였으며 청동제 무기의 사용으로 부족 간에 지배와 예속의 관계가 생겨나게 되었다. 이렇게 되면서 새롭게 나타난 정치적 지도자들은 자신들의 위상을 높이고 통치력의 정당성을 획득하기 위해 건국신화(建國神話)와 대형 고인돌 등을 만들었다.

우리 민족의 전형적인 얼굴

똑같은 아시아인인데도 우리는 그 사람이 어느 나라 사람인지를 구분할 수가 있다. 특히 중국인과 일본인은 서양 사람들이 봤을 때 구별하기가 어렵지만 우리는 '우리 민족'과 다른 그들을 구분해 내곤 한다. 그렇다면 어떻게 생긴 것이 우리다운 것일까?

우리 민족의 전형적인 얼굴은 호모 에렉투스가 아프리카에서 아시아로 온 때부터 만들어진 것으로 보인다. 이들이 따뜻한 아프리카에서 추운 시베리아를 거쳐 한반도로 오는 과정에서 우리다운 얼굴이 만들어졌다고 한다. 차가운 바람을 피하기 위해 눈은 최대한 가늘게 떠야 했고, 콧대는 바람에 의해 낮아졌지만 산소를 최대한으로 들이마시기 위해서는 콧구멍이 커지게 힘을 줘야 했을 것이다. 또한 바람이 들어가지 않게 하기 위해 입은 꼭 다물어야 했을 것이다.

이렇게 해서 정형화된 우리의 얼굴은 쌍꺼풀 없이 가늘게 찢어진 눈(뱁새눈. almond eyes), 콧대가 낮고 콧구멍이 큰 코, 작고 얇은 입술을 가지고 있다. 여기에 오랫동안의 이동을 이겨내고 한반도에 뿌리를 내린 강한 의지력도 특징이라고 하겠다.

그러나 현재 우리 한국인의 얼굴을 분석해 보면 하나의 유형이 아니고 북방계와 남방계 두 형태로 나뉜다고 한다. 남방계 얼굴형은 눈썹이 진하고 눈이 크며 쌍꺼풀이 있고 콧방울이 뚜렷한데다 입술의 윤곽이 분명하며, 북방계는 눈썹이 흐리고 쌍꺼풀이 없으며 입술이 얇고 귓불이 작다고 한다. 이 중 북방계로 분류되는 얼굴이 토착적인 한반도인의 얼굴일 것이다. 이 분야를 연구하는 학자들은 오늘날의 한국인은 북방계 80%와 남방계 20%로 구성되어 있다고 한다.

언제 남방계의 얼굴이 나타나기 시작했는지 알 수 없다. 중요한 것은 우리에게 두 계통의 형질이 공존한다고 하여도 우리 민족이 중국이나 일본 등 주변 민족과 구별되는 하나의 단위로서 형성된 때는 청동기시대였고, 그 후에 혈통상 어느 정도 혼합이 일어났다고 해도 우리만큼 혈통의 순수성을 유지해 온 민족은 세계에 드물다는 것이다. 그리고 무엇보다 한국 민족의 단일성은 생물학적·형질학적 관점에서가 아니라 역사적 관점에서 성립한 개념이라는 점이다. 즉 민족이란 원래 체질에 의해 저절로 생겨나는 것이 아니다.

우리는 고대부터 우리가 중국이나 일본 등 주변 국가와는 다른 독자적인 습속과 문화를 가졌다고 인식해 왔다. 그리하여 삼국시대(三國時代)부터 통일의 의지를 보이고 있다. 신라는 삼국을 통일한 것을 '일통삼한(一統三韓)'이라 하여 삼한(삼국)으로 나뉜 나라를 하나로 합쳤다는 의식을 강조하였다. 또 고려시대 이승휴는 『제왕운기(帝王韻紀)』에서 단군에서 비롯되는 우리 민족사의 유구성(悠久性)과 동원성(同源性)을 강조하였다. 곧 우리는 일찍부터 나라가 나뉘었을 때나 통일되었을 때나 함께 살아가야 할 같은 민족이라고 생각했으며, 이러한 의식을 바탕으로 하여 국가의 독립과 민족의 자존(自尊)을 유지해 왔던 것이다. 이후 일제 식민지시대를 겪으면서 민족적 역량을 결집시키기 위해 '단일민족'이라는 의식은 더욱 기정사실화되어 고정관념으로 자리잡게 되었다.

✿ 반만년(半萬年)의 역사를 가진 우리 민족

　우리 민족은 반만년의 역사를 가졌고, 그 역사의 기원을 말해주는 기록을 가진 민족이다. 우리나라 최초의 국가인 고조선에 대한 가장 오래된 기록은 『삼국유사(三國遺事)』이다. 『삼국유사』는 고려 충렬왕 때의 승려 일연(一然)이 쓴 책으로, 당시 몽골의 침입을 당한 민족에게 민족의 유구성을 일깨워주기 위해 편찬한 책이다. 『삼국유사』에 기록된 고조선에 대한 내용은 다음과 같다.

> 위서(魏書)에 이르기를 "지금부터 2,000년 전에 단군 왕검(檀君王儉)이라는 사람이 있어 아사달(阿斯達)에 도읍을 정하고 나라를 세워 조선(朝鮮)이라고 부르니 중국의 요(堯)임금과 같은 때이다."라고 했다.
> 고기(古記)에 이르기를 "옛날에 환인(桓因)의 서자(庶子)인 환웅(桓雄)이 인간세계를 널리 이롭게 하려는 뜻[弘益人間]을 품으니, 아버지가 천부인(天符印) 3개를 주며 허락했다. 이에 환웅이 무리 3천을 이끌고 태백산 꼭대기인 신단수(神檀樹) 아래로 내려와 신시(神市)를 세웠다. 환웅은 풍백(風伯)·우사(雨師)·운사(雲師)를 거느리고 곡식·생명·질병·형벌·선악 등 인간의 360여 가지 일을 주관하며 사람들을 교화시켰다. 그 무렵 곰과 범 한 마리가 환웅에게 사람이 되게 해달라고 빌었다. 환웅이 신령스러운 쑥 한 심지와 마늘 20매를 주며 백 일 동안 해를 보지 않으면 사람이 될 수 있다고 하였다. 곰은 삼칠일을 잘 지내 여자가 될 수 있었으나 범은 참지 못해 사람이 되지 못했다. 웅녀(熊女)는 혼인할 사람이 없어 항상 신단수 아래에서 빌었다. 이에 환웅이 사람으로 변해 혼인하여 아들을 낳았는데, 그의 이름이 단군 왕검이었다. 단군 왕검은

중국 요임금 즉위 50년에 평양성에 도읍하고 비로소 조선이라 칭했으며, 나중에 백악산의 아사달로 도읍을 옮겼다. 나라를 다스린 지 1,500년이 지나 주(周)나라 무왕(武王)이 기자(箕子)를 조선의 왕으로 봉하니, 단군은 장당경(藏唐京)으로 옮겼다가 나중에 돌아와 아사달의 산신(山神)이 되었다. 1,908세까지 살았다."고 했다.

단군신화(檀君神話)로 많이 알려져 있는 위의 내용은 고조선이 형성되고 성장하는 과정에서 일어났던 중요한 역사적 사실들을 보여주는 건국신화이다. 크게 3가지의 내용으로 살펴볼 수 있는데, 첫째는 환웅이 인간 세상에 내려와 신시를 열게 된 내용이고, 둘째는 환웅이 웅녀와 결혼해서 단군 왕검을 낳는 과정에 대한 내용이고, 셋째는 단군 왕검이 조선을 세우고 중국 주나라 무왕 때까지 유지했다는 내용이다.

이를 통해 고조선은 하늘의 자손임을 강조하는 천손(天孫)신앙과 곰과 호랑이를 숭배하는 토템 신앙을 가지고 있으며 청동기시대의 발달한 농업기술을 가진 제정일치(祭政一致)사회였음을 알 수 있다. 즉 환웅이 가지고 왔다는 천부인(天符印)은 청동칼·방울·청동거울로 파악되는데, 이것은 청동기문화를 반영하는 것이고, 풍백·우사·운사 등을 통해 농경사회의 모습을 살필 수 있다. 또한 고조선이 제정일치 사회였음은 단군 왕검(檀君王儉)이라는 명칭을 통해 알 수 있다. 단군(檀君)은 무당을 뜻하고, 왕검(王儉)은 정치적 지배자를 의미한다. 따라서 단군 왕검은 제사와 정치가 한 사람에게 맡겨졌기 때문에 나온 명칭이다.

일본은 우리나라를 침략하여 지배한 사실을 정당화하기 위해 단군이 고조선을 건국했다는 내용의 역사성을 부인했다. 곰이 여인으로 변했다는 내용 자체가 있을 수 없는 일이기 때문에 역사로 인정할 수 없으며, 주나라 무왕이 기자를 고조선의 왕으로 책봉한 사실부터 역사로 인정하여, 한국사는 그 시작부터 외국인을 왕으로 삼고 출발한 식민지의 역사를 가지고 있는 민족이라고 하였다.

  그러나 중요한 것은 단군이 고조선을 건국했다는 기록이 우리나라의 기록에만 있는 것이 아니라는 것이다. 일연이 고조선을 기록하기 위해 참고한 자료는 중국 위나라의 역사책인 『위서(魏書)』였다. 즉 단군의 고조선 건국은 단순히 상상으로 꾸며진 이야기가 아니라 역사적 사실인 것이다. 역사적 사실이 입에서 입으로 전해지면서 보다 더 영웅적이고 신기한 부분들이 더해지고 현대의 과학으로는 설명할 수 없는 내용들이 추가되면서 신화로서의 면모를 갖추게 된 것이다.

대곡리 출토 유물.
환웅이 가지고 왔다는 천부인은 청동거울·칼·방울로 추정되는데, 이것들은 모두 제사장이 제사를 주관할 때 사용한 것으로 보인다.

단군신화는 오늘날까지 우리에게 많은 영향을 끼친다. 우선 우리 민족의 역사적 출발점으로 인식하여 우리 민족의 역사가 오래되었다는 자부심을 갖게 한다. 서거정이 편찬한 『동국통감(東國通鑑)』에는 단군이 고조선을 기원 전 2333년에 세웠다고 기록하고 있는데, 이 기록을 채택하여 단기(檀紀)를 계산한다. 단기는 2333년에 서기 연도를 더하면 된다. 즉 서기 2000년을 단기로 하면 4333년이 된다. 이 단기는 1948년부터 1962년까지 공식적으로 사용되기도 하였다. 우리의 역사를 반만년의 역사라고 하는 것은 단군이 이 땅 위에 나라를 세운 이후부터의 역사를 말하는 것이다.

단군 영정.

또한 우리나라 4대 국경일 중의 하나인 개천절(開天節)도 단군과 관련이 있다. 개천절은 단군이 개국한 날을 기념하는 국경일로, 단군의 아버지 환웅이 태백산 신단수 아래에 내려온 기원전 2457년 음력 10월 3일을 뜻한다. 대종교에 의해 경축일로 제정된 개천절은 대한민국 정부 수립 후에는 양력 10월 3일로 하여 지금까지 기념하고 있다.

이렇게 단군신화가 우리의 일상생활에 많은 영향을 미치는 것은 우리나라에 국난이 있을 때마다 그것을 이겨내는 데 있어 민족의 자주성과 일체감이 중요하게 작용하였기 때문이다. 즉, 일연이 『삼국유사』를 편찬할 때는 몽골의 침입으로 고려가 혼란한 상황이었으며, 근대화 과정에서는 일제의 침략과 지배를 받아야 했다. 이렇게 암울한 현실을 극복하기 위해 우리는 아주 먼 옛날부터 하나의 민족이었다는 자긍심이 필요했고, 단군신화는 우리가 오래된 역사를 가진 민족임을 일깨워 주는 역할을 했던 것이다.

〈참고 문헌〉

1. 강만길 외. 『한국사』 2. 한길사, 1994.
2. 고석규 · 고영진. 『역사속의 역사읽기』 1. 풀빛, 1996.
3. 국립민속박물관. 『한국인의 얼굴』. 1994.
4. 김기섭. 『주제별로 풀어쓴 한국사 강의록-고대편』. 가람기획, 1998.
5. 김기승 · 김인호 · 이정주 외. 『21세기에도 우리문화가 살아남을 수 있을까』. 지영사, 2003.
6. 김정배. 『한국고대국가의 국가기원과 형성』. 고려대 출판부, 1986.
7. 서의식 · 강봉룡. 『뿌리깊은 한국사 샘이 깊은 이야기』 1. 솔, 2002.
8. 윤내현. 『한국고대사신론』. 일지사, 1989.
9. 이건무 · 조현종. 『선사 유물과 유적』. 솔, 2003.
10. 이기동 외. 『한국사시민강좌』 32-특집 한국인의 기원. 일조각, 2003.
11. 이기백. 『한국사신론』. 일조각, 1995.
12. 이형구. 『한국 고대문화의 기원』. 까치, 1991.
13. 전수병 · 김갑동. 『주제별로 본 한국역사』. 서경문화사, 1998.
14. 한영우. 『다시 찾는 우리 역사』 1. 경세원, 1998.

| 두 번째 |

암각화(岩刻畵)로 보는 선사인(先史人)의 생활

❁ 암각화(岩刻畵)란

지금으로부터 약 3,000여 년 전, 즉 신석기시대 말에서 청동기시대에 살았던 우리 조상들은 어떻게 생활했으며, 무슨 생각을 하고 살았을까? 문자가 없었던 당시의 생활상을 복원하기 위해 우리는 새로운 언어인 암각화에 주목한다.

암각화는 말 그대로 바위 표면을 쪼거나 갈아서, 혹은 그어서 어떠한 형상을 새겨놓은 것을 말한다. 그렇다면 왜 바위였을까. 바위보다 상대적으로 그림을 그리기 수월한 동물의 가죽이나 나무껍질 등도 있었을 텐데 말이다. 그것은 돌의 단단한 속성, 모진 바람과 파도에도 쉽게 깨어지지 않는 강인함, 그리고 끈질긴 생명력 등과 연결시킬 수 있을 것이다. 즉, 이러한 바위의 특징들로 인해 인간은 영원한 생명력을 바랐을 것이고, 이에 따라 자연스럽게 바위가 숭배의 대상이 되었을 것이다.

암각화는 1970년 울주에서 처음 발견된 이후로 고령, 남원 등지에서도 발견되어 현재 16곳에서 찾아 볼 수 있다. 암각화가 발견된 지역은 대체로 주거지와 동떨어진 곳으로 강가의 절벽이거나 강과 인접한 곳이다. 또한 그림이 새겨진 바위의 아래쪽에는 넓은 평지가 있어 여러 사람들이 모일 수 있다. 왜 이러한 공통적인 요소가 있는 지형에서 암각화가 발견되는 것일까.

물은 지금도 그러하지만 연속성과 불변성, 영원성을 보여준다. 이것이 바위와 더불어 숭배의 대상이 된 것이다. 아마도 그곳들은 제사를 지내거나 어떤 의식을 행할 수 있는 공간이었을 것이다. 즉 암각화는 신앙행위와 관련이 있으며, 암각화가 있는 곳은 제사의식을 치르던 장소였다.

예나 지금이나 무장하지 않은 인간은 거대한 자연 속에서 나약한 존재일 뿐이다. 선사시대 사람들에 있어 자연재해나 맹수로부터 자신의 생명을 지키고 종족을 유지하며 번식하는 것은 가장 중요한 일이었다. 그러므로 그들은 끊임없이 절대적인 힘을 가진 신(神)에게 의지할 수밖에 없었으며, 신에게 기원하는 바를 암각화를 통해 사실적 또는 상징적으로 표현하였다. 자신의 생명 유지를 위해서는 충분한 식량의 확보가 필요하며, 종족을 유지하고 번식시키기 위해서는 성행위가 수반된다. 그래서 그들은 수렵의 대상인 동물이나 동물의 교미 그림, 남자와 여자의 성기(性器)를 상징화하여 묘사했다.

현재 발견된 암각화 유적지와 그 안에 새겨진 여러 그림들을 구체적으로 살펴봄으로써 선사인의 삶과 의식, 신앙체계에 접근해 보자.

가장 오래된 울주 반구대 암각화

반구대 암각화 유적지는 높이가 약 3m, 길이는 약 10m 정도인 긴 직사각형의 바윗면이 수직으로 서 있어 사람이 그림을 새기기 비교적 어려운 조

울주 반구대 암각화 전체 그림.

건이다. 더구나 바위도 매우 단단하여 지형조건이 좋다고 하더라도 돌을 쪼는 데 상당히 긴 시간이 요구된다. 그러한 바윗면 밑에는 약간의 평평한 지면이 마련되어 있다.

또 하나 특이한 점은 암각화가 새겨진 바윗면은 북쪽을 향하고 있어 낮에는 햇빛이 거의 들지 않는다. 그러나 여름철에는 해가 뜬 직후 햇빛이 동쪽으로부터 비스듬히 비추어 그림들이 선명하게 보인다. 물론 겨울철에도 해가 질 무렵에 햇빛이 아주 잠시 비치지만 제의나 의식을 진행할 정도의 시간은 되지 않는다. 그러므로 반구대 암각화 유적지는 여름철에 제의를 올리는 장소였던 것으로 보인다.

울주 반구대 암각화에서는 다양한 형태의 그림들을 발견할 수 있다. 새김법으로는 면각과 선각의 두 가지 기법이 사용되었다. 면각된 그림 위로 선각된 그림이 겹쳐져 나타나므로 시간적으로 선각된 그림이 면각된 그림보다 후에 그려진 것이다. 면각된 그림은 대체로 바위의 일정한 구역에 집중적으로 그려져 있는 반면에 선각된 그림은 면각된 그림이 없는 여분의 공간에 산만하게 흩어져서 그려져 있다.

면각된 그림과 선각된 그림은 새기는 방법과 도구를 통해서도 시간적인 차이를 알 수 있다. 면각은 둔탁한 모양의 도구를 사용하여 바위를 쪼아 새기는 방법으로 다듬어지지 않은 돌로도 가능하다. 반면에 선각은 면각을 하는 도구에 비해 날카로운 도구를 사용하여 바위를 긁어내는 기법이다. 즉 선각에 사용된 도구는 면각에 사용된 도구보다 훨씬 더 정교하고 강한 도구였다. 그러므로 면각이 선각에 비해 일찍 그려졌음을 알 수 있다.

면각된 그림과 선각된 그림을 구분하여 살펴보면 면각된 그림은 대체로 바다동물이고 선각된 그림은 육지동물이다. 이는 수렵을 기준으로 보았을 때 바다동물사냥이 육지동물사냥보다 먼저였음을 의미한다. 어로와 수렵을 통해 생활해 오던 집단이 그들의 경제활동이 풍성해지기를 기원하면서 새긴 것으로 보인다.

바다동물과 육지동물

바다동물은 주로 고래다. 바윗면 왼쪽에는 20마리 이상의 고래들이 머리를 위로 향하고 떼 지어 어디론가 움직이는 모습이 있다. 고래는 전 세계적으로 100여 종이나 있는데, 지느러미나 입의 생김새·배주름·수염·이빨의 유무·물 뿜는 방식 등에 따라 종류를 판별할 수 있다.

울주 암각화에는 새끼고래를 업고 있는 어미 고래, 작살이 꽂힌 고래, 배 부분이 돋새김된 고래, 물을 뿜고 있는 고래 등 다양한 형태와 종류의 고래가 보인다.

고래는 거대한 몸집을 하고 있으며 풍부한 식량원이라는 특징 외에 육지동물처럼 새끼를 낳는 물고기라는 점에서 신성성을 가지고 있다. 그러므로 암각화에 새겨진 많은 고래들은 풍부한 식량을 제공하는 대상인 고래에게 고마움을 나타내고 그를 통해 더 많이 잡히기를 바라는 기원을 담고 있다.

또 다른 바다동물로는 왼쪽 위에 거북이가 있다. 거북이는 바다와 육지를 넘나들며 생활한다. 이러한 이중적인 성격은 바다와 육지라는 전혀 다른 두 세계를 연결짓는 존재로서 특별한

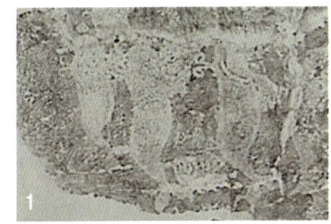
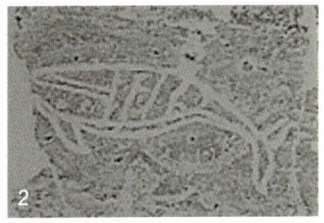

1. 물 속의 플랑크톤을 먹고 물을 뿜어내는 고래의 모습.
2. 고래와 고래잡이 배.
3. 새끼를 등 위에 태우고 다니는 어미 고래.

의미를 갖는다. 즉 인간의 세계와 신의 세계를 넘나들며 양쪽을 서로 연결해 주는 역할을 하는 샤먼(무당)의 존재를 나타내는 것으로 볼 수 있다. 이는 바다동물이면서 육지동물처럼 새끼를 낳는 고래도 같은 의미를 가지고 있다고 본다.

거북이의 머리는 신축성이 있어 남자의 성기를 상징하고 몸통은 여자의 성기 혹은 자궁을 상징하기도 한다. 이는 남성과 여성의 결합을 통한 풍요로움·생산력·생명력 등의 의미를 지닌다.

육지동물로는 주로 사슴이 많이 보이는데, 멧돼지·호랑이·표범 등 다양한 종류들이 보인다. 사슴은 뿔이 없는 것으로 보아 암사슴이다. 이것들은 대체로 아랫배가 불룩하여 새끼를 밴 것으로 보여 생산의 풍요를 기원하는 의미로 해석된다. 또한 사슴은 다른 짐승보다 순해서 잡기 쉬운 짐승으로 선사인들의 식량자원으로도 중요시되었다.

사슴은 식량으로서의 중요성 외에도 상징적인 의미도 크다. 유럽에서는 사슴이 태양신이나 다산신(多産神)에 대한 제물로 인식되고 있으며, 스칸디나비아반도를 비롯하여 동북아시아뿐만 아니라 북반구 전역의 사냥꾼들에게는 우주동물(cosmic animal)로서 하늘과 땅, 지하세계를 연결하는 황금의 뿔을 가진 신의 심부름꾼으로 인식되었다. 즉 사슴은 단순한 식량자원을 넘어서 사냥꾼들의 우주관과 세계관을 반영한다고 할 수 있다.

또한 멧돼지나 사슴 등의 몸이 가로·세로의 여러 선으로 나뉘어져 있는 선각된 그

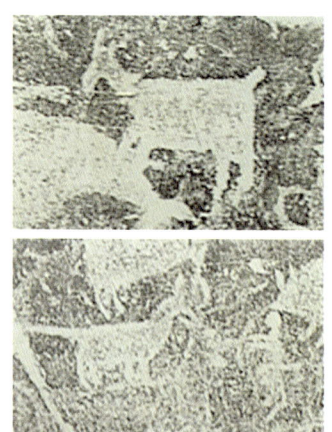

사슴들의 모습.
모두 아랫배를 불룩하게 그려 생산의 풍요를 기원하고 있다.

림들이 보인다. 이것은 몸의 골격구조나 내장구조를 묘사한 것처럼 보이지는 않으나 선이 입과 몸의 구석구석을 연결하고

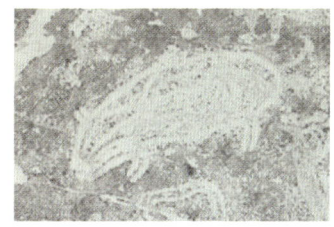

투시법으로 그려진 멧돼지와 호랑이들의 모습.
농경의 발전은 정착생활을 가능하게 해 동물을 우리에 넣고 기르게 되었다. 사냥기술도 발전해 그물이나 구덩이·덫 등의 연장을 사용하게 되었다.

있어 투시법을 이용한 것이라고 생각한다.

시베리아에는 사슴의 심장을 뚜렷이 나타내어 새겨놓은 암각화가 있는데, 이것이 한반도로 내려오면서 구체적인 투시법이 아닌 형식적인 묘사만 하는 기법으로 남은 것이다.

사람과 얼굴모양

반구대 암각화에는 동물들뿐만 아니라 여러 모습의 사람들이 함께 보인다.

왼쪽 위, 고래들 머리 쪽에 있는 사람은 두 팔을 얼굴 있는 곳까지 올리고 다리는 약간 굽혔으며 성기가 크고 과장되게 그려져 있다. 왼쪽 아래로, 고래 떼 아래쪽에 있는 사람은 팔과 다리를 수평으로 벌리고 있으며 손가락과 발가락은 크고 길게 표현되어 있고 머리는 아주 작고 간략하다.

가슴 부분이 볼록하게 나와 있고, 머리모양으로 보아 여자를 나타낸 것 같다. 이 여자는 고래 떼 위쪽에 있었던 남자와 관련이 있다고 생각하여 남자의 부인으로 보는 견해가 있다. 이 두 사람은 고래를 많이 잡게 해달라고 신에게 비는 일종의 의식행위를 하고 있는 것이다. 당시 고래잡이 혹은 이러한 의식에서 여자의 역할이 중요했음을 알 수 있다.

오른쪽 바윗면에는 사람들이 조금 더 많이 보인다. 오른 쪽 아래에 성기

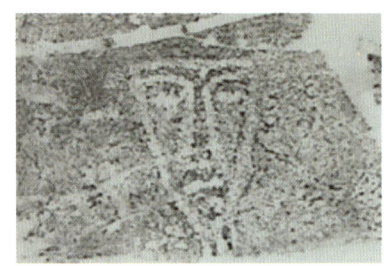
얼굴만 표현된 그림.

를 내민 남자가 달려오는 멧돼지를 향해 몽둥이를 들고 있다. 오른쪽 중간에도 마찬가지로 성기를 내민 남자가 사슴 앞에서 손으로 줄 혹은 활·방패 모양의 물건을 들고 허리에는 무엇인가를 차고 서 있다.

사람이나 동물의 성기(性器)를 표현하는 것은 농경사회의 전형적인 지모신(地母神) 신앙이나 농경의례와 관련이 깊다. 다산능력을 통한 종족 번식은 곧 식량을 많이 생산할 수 있는 자원이 되므로 이를 기원하기 위해 사람이나 동물의 성기를 바위에 새겨 넣은 것이다.

그 밖에 얼굴만 표현된 그림들도 몇몇 보인다. 이것은 제의를 주관하던 무당(샤먼)이나 위험으로부터 자신을 보호해 준다고 믿고 가지고 다니던 호신부(護身符)일 것으로 생각된다.

❋ 추상적인 내용의 울주 천전리 암각화

반구대 암각화 유적지에서 상류 쪽으로 올라가다 보면 오른쪽에는 급경사를 이룬 산봉우리가 있으며 왼쪽은 완만한 경사를 이루고 있고, 계곡 양쪽으로는 수직 암벽이 있다. 그 계곡의 암벽이 끝나는 자리에 병풍처럼 생긴 암벽이 있고 그 바윗면에 암각화가 있다. 이곳이 울주 천전리 암각화 유적지이다.

바윗면은 비교적 매끈하며 높이가 2.7m, 길이는 9.5m이다. 바윗면은 동쪽으로 향하고 있지만 높은 산봉우리가 가로막고 있어 해가 높이 떴을 때 잠깐 빛이 들었다가 두어 시간이 지나 해가 지면 다시 보이지 않게 된다.

암각화가 새겨진 바윗면 앞에는 의식을 치를 수 있도록 약간의 단이 확보되어 있다.

울주 천전리 암각화에서도 여러 형상의 그림들이 보인다. 반구대 암각화와 마찬가지로 사슴 등의 동물상과 인물상이 보인다. 특징적인 것은 무엇인가를 상징하는 추상적인 그림과 글씨가 보인다는 것이다.

동물과 사람들

왼쪽 바윗면에는 암수 한 쌍으로 이루어진 사슴들이 세 쌍 보인다. 이들 중 가운데 있는 한 쌍은 둘 다 뿔이 있고, 나머지 두 쌍은 한 쪽 사슴에만 뿔이 있다. 사슴은 수컷만 뿔이 나고 순록은 암수가 모두 뿔이 나므로 이를 나타낸 것이다. 사슴은 주요한 식량이므로 암수 한 쌍을 같이 그려 놓은 것으로 보아 사슴의 번식을 비는 주술적·종교적 그림일 것이다.

동물의 암수가 함께 그려져 있는 것은 동물의 교미를 나타내는 그림과 마찬가지로 생산과 풍요를 의미한다.

그 밖에 매우 특이한 모습의 동물들도 보이는데, 몸이 가늘고 길며 네 발을 가진 동물과 사람의 얼굴 형상을 하고 있는, 역시 네 발 가진 동물이 있다. 사람의 얼굴 형상을 하고 있는 네 발 가진 동물은 사슴의 몸과 사람의 얼굴이 겹쳐 그려져서 생긴 것이라는 주장도 있다.

이러한 동물들과 여러 그림들 사이에 가면의 형상을 가지고 있는 사람 얼굴이나 얼굴만을 크게 강조한 그림들이 보인다. 반구대 암각화와 마찬가지로 암각화에 새겨진 사람이나 사람 얼굴은 대체로 제의를 주관하는 샤먼일 것이다. 아마도 당시의 의식을 집행하던 사람이 죽어서 이를 추모하기 위해 그 샤먼의 얼굴을 암각화에 새겨 넣은 것이거나 샤먼이 쓰던 가면을 상징화하여 그려 넣은 것일 것이다.

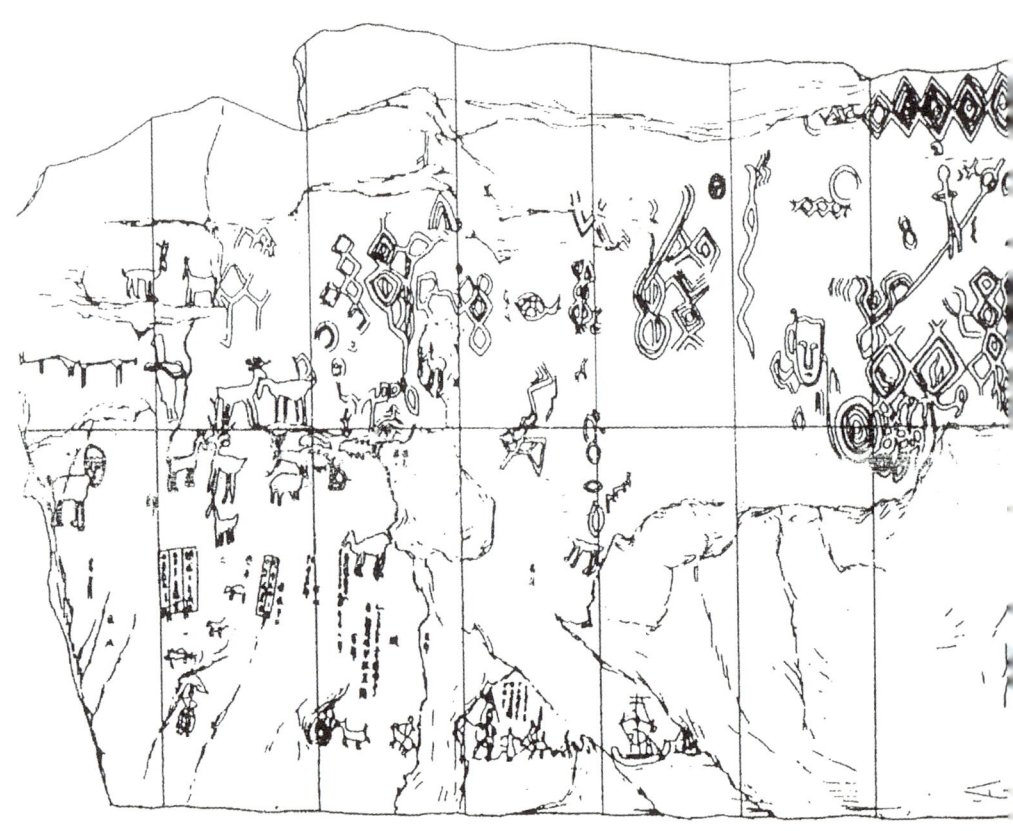

울주 천전리 암각화 전경.

동심원과 추상적인 도형

　천전리 암각화에는 몇 개의 동물과 사람들 외에 바위 전면에 추상적인 도형들이 선으로 새겨져 있다. 동심원과 나선무늬, 마름모무늬, 물결무늬 등 여러 형태의 무늬들이 보인다.
　동심원이나 나선무늬는 일반적으로 태양을 상징한다. 마름모무늬는 한

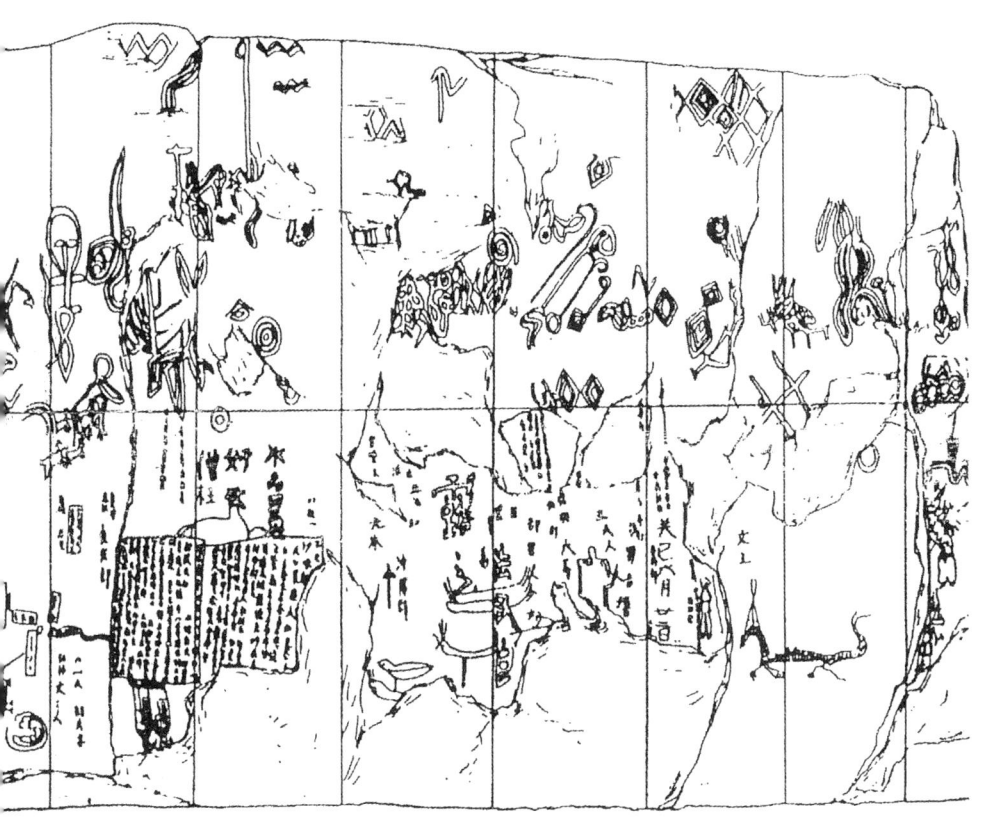

겹 또는 두 겹으로 새겨져 있기도 하고, 여러 개의 마름모가 연결되어 있기도 하다. 마름모는 일반적으로 대지(大地), 즉 여성을 상징한다. 특히 두 겹의 마름모 중앙에 세로로 줄을 새기거나 점을 찍은 것이 있는데, 이러한 형태의 그림은 여성의 성기를 묘사한 것이라는 견해가 있다.

　물결무늬는 물과 관련하여 풍요로운 생산력을 나타내거나 집단의 주거지역에 대한 표식이나 경계를 나타내기도 한다.

이처럼 추상적이고 상징적인 도형들은 태양이나 그 밖의 생산·풍요 등의 의미를 지닐 수도 있고 반면에 의미하는 바가 전혀 없는 단순한 그림일 수도 있다. 그러므로 이러한 종류의 그림들을 모두 태양이나 생산·풍요의 의미로 생각하는 것은 무리가 있다.

그러나 암각화가 새겨진 장소가 제의나 기원을 위한 장소임을 생각한다면 이러한 도형들은 단순한, 아무 의미 없는 그림이 아니라 생명 창조와 관련하여 신성성을 나타내는 상징적인 도형이라고 봐야 할 것이다.

그 밖에 어떤 암각화가 있을까

우리나라에서 발견된 암각화 중에서 가장 보편적인 암각화는 사다리꼴 모양의 도형을 새긴 암각화들이다. 이 암각화는 지금까지 발견된 16곳 중에서 반인 8곳에서 찾아볼 수 있다. 앞서 살펴본 대규모의 반구대·천전리 암각화는 보편적인 신상 암각화가 없는 것으로 보아 매우 특수한 유적지라고 할 수 있다. 대체로 그 형태와 내용이 획일적이다.

사다리꼴 모양의 암각화가 새겨진 바위는 앞서 본 두 곳의 바위에 비해 길이가 2~3m를 넘지 않아 상당히 규모가 작다. 마찬가지로 바위 앞쪽으로는 의식을 행할 공간이 있으나 넓지 않아 많은 사람들이 모이는 대규모의 제의가 행해졌다고 보기보다는 개인 혹은 소규모의 집단들이 와서 문제 해결을 기원하는 곳이었다고 생각된다.

기본 윤곽은 사다리꼴이며 대체로 윗변이 아랫변보다 길다. 사다리꼴 내부에는 선을 긋거나 홈을 판 것이 눈과 코·입처럼 보이며, 아랫변을 제외하고 다른 변들을 둘러서 짧은 직선들을 새겨 마치 머리카락처럼 보인다.

고령 양전리 암각화.

　이 도형이 의미하는 것이 무엇인지에 대해서는 다양한 견해가 있다. 첫째는 사람의 얼굴을 추상화한 것으로 보아 둘레의 짧은 선들은 머리카락이며 내부의 점들은 눈·코·입으로 보는 것이다.
　둘째는 신상(神像)으로 보는 견해이다. 사다리꼴 주위를 둘러싸고 있는 짧고 많은 선들은 무한한 힘을 보여준다는 것이다. 실제로 시베리아나 알래스카의 무복(巫服)의 가장자리에는 많은 술이 달려 있는데, 이것은 일반적으로 생명력과 영적 변화를 나타낸다고 한다. 또한 가로·세로의 분할선(分割線)들은 생명선으로, 정령으로부터의 보호를 나타내며 인간과 세상의 공유영역과 경계 역할을 하는 것으로 주술적인 속성이 강하다고 보았다.
　셋째는 청동기시대에 들어와 시작된 전쟁에 사용된 무기로 보는 견해이다. 도형의 전체적인 윤곽이 방패처럼 생겼다고 해서 방패로 보기도 하고, 칼의 손잡이로 보기도 한다.
　사다리꼴 모양의 도형이 구체적으로 무엇을 나타내는지에 대해서는 앞으로 더 논의가 되어야겠지만 다른 암각화처럼 숭배의 대상이었던 것은 분명하다.

이 외에도 석검(石劍)이나 석촉을 새긴 암각화도 있다. 마제석검이나 석촉은 한반도에서 발달한 마제석기이며, 석검·석촉 암각화는 세계적으로 우리나라에서만 발견되는 유일한 암각화이다. 석검과 석촉이 새겨져 있는 암각화는 고인돌에 석검을 부장하는 전통과 같은 의미일 것이다.

《참고 문헌》

1. 국민대박물관.『한국의 선사시대 암각화』. 개관20주년 기념 특별기획 전시도록, 1993.
2. 김열규.『한국문학사-그 형상과 해석』. 탐구당, 1983.
3. 김원룡.「울주 반구대 암각화에 대하여」『한국고고학보』 9. 1980.
4. 김원룡.「예술과 신앙」『한국사론』 13. 국사편찬위원회, 1983.
5. 박정근.『박정근의 고고학박물관』. 다른세상, 2002.
6. 울산광역시.『울산 암각화 발견 30주년 기념 암각화 국제학술대회 논문집』. 예술의전당 전시사업팀, 2000.
7. 임세권.「한국선사시대 암각화의 성격」. 단국대학교 박사학위 논문, 1994.
8. 임세권.『한국의 암각화』. 대원사, 1999.
9. 정동찬.『살아있는 신화 바위그림』. 혜안, 1996.
10. 정종목.『역사스페셜-숨겨지고 잃어버린 역사 찾기』. 효형출판, 2000.
11. 한국역사민속학회.『한국의 암각화』. 한길사, 1996.
12. 황수영·문명대.『반구대-울주 암벽조각』. 동국대 출판부, 1984.

| 세 번째 |

고분벽화를 통해 본 고구려인의 생활

❋ 고분벽화(古墳壁畵)는 왜 그렸을까

  현재까지 발견된 고대의 고분벽화는 모두 90여 기 가량이나, 이 중 고구려의 것이 85기(基)로 가장 많이 남아 있다. 백제·신라의 것은 각각 2기, 가야의 것은 단 1기에 불과하다. 백제·신라·가야의 고분벽화는 발견된 수도 적을 뿐 아니라, 만들어진 수도 6세기에 한정되어 있다.
  이에 반해 고구려에서는 3세기 말부터 668년에 멸망할 때까지 지속적으로 만들어졌고, 벽화의 내용과 구성방식, 표현기법 등도 시기에 따라 다르게 나타나고 있다. 이를 통해 볼 때 고구려에서는 무덤 안에 벽화를 그리는 것을 좋아하였음을 알 수 있다.
  고구려 사람들은 무엇 때문에 고분에 벽화를 그렸을까?
  죽음은 누구나 피할 수 없다. 또 어느 누구도 죽은 다음의 세계에 대해서는 알 수 없다. 그래서 죽음은 항상 두렵지만 궁금함의 대상이 되기도 한다. 고대 사람들은 죽음이 단지 육신의 죽음일 뿐, 영혼은 계속해서 살아 움직인

덕흥리 고분벽화 무덤칸 투시도.

다고 생각했다. 그리고 영혼은 무덤에 영원히 머무는 존재로 여겼다. 따라서 죽은 자가 생활하는 곳이라고 믿었던 무덤의 축조를 중요시하게 되었다.

영혼이 죽지 않는다는 생각은 당연히 현세의 모든 것이 내세(來世)에도 지속된다는 생각을 낳았는데, 이를 계세적 내세관(繼世的 來世觀)이라고 한다. 특히 고대의 지배층들은 죽은 후에도 살아 있을 때와 똑같은 신분과 지위·생활을 누리고자 하였고, 이러한 소망으로 '순장(殉葬)'이 유행하게 되었다. 순장은 죽은 이의 현세에서의 삶이 내세에서도 계속되기를 기원하며 사람을 비롯하여 많은 물품을 함께 묻는 장법(葬法)이다.

그러나 점차 내세에서의 삶에 현세의 사람과 물건이 별 쓰임이 없을 것이라는 인식을 하게 되면서, 시체와 같이 묻는 내용물이 점차 소략해지면서 상징화되는 경향을 띠게 되었다. 즉, 사람 대신 나무나 흙으로 빚은 인형을 묻거나, 실제 사용하였던 물건을 묻지 않고 무덤 안에 그림을 그려 이를 대신하는 것이 유행하기 시작하였던 것이다. 이렇게 해서 고분벽화가 등장하였다.

고분벽화는 어떻게 그렸을까

고대의 고분은 돌을 쌓아 만든 무덤인 적석총(積石塚, 돌무지무덤)과 돌방을 만들고 흙으로 덮은 무덤인 봉토분(封土墳)으로 나눌 수 있다. 이 중 벽화가 그려진 곳은 봉토분의 돌방 내부 벽이다.

벽화는 3세기부터 6세기 초까지는 벽에 회칠을 하고 그것이 마르기 전에 그림을 그리는 프레스코기법을 사용하였고, 6세기 중엽 이후로는 벽이나 천장면에 직접 그림을 그렸다. 고분 벽에 직접 그림을 그리게 되면 선명도는 높으나 외부공기에 노출되거나 습기에 의해 안료가 탈색되는 경향이 있다.

반면 프레스코기법은 그림의 선명도가 떨어지기는 하지만 안료의 산화와 퇴색이 덜하여 오랜 시일이 흘러도 처음의 명도와 채도가 잘 유지된다. 고구려의 고분벽화를 지금까지 살펴볼 수 있는 것은 이러한 기법을 사용하였기 때문이다.

벽화에 그려진 그림은 흑백이 아니라 흑색·청색·초록색·적색·황색·백색·자색 등 다양한 색으로 그려졌다. 이 색상들은 돌이나 흙·조개·수은·금동, 심지어 금가루 같은 금속을 이용하여 만들어졌다.

고구려 고분벽화 내용의 변화

고구려 고분벽화의 내용은 크게 세 시기로 나누어 살펴 볼 수 있다. 3세기 말에서 4세기 말에 걸치는 시기에는 인물이나 생활 모습을 담고 있다. 이러한 주제의 무덤은 대개 내부구조가 생전의 저택처럼 두 칸 혹은 여러 칸으로 이루어져 있으며, 각 방 모서리와 벽에 붉은 색 안료로 기둥과 들보·두공 등 목조가옥의 골조를 그려 고분을 주택처럼 꾸미는 것이 일반적이었다.

벽화의 내용은 죽은 자의 살아있을 때의 생활 가운데 기념할 만한 것이라든지, 풍요로운 생활모습을 그려 내세에도 이러한 삶이 계속되기를 기원하였다.

그러나 불교가 정착하여 유행하던 5세기 초부터는 사실적인 생활상의 그림들이 사라진다. 즉 불교의 공수래 공수거(空手來 空手去) 관념과 자신이 현세에서 쌓은 업(業)에 따라 내세(來世)의 삶이 결정된다는 사상이 발전하면서 계세적 내세관이 부정되었다. 이에 따라 고분벽화에는 연꽃이 많이 그려졌다. 연꽃은 현세에서 좋은 일을 많이 해서 내세에 낙원에서 다시 태어나기를 바

무용총의 연꽃(위)과 장천 1호분의 연꽃화생 벽화(아래).
연꽃은 빛과 생명을 의미하며, 화생(化生)은 석가모니가 말한 내세에서의 초현실적인 탄생방법을 말한다. 따라서 벽화에 그려진 연꽃화생은 극락정토에서 태어날 때 연꽃을 통해 이루어지기를 바라는 기원을 담은 것이다.

라는 기원을 담은 것이다. 이로 보아 5세기에는 전통적인 계세적 내세관을 대신하여 불교의 윤회(輪廻)사상 및 정토왕생(淨土往生) 내세관이 크게 유행했음을 알 수 있다.

　6세기 중엽 이후 불교가 쇠퇴하기 시작하였다. 왕위 계승과 전쟁으로 인한 정치적 혼란은 불교에 대한 국가 차원의 지원을 불가능하게 만들었다. 따라서 불교 대신 재래의 무속신앙과 신선신앙이 발달하면서 고분벽화에 산신(山神)이 많이 등장하게 된다.

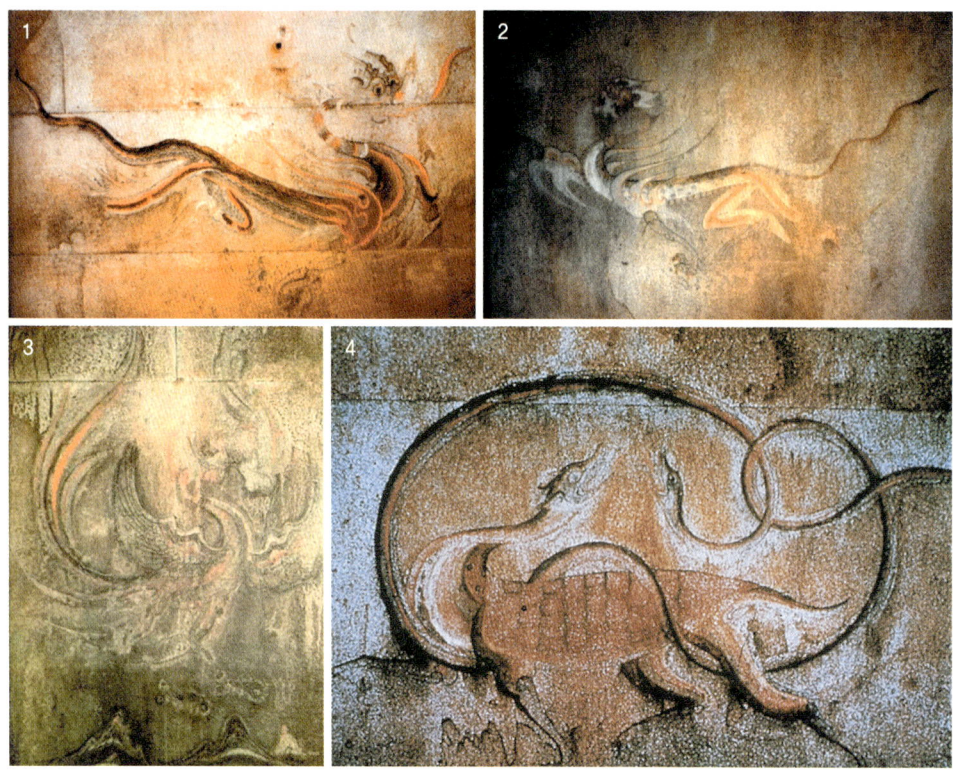

강서대묘에 그려진 사신도.
1. 좌청룡　2. 우백호　3. 남주작　4. 북현무.

46　Ⅰ. 유물에 나타난 생활

7세기 경에는 도교가 민간에 크게 유행하면서 사신도가 그려졌다. 사신도는 도교에서 중시하는 풍수지리설, 즉 지리와 방향에 따라 인간의 운명이 결정되거나 바뀔 수 있다는 사상과 밀접하게 관련이 있다. 사신은 본래 사방(四方)의 방위신으로, 하늘의 28개 별자리 가운데 동서남북 각 방위의 7자리씩을 나타내는 존재이다. 따라서 사신도는 대개 방위에 맞추어 좌(왼쪽)청룡, 우(오른쪽)백호, 남(앞쪽)주작, 북(뒷쪽)현무로 그려진다.

사신도는 벽면 전체에 그려지는데, 이는 단순히 하늘의 별자리가 형상화된 방위신 정도가 아니라 죽은 이의 세계를 지켜주는 우주적 수호신임을 알려준다.

즉 고구려의 고분벽화는 3세기 말에서 4세기 말까지는 생활풍속도라 할 수 있고, 5세기부터 6세기 초까지는 불교의 발달로 연꽃으로 상징되는 윤회사상과 정토왕생사상(淨土往生思想)이 담겨져 있었다. 이후 불교가 쇠퇴하고 고구려 전통신앙과 도교가 유행하면서 산신도와 사신도가 나타남을 알 수 있다.

이제 3세기 말에서 4세기 말에 생활풍속이 그려진 고분벽화를 중심으로 고대 사람들이 어떻게 살았는지 살펴보자.

무엇을 입고 살았을까

우리 민족의 고유한 의복의 기본형은 대체로 저고리(유, 襦)·바지(고, 袴)·치마(상, 裳)·두루마기(포, 袍)이고, 여기에 머리에는 관모(冠帽)를 쓰고 허리에는 띠를 매어 고정하며, 발에는 신을 착용하여 몸을 완전히 감싸는 형태를 하고 있다.

고대 사람들은 일찍부터 삼과 누에에서 실을 자아내고, 길쌈을 통해 다양한 옷감을 만들어 옷을 입었다. 고구려 고분벽화에는 은하수를 사이에 두고 앞에서 소를 끌고 있는 견우(牽牛)와 뒤에서 실을 짜고 있는 직녀(織女)의 그림이 있다. 여기서 견우는 농사의 신을 상징하고, 직녀는 길쌈하는 신을 상징한다. 이들은 아마도 고대 생활의 수호신 모습을 표현한 것으로 보인다. 즉 농경을 주요 산업으로 한 우리 민족에게는 농사와 함께 길쌈이 매우 중요한 자산이었음을 나타낸다.

신석기시대 이래 가장 일반적으로 사용된 옷감은 베[布]였다. 일반민들은 갈포(褐布)라고 표현되는 거친 실로 짠 베옷을 많이 입었던 것으로 보이고, 귀족들은 아주 가는 실로 곱게 짠 겸포(縑布)나 비단으로 옷을 해 입었다.

고구려 대안리 1호 무덤의 '베 짜는 여인' 그림은 당시의 발달된 방직기술의 면모를 잘 보여준다. 백제에서도 고이왕 때 서소 같은 직공을 일본에 보내 직조기술을 가르칠 정도로 길쌈 기술이 발달했다. 신라의 유리왕은 6부(部)의 여자들을 두 패로 갈라 길쌈을 시키고, 진 편에서 술과 음식을 차려 이긴 편에 사례하게 하는 '가배(嘉俳)'를 시행하였다고 한다.

고구려 옷의 기본은 남녀 혹은 신분에 관계없이 활동하기 편한 저고리와 바지였다. 저고리는 아랫단이 엉덩이까지 이르고 깃은 왼쪽으로 여는 좌임

덕흥리 고분의 견우직녀도.

무용총에 보이는 고구려의 복식.

(左衽)이다. 좌임은 활을 즐겨 쓰는 내륙 아시아 기마민족의 관습이다.

저고리의 소매는 신분에 따라 다른데 귀족의 소매가 평민의 그것보다 넓었다. 저고리의 깃과 도련, 소매 끝은 옷과 다른 색의 천을 대어 만드는데 이를 선(襈)이라 한다.

선은 쉽게 헐어버리는 옷의 끝부분에 천을 덧대어 옷의 수명을 보다 늘릴 수 있다는 실용성과 더불어 끝단을 다른 색으로 대거나 선 안에 다양한 장식과 무늬를 그려 넣음으로써 장식의 효과까지 얻을 수 있다. 이와 같은 선은 오늘날 우리의 한복 저고리에 보이는 '회장'과 '끝동'으로 그 전통이 남아 있다.

바지는 요즘의 바지와 형태로는 차이가 거의 없다. 바지통의 너비는 저고리의 소매와 마찬가지로 신분과 지위에 따라 다르다.

귀족들은 바지통이 넓은 대구고(大口袴)를, 시종이나 평민들은 통이 좁은 궁고(窮袴)를 입었다.

저고리와 바지 위에는 길이가 발목까지 닿는 두루마기를 입었다. 두루마기는 원래 추위를 막기 위한 것이지만, 의례용으로 그 쓰임새가 바뀌어 귀족들이 즐겨 입었다.

여자의 옷으로는 저고리와 바지 외에 치마가 있다. 치마는 치맛단에 천이 더해져 있으며, 주름치마·색동치마 등 여러 가지 멋을 낼 수 있는 치마도 있다.

한편 고분벽화에 나타난 고구려인들은 머리모양이 다양하다. 여자들은 주로 뒤로 묶어서 내린 머리를 하거나 좌우로 상투를 틀어 올린 쌍상투머리·얹은머리·고리모양으로 틀어 올린 머리 등이 보인다. 대체로 얹은머리는 신분에 상관없이 결혼한 여자들의 일반적인 머리 형태이다. 또한 당시에는 가발을 사용

수산리 벽화분에 보이는 시녀.
엉덩이까지 오는 저고리와 좁은 통의 바지를 기본으로 두루마기를 입은 모습도 보인다. 모두 선(襈)이 둘러져 있다. 저고리와 바지 외에 허리까지 내려오는 긴 저고리와 주름치마를 입기도 했다.

해 머리를 크게 하는 것이 유행이었다.

　남자는 상투머리가 일반적이었으며 여러 가지 형태의 모자를 썼다. 건(巾)으로 머리를 감싸거나 끝이 뾰족한 고깔모양의 절풍(折風), 절풍 위를 깃털로 장식한 조우관(鳥羽冠), 문관이나 무관들의 의례용 모자인 책(幘), 신분과 지위가 높은 인물만 쓰던 모자인 나관(羅冠) 등이 있다.

여성의 머리모양.
1. 고리 튼 머리(안악 3호분).
2. 얹은머리와 쌍상투머리(덕흥리 고분).

남성의 여러 가지 머리 장식.
1. 관리들이 쓰는 책(幘)(안악 3호분).
2. 백라관(白羅冠)(안악 3호분) : 나관 중 백색 나관은 고구려에서는 왕만 썼다고 한다.
3. 간편하고 실용적인 건(巾) (덕흥리 고분).
4. 고구려인이 가장 즐겨 쓰던 절풍(折風)(무용총).
5. 조우관(鳥羽冠) (무용총).

무엇을 먹고 살았을까

고대 사람들은 어떠한 음식을 먹었으며 조리방법은 어떠했고 식사하는 방식은 어떠했는지 궁금하다. 우선 현재 우리가 일상적으로 먹고 있는 쌀은 고대인들이 쉽게 접할 수 있는 것이 아니었다. 물론 기원전에 이미 한강유역에서 벼가 재배되었으나 쌀은 왕이나 귀족들이 먹는 귀한 음식이었다. 더구나 고구려지역인 북쪽은 지금도 그렇지만 평야지대가 적어 쌀은 더욱 귀한 음식이었다. 따라서 고구려인들은 조와 콩, 밀, 보리, 수수, 기장 등의 곡물류를 주식으로 하였다.

이러한 곡물류들은 맷돌이나 방아 같은 기구를 이용하여 찧어 밥을 짓는다. 밥을 지을 때는 솥이나 시루를 이용했는데, 시루는 솥 위에 올려놓고 사용하는 주방기구이므로 솥의 사용이 전제되어야 한다. 솥은 철기가 보급되면서 등장하였다.

육식으로는 가축으로 키운 소·돼지·닭·개 등을 이용하였다. 또 고구려인의 생활에서 사냥이 차지하는 비중이 높은 만큼 사냥하여 얻는 멧돼지·사슴·토끼·꿩 등도 주요한 음식이 되었다. 중국 기록에는 맥적(貊炙)이라는 음식이 귀족 집안과 부잣집에서 즐겨먹는 음식으로 나타나 있다. 맥적은 오늘날의 불고기와 같은 음식으로, 고구려인들이 육식을 즐겼음을 알려준다.

고구려뿐만 아니라 신라에서도 육식을 즐겼던 것으로 나타난다. 『삼국유사』에 보면 신라 태종무열왕이 한 끼에 쌀 서 말과 꿩 아홉 마리를 먹었다고 기록하고 있다.

채소류는 쑥·아욱·무·배추 등이 재배되었다는 기록이 있다. 문헌에는 남아 있지 않지만, 김치도 먹었을 것으로 추정된다. 물론 고추가 들어 있지 않은, 소금에 절인 백김치일 것이다. 초기에는 단지 채소를 소금에 절여 먹었지만, 후기에는 양념으로 마늘·파·생강이 곁들여진 것으로 추측된다. 김치 하면 생각나는 빨간 김치는 임진왜란(1592) 이후에 고추가 전래되면서 등장했다.

김치 못지않게 중요한 반찬은 단백질과 염분을 안정적으로 공급해 주던 된장이다. 된장은 한반도와 만주 일대에서 많이 나는 콩을 소금과 함께 발효시킨 음식으로, 상처에 바르는 비상 구급약으로도 널리 이용되었다.

준비된 음식은 식탁이나 상을 펴 놓고 식사를 하거나 다리가 없는 상에 놓고 먹었다. 그러나 일반민들은 대체로 상 없이 적당한 자리에 앉아서 음식을 바닥에 늘어놓은 채로 식사를 하는 경우도 많았을 것이다. 고분벽화에서

시루가 있는 부엌 (안악 3호분).

수렵도(무용총).
고구려에서는 사냥이 빈번하였다. 왕이 직접 참여하는 정기적인 대규모의 사냥은 국가적 제의를 위한 희생물을 잡기 위해서였으며, 군사훈련을 위해서도 사냥이 이루어졌다. 흔하지는 않았겠지만 개인적으로 행하는 사냥이나 마을 단위의 집단 사냥을 통해 잡힌 짐승이 당시의 단백질 공급원이 되었다.

식탁이나 상의 존재가 확인되나 모든 신분층에서 일률적으로 안정된 상차림이 이루어진 것은 아니다.

어떤 집에서 살았을까

고대 사람들의 주거환경에 대해서는 고분벽화에 나온 귀족들의 집안(輯安) 풍경과 몇몇 집 자리 유적을 통해 살펴볼 수 있다.

고구려는 비교적 추운 지역이었기 때문에 겨울철 난방문제가 중요했다. 대부분의 한족(漢族)들이 맨바닥에 침상을 설치하고 거기에서 기거하는 것이 보통인 데 비해 고구려 사람들은 쪽 구들을 사용했다.

쪽 구들은 오늘날처럼 방 안 전체에 구들을 설치하고 난방하는 것이 아니라, 일부에만 구들을 설치하고 방 안에서 불을 지피는 것이다. 즉, 겨울에는 쪽 구들 위에서 잠을 자고, 여름이나 평시에는 평상이나 의자에 앉아 생활하는 입식(立式) 문화가 발전했다.

집안시에서 발굴된 귀족의 집터 혹은 신전 유적으로 여겨지는 동대자 유적에서는 'ㄱ'자 모양으로 쪽 구들이 놓여 있는 흔적이 있다. 방 바깥으로 굴뚝이 나 있지만, 불을 지피는 곳은 방 바깥쪽 부엌이 아니라 실내에 있다.

고구려 시대의 집은 나무와 흙으로 벽체를 만들었기 때문에 불에 약하다는 단점이 있기는 하지만 시멘트 집보다 단열·보온효과가 뛰어나다. 따라서 쪽 구들에 부분적인 화로를 통해 난방을 했다면 그다지 춥게 지내지 않았을 것이다. 쪽 구들과 굴뚝은 고구려가 원조이며, 서역과 몽골·일본에까지 전해졌다.

벽화 중 귀족의 집 내부 구조 모사도(안악 3호분).
부엌·고깃간·차고·마구간 등 각각 사용 목적에 따라 공간이 구분되어 있는 것을 볼 수 있다.

그렇다면 집 내부 구조는 어떠했을까. 집 내부에는 창고인 부경(桴京), 사위집인 서옥(壻屋), 차고, 고깃간, 가축우리, 방앗간, 부엌 등 사용 목적과 용도에 따라 각각의 공간들이 구분되어 있었다. 그 가운데 주거용 건물은 오늘날처럼 방과 마루가 구분되어 있지 않았다. 건물 내부는 휘장으로 구획되었을 뿐 내부에 고정된 칸막이가 없었다.

한 건물의 내부 공간은 쪽 구들을 놓아 편히 쉴 수 있는 공간, 의자를 놓아 사람들을 접대할 수 있는 공간, 좌상(座床)이나 평상(平床)이 놓인 공간, 그리고 장막이 쳐진 공간으로 이루어졌다. 그 사이 사이에 방바닥이 있어 건물

접객도(무용총).
스님과 주인이 걸상에 앉아 음식을 먹으며 대화하는 모습. 아직 온돌이 발전하지 않아 손님을 접대할 때나 평상시 방안에 있을 때도 좌상이나 평상에 앉아 생활하였다.

외부에서 생활하던 사람들이 건물 내부로 들어와도 신을 벗지 않고 생활할 수 있었다. 즉 건물 내부는 필요에 따라 기능별로 수시로 바꿀 수 있는 공간이었다. 귀족들이 거처하는 공간은 휘장을 둘러 그들이 머물 영역을 확보할 수 있었다.

고구려의 독특한 실내생활 문화로는 쪽 구들과 함께 좌상과 평상 문화를 들 수 있다. 조선시대 양반처럼 방바닥에 앉아 생활하는 모습을 전혀 찾아볼 수 없다. 이는 온돌이 발달하지 않았기 때문이다.

따라서 손님을 접대할 때나 평상시 방안에 있을 때도 좌상이나 평상에 앉아 있는 모습을 많이 볼 수 있다.

이와 더불어 휘장문화도 독특한 실내생활 문화이다. 휘장은 벽체에 의지해서 천장에서부터 늘어지도록 설치된 넓은 천이다. 방에 휘장을 두른 것은 많은 고분벽화에서 볼 수 있다. 평상시에는 휘장을 거두어 위쪽으로 묶어놓고 겨울이나 밤에는 휘장을 내려 실내를 따뜻하게 했던 것이다.

신라에서는 6두품 이상의 계층만이 휘장을 방에 칠 수 있었다는 기록이 있는 것으로 보아, 휘장은 지배층에서만 칠 수 있는 권위의 상징이었다고 할 수 있다.

고분벽화에 나타난 신분

고대국가가 형성되는 과정에서 이전에 족장 출신이었던 자들과 그들의 가족들은 지배층이 되었으며, 이들은 피지배층과 분명하게 구분되었다. 이들을 고구려는 '가(加)', 백제는 '좌평(佐平)'·'솔(率)', 신라는 '간(干)'·'찬(湌)'이라 하였고 관직을 독점하였다.

고대국가의 귀족들은 정치·사회적으로 우월한 지위를 확보하고 있었으며, 그들의 이러한 지위는 혈통적으로 계승되었다. 지배층에는 모든 면에서 혜택을 받는 귀족 외에 중앙과 지방의 관료인 중간 신분층도 있다. 이들은 고구려, 백제의 5부나 신라의 6부 출신들로 중앙의 행정관리나 군대의 중간 지휘자, 지방관 등을 말한다.

고대국가의 피지배층으로는 일반 평민과 노비를 들 수 있다. 일반 평민들은 족장들의 지배를 받던 자들로 대개 농업에 종사하여 국가에 세금을 내는 존재들이다. 노비는 개인이나 국가의 재산으로 개인의 자유와 권리는 인정되

각저총의 주인 부부.
신분과 지위에 따라 인물의 크기가 다르게 그려져 있다.

지 않으며 오직 주인을 위해 아무런 대가 없이 봉사한다. 그들은 인간으로서 최소한의 대우조차도 기대할 수 없었다.

이처럼 전근대 사회에서는 인간의 가치를 신분이나 지위에 따라 차등적으로 인식하였다. 그림에서 보면 인물의 신분이나 지위의 높낮이를 표현하는 기법으로 표현대상의 비중에 따라 크게 혹은 작게 크기를 달리하여 그렸다.

고분벽화에 보이는 인물들도 귀족과 시종, 평민들이 각자의 신분과 지위에 맞게 그 크기가 달리 묘사되고 있음을 확인할 수 있다.

〈참고 문헌〉

1. 국사편찬위원회.『한국사 8-삼국의 문화』. 국사편찬위원회, 1998.
2. 김기웅.『고구려 고분벽화』. 서문당, 1989.
3. 김기흥.『새롭게 쓴 한국고대사』. 역사비평사, 1993.
4. 김용만.『고구려의 그 많던 수레는 다 어디로 갔을까』. 바다출판사, 1999.
5. 김용만.『새로 쓰는 고구려 문명사-고구려의 발견』. 바다출판사, 2000.
6. 문화재관리국 문화재연구소.『북한문화재도록』. 한국문화재보호재단, 1995.
7. 이덕일.『700년의 수수께끼』. 대산출판사, 1994.
8. 이은령.『역사스페셜 4-북한의 문화유산』. 효형출판, 2002.
9. 임영미.『한국의 복식문화』. 경춘사, 1997.
10. 전호태.『고분벽화로 본 고구려 이야기』. 풀빛, 1999.
11. 전호태.『고구려 고분벽화 연구』. 사계절, 2000.
12. 정유민.『테마 한국사』. 청년정신, 2000.
13. 조선일보사.『집안 고구려 고분벽화』. 조선일보사 출판국, 1994.
14. 한국방송공사.『고구려 고분벽화』. 한국방송공사, 1994.
15. 한국역사연구회.『문답으로 엮은 한국고대사 산책』. 역사비평사, 1994.
16. 한국역사연구회.『삼국시대 사람들은 어떻게 살았을까』. 청년사, 1998.

| 네 번째 |

토우(土偶)로 살펴본 신라인의 생활

❊ 토우(土偶)란

고대로부터 동서양을 막론하고 자연에 대한 숭배와 인간의 죽음에 대한 의식이 행해져 왔다. 이러한 의식의 바탕이 되는 원시신앙 또는 민속신앙의 표현수단에 의한 결과물로 나타난 것 가운데 대표적인 것으로 토우(土偶)를 들 수 있다.

토우(土偶)란 글자 그대로 흙으로 만든 인형을 말한다. 그러나 넓은 의미에서는 사람의 형상뿐만 아니라 다른 여러 동물이나 생활 용구, 집 등 모든 것을 그 모습대로 본떠 나타낸 것을 일컫는다.

우리나라에서는 특히 신라에서 토우가 많이 출토되고 있는데, 다양한 모습의 인물상뿐만 아니라 여러 종류의 동물상과 갖가지 생활 용구들을 표현하고 있어 당시 신라의 생활 모습을 살필 수 있게 한다. 즉, 고구려 고분벽화가 고구려 사람들의 생생한 삶의 모습을 보여주는 그림이라면, 신라의 토우는 신라 사람들의 낙천적인 삶의 모습을 꾸밈없이 보여주는 조각이라고 할 수 있다.

신라의 토우는 고구려와 백제에서는 찾을 수 없는 신라 독자적인 것으로, 5~6세기에 걸쳐 집중적으로 제작되어 사냥·고기잡이·성교(性交)·악기 연주·풍속 등 그 당시 신라 독자의 생활상을 생생히 보여준다.

그러나 신라 통일기에 이르러 당나라와 교류가 활발해지면서 토우의 모습은 변하기 시작하였는데, 8세기에 이르러 형식과 양식이 완전히 변하여 복식뿐 아니라 얼굴도 완전히 당나라 사람으로 표현하고 있어 신라의 전통이 사라지게 되었다.

토우는 왜 만들었을까

일반적으로 토우의 제작 동기에 대해서 장난감이나 우상물(偶像物) 또는 사람을 대신하여 묻히는 순장 대용품(殉葬代用品)으로 보고 있는데, 죽은 자의 무덤에 부장품으로 넣기 위하여 만들어졌다는 것이 주된 해석이다. 이 때 토우의 용도는 죽은 자에게 봉사자(奉仕者) 역할을 했던 것으로 생각된다. 특히 동물상의 경우 하늘과 땅을 연결시켜 주는 매개자로서 인식되었던 것으로 보인다.

신라 토우는 신라인들의 작품으로, 불교조각과는 그 정신적 배경이나 표현에 있어서 계통을 달리하는 한국 초기의 조각이다. 토기의 제작과 더불어 만들어지기 시작한 토제품의 하나로, 신라인들의 삶의 모습을 꾸밈없이 보여주고 있다.

제작 수법에서의 과감한 생략과 과장은 신라인의 개성미를 나타내며, 크기는 비록 작지만 신라인의 조형의식이 잘 나타나 있고, 자유분방하고 파격적이며 해학적인 요소들은 근원적인 삶의 원형을 보여준다.

✸ 신라 토우의 발굴

신라 토우에 대한 전반적인 발굴조사가 아직 이루어진 것이 아니기 때문에 어느 일정한 지역에 한정되어서 출토된다고 말할 수는 없지만, 현재까지는 경주 황남동 일대에서 대부분 집중적으로 출토되었다.

이 지역은 수십 기(基)의 적석수혈식(積石竪穴式) 고분군(古墳群)이 밀집된 지역이며, 대부분 소형 석곽묘(石槨墓)에서 출토된 신라 토우는 대체로 4~6세기에 유행되었던 것이다.

토우 달린 목 긴 항아리.
미추왕릉 지구에서 출토.
5~6세기, 높이 34.0cm, 국립경주박물관 소장.

토우가 최초로 발견된 것은 일제 시기인 1926년 경주역 기관차고(機關車庫) 매립공사 때였다. 매립토로 쓰기 위해 역에서 가까운 논바닥을 파다가 굉장히 많은 토우들이 나왔다고 한다. 일본인에 의해 토기와 함께 출토된 토우는 대부분 파손이 심해 그 기능이나 만든 목적에 대해 추정하기 어려웠다.

대부분의 토우는 10cm 미만의 크기였고, 어떤 것은 2~3cm밖에 되지 않는 아주 작은 것도 보인다. 이 토우들은 그 소박한 솜씨가 흥미로운 것들로, 인물과 동물이 주류를 이룬다.

이후 1975년 계림로 일대 미추왕릉(味鄒王陵)

지구를 고분공원으로 조성하다 발굴된 석곽묘군에서 수많은 신라 유물과 함께 토기 파편들이 출토되었다.

　토우장식 항아리와 동원(東垣) 수집품 중의 토우장식 고배(高杯) 등이 신라의 토우를 살피는 데 중요하다.

　동원 수집품의 경우는 사냥꾼이 개와 몰이꾼을 대동하고 짐승을 쫓는 사냥 장면이 보이며, 미추왕릉지구 계림로(鷄林路) 제 16지구의 고분군 중 제 30호분에서 출토된 목 긴 항아리에는 어깨와 목 부위에 임신한 여인이 가야금을 뜯는 모습, 남녀의 성행위 장면, 개구리를 물고 있는 뱀, 그리고 새·오리·거북 등의 동물들이 표현되어 붙어 있다.

　또 노동동(路東洞) 고분군 중의 제 8호분에서 출토된 목 긴 항아리는 지팡이를 든 남자가 다른 한 손으로 크게 과장된 성기(性器)를 잡고 서 있는 모습을 비롯하여 역시 뱀·개구리 등의 동물들이 붙어 있다.

　남녀의 성행위를 표현한 것, 임신한 여인들 외에 개구리를 물고 있는 뱀의 모습 등에서 이 용기들이 일상 생활에 쓰인 것이 아니라는 사실을 짐작케 한다.

토우로 살펴본 신라인의 성(性) 풍속

　신라 토우에서 가장 충격적인 것은 정말로 적나라하게, 그것도 과장되게 표현한 성(性) 관련 남녀 인물상이다. 신라 토우에는 남자의 성기를 노출한 남자상과 여성의 성기를 노출한 여인상뿐만 아니라 직접적으로 남녀가 결합 중인 것을 표현한 것까지 보인다.

　성기를 노출한 남자 토우들의 공통점은 성기(性器)가 신체의 균형에 비해

남녀인물상.
하체에 뚫려 있는 구멍은 성기를 표현한 것이다.
남자 18.5cm, 여자 17.8cm, 국립중앙박물관 소장.

토우 달린 목 긴 항아리의 일부분.
남녀의 성적 결합을 생생하게 표현하고 있다.

과장되게 표현되어 있다는 것이다. 여인상은 유방이 발달되어 있고, 하체에는 구멍이 뚫려 있으며, 임산부의 모습을 보이는 것도 있다.

신라인들은 도대체 어떤 생각으로 무덤 속에 이러한 남녀 인물상을 만들어 넣었을까? 성(性)은 시대를 거슬러 올라갈수록 생식, 생명체의 탄생, 다산(多産), 풍요의 의미와 연관되어 그 신비감으로 숭배를 받았던 인류 공통의 문화유산이다.

신라 토우는 무덤의 부장품으로서 죽은 자가 저승에서 재생(再生)하여 영원히 살기를 기원하며 만든 것이다. 토우의 인물상은 생산력과 재생력을 지닌 성기를 노출하고, 성적 결합을 통해서 죽은 사람의 재생·영생(永生)을 기원하는 것이다. 즉 신라 토우의 각종 성애상(性愛像)은 성 결합을 통한 새로운 탄생을 기원한 것이다.

토우를 통해 본 생활상

신라인의 실생활이 그대로 드러나 있는 토우를 잘 살펴보면 신라인이 어떻게 살았는지 알 수 있다.

신라의 주택

신라의 가옥은 실물이 전혀 전해지지 않아 잘 알기 어려우나 집 모양의 토우가 남아 있어 신라의 주택을 이해하는 데 도움을 준다.

집 모양 토기의 외형은 고상 건물의 모습을 짐작케 한다. 앞쪽에 자그마

한 사다리가 놓인 형식, 지붕의 골을 처리한 점 등은 당시의 가옥 구조를 복원하는 데 도움을 준다.

기와를 촘촘히 얹은 팔작지붕의 가옥과 네 개의 기둥이 떠받치고 있는 단순한 맞배지붕의 곡식 창고도 있다. 창고를 2층으로 올린 것은 땅에서 올라오는 습기, 그리고 쥐나 해충으로부터 곡식을 보호하기 위해서였을 것으로 보인다. 그 밖에 수레와 지게, 가축 등 살림살이를 표현한 다양한 토우가 있어 집안의 모습을 알 수 있다.

신라에는 신분에 따라 차등 있게 가옥의 규모나 장식·설비의 정도가 각기 제한되어 있던 규정이 있어 참고가 된다. 제한 내용은 『삼국사기』 옥사조(屋舍條)를 통해 알 수 있는데, 방의 크기와 기와·재목(材木)·장식·계단·담장·문·마구간·병풍(屛風)·평상(平床) 등이다.

집 모양 토우.
1. 기왓골이 잘 나타난 팔작지붕의 가옥.
   높이 43.4cm, 국립경주박물관 소장.
2. 곡식창고로 추정되는 고상 건축.
   높이 11.5cm, 경북대학교 박물관 소장.

이를 통해서도 당시 신라 가옥의 규모와 외형, 장식에 관하여 짐작할 수 있다.

신라의 경제생활

멧돼지를 향해 팽팽하게 활시위를 당기고 있는 수렵 토우는 활과 화살을 비교적 세밀하게 묘사한 반면 사람은 단순하게 표현해 사냥의 긴박한 분위기를 강조한다. 이 멧돼지의 뒤를 개 한 마리가 바짝 쫓고 있다. 이런 동물 토우를 통해 고대 신라인이 멧돼지뿐 아니라 토끼와 사슴, 표범과 호랑이 같은 맹수도 사냥했음을 알 수 있다.

하지만 수렵으로 충당할 수 있는 한계를 깨닫게 되면서 점차 짐승을 기르게 되었다. 들짐승을 가축화한 대표적인 예가 바로 돼지다. 토우에는 다양한 형태의 돼지가 등장한다. 중요한 단백질 공급원이었던 돼지를 죽은 사람과 함께 묻는 것도 내세(來世)의 풍요로운 식생활을 염원하는 것으로 보인다.

그 밖에 가축화된 동물로 가장 오래 된 개는 식용·애완용, 혹은 호신용으로 다양히게 나타난다.

또한 잉어·망둥이·게 등 다양한 어류 토우도 있어 어로(漁撈) 활동이 수렵 못지않은 식량 확보 수단이었음을 알 수 있다.

금령총의 배 모양 토우는 신라의 활발했던 어로 활동을 말해줄 뿐 아니라 당시의 배를 복원하는 데도 중요한 자료로 활용된다.

수렵 토우 장식 고배.
높이 20.3cm, 국립중앙박물관 소장.

배 모양 토우.
높이 15cm(오른쪽), 12.6cm(왼쪽).
경북 금령총 출토, 국립중앙박물관 소장.

지게로 항아리를 나르는 인물 토우.   괭이를 둘러멘 인물 토우.

    한편 어깨에 농기구를 둘러멘 토우, 지게로 무거운 짐을 나르는 토우는 신라 농민들의 전형적인 모습을 나타낸다. 이 토우들에는 지게와 짐승을 이용해 볏단을 나르거나 디딜방아로 곡식을 빻는 구체적인 농업과정이 표현되어 있다. 또한 크기만 작을 뿐 실물과 전혀 차이가 없게 빚어놓은 디딜방아 토우는 신라의 농경을 잘 보여준다.

신라인의 여가생활

가야금(伽倻琴)을 타는 토우가 꽤 많아서 음악사 연구에도 귀중한 자료를 제공하고 있다. 가야금이나 비파(琵琶)를 연주하는 모습들이나 피리를 부는 모습들로 미루어 그 당시 신라인들이 널리 음악을 즐겼음을 알 수 있다. 음악은 3죽·3현·박판·대고·가무가 있다. 그 중 3현이 거문고·가야금·비파이다.

거문고는 고구려인 왕산악이 진(晉)에서 보낸 7현금의 모양을 본떠 만들었다고 한다.

가야금은 가야국 가실왕이 당나라의 악기를 보고 만들었다. 『삼국사기』 악지(樂志)에는 가야국 사람 우륵이 나라가 어지러워지자 악기를 가지고 신라 진흥왕에게 투항했다는 기록이 있다. 즉 6세기에 가야의 가야금이 우륵에 의해 신라에 전해졌음을 알 수 있다.

비파를 연주하는 인물 토우.

그러나 대략 4~5세기에 제작된 토우들 중 가야금과 유사한 악기를 연주하는 토우들이 보인다. 즉 가야금이 전래되기 이전에 신라에 이미 가야금과 비슷한 '금(琴)'이라는 악기가 있었던 것이다.

이 '금(琴)'의 크기와 관련된 기록이 『삼국유사』 사금갑조(射琴匣條)에 전하는데, '왕이 궁에 들어가 금갑(琴匣)을 쏘니 중과 궁인(宮人)이 그 안에서 정을 통하고 있었다.'라는 기록이다. 즉 '금(琴)'을 넣어 놓는 함 안에 사람이 들어가 숨을 수 있을 정도

가야금을 타는 인물 토우.

였다는 것이다. 실제 일본 정창원(正倉院)에 보관된 신라 금갑도 그 길이가 187.5cm로 사람이 들어가기에 충분한 크기다.

6세기 이후 신라에 가야금이 전해지면서 '금(琴)'은 한 단계 수준 높은 악기로 발전한 것으로 보인다. 신라에 이렇게 많은 악기들이 등장하는 것은 그만큼 신라인의 생활 속에 음악이 깊숙이 자리잡고 있었음을 뜻한다.

신라인의 복식(服飾)

신라의 토우는 특히 신라 복식의 변화상을 잘 보여준다. 5~6세기에 만들어진 인물형 토우가 신라 고유의 복식을 보여준다면, 신라가 삼국을 통일한 이후에 만들어진 8세기의 인물형 토우들은 중국 당(唐)나라의 영향을 받은 복식의 모습을 보여주고 있다.

『양서』「제이전」, 『남사』「동이전」 신라조에 신라에서는 저고리인 유(襦)를 '위해(尉解)', 바지인 고(袴)를 '가반(柯半)'이라 불렀는데, 이는 신라어의 표현이라고 하였다. 이를 통해 신라에서도 고구려의 고분벽화에서 보이는 것과 같이 저고리와 바지가 기본적인 복식이었던 것으로 보인다.

경주 황남동 출토 토우 부부상을 보면 여성의 경우 소매가 좁고 허리 밑까지 내려오는 긴 저고리와

경주 황남동에서 출토된 부부 토우상.

치마를 입고 있으며, 남성의 경우 허리까지 이르는 저고리에 통이 좁은 바지를 입고 바짓부리는 묶은 형태를 보이고 있다.

통일신라에 들어와 신라의 복식은 중국 당(唐)나라의 영향을 받아 새로운 모습을 보여주고 있다. 남성의 경우는 깃이 둥근 단령(團領)을 입고 머리에는 복두(幞頭)를 쓰고 있다.

단령(團領)은 통일신라의 관리복(官吏服)으로, 깃이 둥글게 만들어진 데서 연유한 이름이다. 단령은 길고 둥글게 만든 옷깃으로 목을 둥글게 감싼 후 매듭단추로 오른쪽 어깨에서 여미어 입는 것이다.

중국 당나라에서 도입된 것이지만, 당나라 역시 실크로드를 통해 다른 지역에서 도입하여 관복으로 착용한 것이다. 소매통이 비교적 넓고 풍성하며, 허리에 대(帶)를 두르고 대 위로 옷을 빼내어 입어 상의와 하의가 나누어진 것처럼 보이게 입었다.

일반인들도 단령을 입었으나 관리들이 입는 단령과는 차이가 있었다. 우선 옷 길이가 종아리 중간 정도까지만 오며, 옷 옆에 트임이 있었는데, 이는 단령의 폭이 좁아도 활동하는 데 불편함이 없도록 하기 위한 것이었다.

머리에 쓰는 복두(幞頭)는 네 가닥의 끈이 달린 모자로, 산봉우리를 연상케 하는 모양을 하

문관상.
경주 용강동 석실 고분 출토.
높이 17cm, 문화재연구소 보관.

단령에 복두를 쓴 일반 남성상.
경주 황성동 석실 고분 출토.
높이 18cm, 국립박물관 소장.

고 있다. 네 가닥의 끈 중 두 개는 모자의 앞쪽 턱진 부분에서 묶고, 두 개는 뒤쪽에서 묶어 늘어뜨리는 것이 일반적이었다.

복두는 통일신라시대 남성이면 누구나 착용할 수 있는 모자로, 신분에 따라 다양한 재료를 이용하여 만들었다.

통일신라시대 여성복의 기본 형태는 단의(短衣)와 표상(裱裳)이라고 하는 상·하의이며, 여기에 표(裱)를 두르거나 표의(裱衣)를 입었다.

통일신라 여성들이 상의로 입었던 단의는 앞길의 모양을 분명하게 파악할 수는 없지만 가슴은 네모지게 파인 형식을 하였고, 가슴에 맨 허리띠는 길게 늘어뜨려 그 장식적인 효과를 극대화하였다. 허리띠가 겉으로 드러나면서 그 어느 시대보다 허리띠 장식이 화려했다. 옷소매는 부리로 갈수록 넓어지고 풍성했다.

표(裱)는 지금의 숄과 비슷한 것으로 어깨 등에 걸쳐 입던 것이다. 일반 여성들은 두를 수 없고 4두품 여성까지만 사용할 수 있었다.

표의(裱衣)는 가장 겉에 입는 옷이었다. 위아래가 하나로 연결된 원피스 형태로,

표를 두른 여인상.
경주 용강동 석실 고분 출토.
높이 17.2cm, 문화재연구소 보관.

표의를 입은 여인상.
경주 황성동 석실고분 출토.
높이 16.5cm, 국립중앙박물관 소장

길이는 발등을 덮을 정도로 길고 풍성했고, 가슴 아래를 허리끈으로 고정시켜 입었다.

통일신라 시대 여성들의 복식에는 소매가 매우 길어 손을 가린 것이 많은데, 이는 당시의 여성들이 손끝을 내보이는 것을 조심하였기 때문이었다.

이렇게 신라인들의 생활모습을 보여주는 토우는 고려시대에 이르면 보이지 않는다. 이는 고려시대에 불교가 발달하면서 화장(火葬)이 성행한 것과 관련이 있는 것으로 보인다.

조선시대에 오면 백자(白磁)로 만들어 무덤에 넣는 경우가 있다. 이것을 흔히 명기(明器)라 부르는데, 인물·동물·생활 용기 등이 만들어지고 있어 신라 토우의 흔적을 찾을 수 있다.

〈참고 문헌〉

1. 강우방. 「新羅土偶論」 『신라토우』. 국립경주박물관, 1997.
2. 국립경주박물관. 『고고관』. 통천문화사, 2002.
3. 김명자. 「민속에 있어서 性의 의미」 『정신건강연구』 3. 한양대학교 정신건강연구소, 1985.
4. 손명순. 「신라토우의 상징성에 관한 연구(上)」 『경북사학』 23. 2000.
5. 이난영. 『토우』. 대원사, 1991.
6. 이난영. 「신라의 토우」 『신라토우』. 국립경주박물관, 1997.
7. 이은창. 「신라토우에 나타난 민속」 『신라민속의 신연구』. 신라문화선양회, 1983.
8. 정종목. 「토우, 신라인의 사랑과 진실」 『역사스페셜』 2. 효형출판, 2000.
9. 조효순 외. 『우리 옷 이천년』. 문화관광부 한국복식문화 2000년 조직위원회, 2001.
10. 천진기. 「신라토우의 민속학적 연구」 『신라토우』. 국립경주박물관, 1997.

한국인의 생활사

II

중세의 신분별 생활

왕(王)의 생활
관료(官僚)의 생활
농민(農民)의 생활
여성(女性)의 생활
천민(賤民)의 생활

| 다섯 번째 |

왕(王)의 생활

우리는 사극에 나오는 왕을 보면서 나도 왕으로 살아봤으면 하는 생각들을 해봤을 것이다. 이 세상에 존재하는 '유일한 자유인'으로 생각되는 왕, 이들은 어떤 생활을 하며 살았을까?

❁ '왕(王)'이란 명칭은 어떻게 생겨났을까

'왕(王)'의 어원(語源)에 대해서는 크게 2가지 정도로 논의되고 있다. 하나는 정치적 지배자가 나타나게 된 배경이 전쟁이었다는 점을 중시하여 그들이 보유한 강력한 무기인 도끼에서 왕이란 명칭이 생겼다고 보는 것이다.

'도끼'는 사람을 죽이는 데 있어 강력한 무기였을 뿐만 아니라 도끼를 만들기 위해 들어간 막대한 청동이나 철은 경제력을 나타내기도 하였다. 즉, '도끼'는 왕의 물리적 강제력을 상징했을 뿐만 아니라 사람을 죽이거나 살릴 수 있는 생사여탈권(生死與奪權)을 의미했다. 이러한 생각이 왕이라는 글자 자체의 어원에 영향을 주었다. 따라서 '왕(王)'이라는 글자는 도끼의 모습을 본 딴 상형문자이며 도끼는 왕을 상징하는 문양으로 자주 이용되었다.

왕의 어원에 대한 또 하나의 견해는 중국에서 국가통치이념으로 자리잡은 유교에 의한 해석이다. 이것은 왕의 어원을 도끼가 아닌 덕(德)과의 관계에서 파악한 것이다.

중국 한(漢)나라 때의 대유학자 동중서(董仲舒)의 『설문해자(說文解字)』에 따르면 왕은 삼(三)과 곤(丨)이 합쳐진 글자라는 것이다. 삼(三)은 하늘·땅·인간을 의미하고 이것은 우주를 표시한다는 것이다. 곤(丨)은 뚫는다 또는 관통(貫通)한다는 의미로 천지에는 만물을 생육하는 덕이 있고, 왕은 바로 그 천지의 덕을 본받아 우주를 관통한다는 것이다.

즉, 왕은 덕을 매개로 해 천·지·인(天·地·人)으로 상징되는 우주를 관통하는 존재라는 것이다.

따라서 유교에서의 왕은 '내성외왕(內聖外王)', 즉 내적으로 성인인 사람만이 외적으로 왕 노릇을 할 수 있다는 것이다. 성인은 하늘의 뜻을 받을 수 있는 유일한 존재로, 왕 노릇은 오직 천명을 받을 수 있는 성인만 할 수 있는 것이었다.

왕에게 신성한 지위를 부여한 하늘만이 왕을 문책할 수 있었다. 왕이 정치를 잘못하면 하늘이 천재지변을 일으켜 왕을 경고하고 문책한다고 믿었다. 자연재해가 발생하면 왕은 자신의 정치가 어떻게 잘못되었는지를 반성하고 근신해야 했다. 자연재해가 왕에 대한 경고성 문책이라는 이론을 재이설(災異說) 또는 천견설(天譴說)이라고 하는데, 이는 한나라의 유학자 동중서가 확립시켰다. 이러한 인식을 바탕으로 왕은 인간 세상사뿐만 아니라 자연현상까지도 책임져야 하는 존재가 되었다.

왕의 여러 가지 호칭(呼稱)

최고의 정치적 지배자를 처음부터 왕이라고 부르지는 않았다. 우리나라의 토착적 전통을 가장 많이 보이고 있는 신라를 통해 왕이라는 호칭이 나타나게 되기까지를 살펴보자.

신라에서 왕의 명칭은 거서간(居西干)에서 시작하여 차차웅(次次雄)·이사금(尼師今)·마립간(麻立干)을 거쳐 왕으로 바뀌어 갔다. 거서간은 신라의 시조인 박혁거세 때 쓴 명칭으로 '밝은 태양'을 뜻하며, 차차웅은 2대 남해왕 때 쓴 명칭으로 '무당'을 뜻한다.

이사금은 '잇금(치아의 수)이 많은 연장자'란 뜻으로, 유리와 석탈해가 서로 왕위를 양보하다가 떡을 물어 잇자국이 많은 유리가 먼저 왕이 되었다는 고사에서 유래한다. 마립간은 '우두머리(干) 중에서도 최고의 우두머리'를 가리키는 말이다.

신라의 경우 왕이란 명칭은 6세기 초인 지증왕 때에 이르러서 중국식 제도가 정착하고 지배체제가 정비되면서 처음으로 쓰기 시작하였다. 이를 볼 때 신라에서 왕은 처음에 일종의 무당과 같은 역할을 수행하였고, 중앙집권적 국가의 군주처럼 강력한 힘을 갖고 있지는 않았던 것으로 생각된다. 차츰 정치적 권한이 강화되면서 왕이란 칭호로 바뀌게 되었다.

그렇다면 우리가 흔히 '태정태세문단세…'라고 외우는 왕의 호칭은 무엇일까.

이렇게 끝에 조(祖)나 종(宗)을 붙여 부르는 호칭은 왕의 삼년상이 끝나고 종묘(宗廟)에 신위를 모실 때 사용되는 호칭으로 묘호(廟號)라고 하는데, 이는 왕의 재위 시 행적에 대한 평가인 동시에 추존(追尊)하는 의미를 지닌다.

조(祖)와 종(宗)의 차이를 엄밀히 나누기는 어렵지만 창업(創業)을 한 왕에게는 '조'를 붙이고, 수성(守成)한 왕에게는 '종'을 붙인다. 즉, 묘호에 '조'가 들어간 왕은 혼란기에 국가를 창업하거나 중흥시킨 대업을 완수한 왕으로 평가되었고, '종'이 들어간 왕은 선대의 정치노선을 평화적으로 계승하여 통치한 왕으로 평가받는 것이었다.

묘호는 왕으로서의 역할을 얼마나 훌륭하게 수행하였는지에 초점을 맞추었다. 그런 점에서 묘호는 오직 왕에게만 쓰였으며, 왕을 대표하는 이름이라 할 수 있다.

우리가 알고 있는 호칭 외에도 왕에게는 여러 가지 호칭이 있었다. 왕은 태어날 때가 아니라 세자로 책봉될 때 이름을 받고, 이후 관례(冠禮)를 행하면서 자(字)를 받게 된다. 또한 자신이 스스로를 표시하기 위해서나 또는 주위의 사람들이 붙여주는 일종의 별명과 같은 호(號)가 있다.

왕은 묘호 이외에 죽어서도 여러 가지 호칭을 갖게 된다. 즉, 살아가는 동안에 훌륭한 업적을 이룩했다면, 신료들은 왕의 업적을 찬양하기 위해 존호(尊號)를 올리게 된다.

또한 왕의 일생을 평가하고 그의 공덕을 기리기 위해 시호(諡號)를 짓는다. 조선의 왕은 중국에 대하여 제후(諸侯)를 자처했으므로 중국으로부터 시호를 받아 왔다. 한편 죽으면 묻히게 되는 무덤도 특별히 능(陵)이라 하여 존중하여 왕의 무덤에도 능호(陵號)를 붙였다.

이렇게 왕은 살아서도 죽어서도 무수한 호칭을 가지고 있었다. 이렇게 많은 왕의 호칭은 보통 붙여서 쓰는데, 그 순서는 보통 묘호-시호-존호 순이었다. 조선시대 왕의 경우 보통 20~30자의 이름을 갖고 있었다.

왕은 하루를 어떻게 보냈을까

왕의 하루일과는 기본적으로 일과 공부였다. 아침 조회(朝會), 국정 현안(國政懸案) 보고받기, 회의(會議) 주재, 신료(臣僚) 접견 등이 공식적인 업무였으며, 하루에 세 차례씩 유학 공부를 해야 했다.

왕은 늦어도 해가 뜨기 전에 일어나야 하며, 하루 일과는 기본적으로 웃어른에 대한 문안인사로 시작된다. 해가 뜰 무렵엔 아침공부를 하고 아침식사를 하게 된다.

경복궁 근정전.
현존하는 최대의 목조건물로 국보 제 223호.
조선 초기부터 역대 국왕의 즉위식이나 대례식을 거행하던 곳이다.

이후 조회(朝會)를 시작하는데, 이것이 공식 업무의 시작이다. 조회에는 백관(百官)이 모두 참여하는 정식조회와 매일 시행하는 약식조회가 있다. 정식조회는 조참(朝參)이라 하여. 매월 5일, 11일, 21일, 25일 네 차례에 걸쳐 대궐의 정전에서 백관들이 왕을 알현하는 의식이다. 약식조회는 상참(常參)이라 하여 대신(大臣)이나 중신(重臣) 등이 왕을 알현하는 매일매일의 의식이다.

아침조회가 끝나면 조계(朝啓)라고 하여 승지(承旨)를 비롯한 공무가 있는 신료들로부터 업무를 보고받게 된다. 업무 보고를 받고 나면 아침조회에 참석하지 못하는 각각의 행정부서에서 순번에 따라 1명씩 왕에게 파견한 관료로부터 보고를 받는다. 이렇게 보고를 받고 나면 벌써 정오가 가까워지니 가볍게 점심식사를 한 후 낮 공부를 하게 된다.

낮 공부 이후에는 지방관으로 파견되는 신료나 지방에서 중앙으로 승진해오는 관료들과 만난다. 오후 3~5시 사이에는 왕 자신의 안전 및 나라의 비상사태에 대처하기 위한 최소한의 조치로 야간에 대궐의 호위를 맡은 군사들 및 장군들과 숙직관료들의 명단을 확인하고 야간의 암호를 정해준다.

왕은 해지기 전에 다시 저녁 공부에 참석해야 한다. 저녁 공부가 끝나면 저녁을 먹고 잠시 휴식을 취했다가 야간집무를 보고 잠자리에 들기 전에 다시 웃어른들에게 문안인사를 드려야 한다. 이렇게 해야 겨우 공식적인 하루의 일과가 끝나게 된다.

이렇게 업무가 많기 때문에 왕이 자신만의 여유로운 시간을 갖는 것은 쉽지 않았다. 조용히 명상에 잠기거나 보고 싶은 책이라도 보려면 한밤중에나 가능했다. 중국이나 우리나라에서 왕이 한밤중에 조용히 독서하거나 상소문을 읽는 것을 을람(乙覽)이라고 했다. 이는 밤 9시에서 11시 사이인 을야(乙夜)에 책을 열람한다는 의미인데, 처음에는 왕의 여유롭고 자발적인 공부시간을 의미했으나 유학자들이 밤늦도록 열심히 공부하는 왕이길 강요하게 되면서 왕에게 을람은 여유롭고 자발적인 시간이 되지 못하였다.

왕이 하루에 세 번 하게 되는 공부를 경연(經筵)이라고 하는데, 경연이 계획에 짜여진 타율적인 공부였던 것에 비해 을람은 자율적으로 왕이 학문을 닦는 것으로 여겨 유학자들이 선호했던 것이다.

즉, 왕이란 자리는 챙겨야 할 많은 업무를 수행해야 했을 뿐만 아니라 여유로운 시간에도 공부를 강요받는, 어떻게 보면 참 고통스런 자리였다.

왕의 상징물

사실 왕은 존재 자체가 상징이었다. 그의 생활과 언행에 관련된 모든 것이 상징되어 있었지만 그 중에서도 옥새(玉璽)와 일월오악도(日月五岳圖)는 대표적인 것이라 할 수 있다.

성종(成宗)의 금보(金寶).
성종(成宗)이라는 묘호(廟號)와 문성무열성인장효대왕(文成武烈聖仁莊孝大王)이라는 시호(諡號)가 새겨져 있다.
궁중유물전시관 소장.

중국의 진(秦)나라 때부터 유래된 옥새는 왕이 쓰는 옥으로 만든 도장을 말한다. 당(唐)나라 때부터 '새(璽)'의 발음이 죽을 사(死)와 비슷하다고 하여 보(寶)라는 말을 쓰기 시작했다.

왕의 권위와 명령을 나타내는 옥새는 왕이 관료를 임명하거나 판결을 내리는 등의 통치실무 과정에서 그 증명 표시로 찍는 도장이다. 즉 왕의 실무용 도장이며, 이 옥새가 찍혀야 문서가 공식적인 효력을 발휘하게 되는 것이다.

일월오악도는 살아 있는 왕이나 죽은 왕을 가리지 않고 왕이 앉아 있는 자리 뒤에 치는 병풍을 말한다. 해와 달과 다섯 개의 봉우리가 그려져 있다.

일월오악도.
왕실과 왕권의 상징답게 위엄을 갖추고 극채색(極彩色)으로 그렸다.

해(日)는 일반적으로 양(陽)인 왕을, 달(月)은 음(陰)인 왕비를 상징하는 것으로 이해되나 다섯 봉우리의 산(五岳)은 구체적으로 무엇을 상징하는지 분명하지 않다. 해와 달이 음양(陰陽)을 상징하므로 오행(五行)을 상징하는 것이라고도 하고, 또는 왕의 무궁한 복을 상징하는 것으로도 본다.

왕은 어떤 옷을 입었을까

왕의 복장은 특별한 의식을 행할 때, 평상시 집무할 때, 군사 훈련을 참관할 때, 잠자리에 들 때 등 때와 장소에 따라 달랐다. 왕의 공식적인 복장은 만나는 대상자 또는 의식의 중요성에 따라 크게 면류관(冕旒冠)과 구장복(九章服), 원유관(遠遊冠)과 강사포(絳紗袍), 익선관(翼善冠)과 곤룡포(袞龍袍)의 세 가지로 나뉘었다.

면류관과 구장복은 하늘과 지상 최고의 신을 영접하기 위한 왕의 최고 예복으로, 대례복(大禮服)이라고도 한다. 주로 왕이 중국의 칙사(勅使)를 영접할 때나 종묘와 사직에 제사를 올릴 때, 또는 즉위식이나 혼인식 등에 입는다. 중국 고대의 모자에서 발달한 면류관은 모자의 기본 틀인 면판(冕版)과 면판 앞뒤에 늘어뜨린 류(旒)를 합쳐서 부르는 말로, 검은 색 모자이다.
구장복은 왕의 옷에 들어가는 무늬가 아홉 가지이기 때문에 붙여진 말로, 왕 자체를 상징하거나 왕이 갖추어야 할 덕성을 나타낸다.
상의(上衣)에는 다섯 가지 문양이, 하의(下衣)에는 네 가지 문양이 들어간다. 상의는 양(陽)을 상징하기 때문에 양수인 홀수로 문양이 들어가고, 색도 하늘을 상징하는 검은색 바탕이다.

하의는 음을 상징하므로 짝수로 문양이 들어가며, 땅을 상징하는 황색 바탕이다. 세자는 이 중 왕 자체를 상징하는 용과 산 문양이 제외된 칠장복을 입는다.

상의에 들어가는 다섯 가지 문양은 용(龍)·산(山)·화충(華蟲)·화(火)·종이(宗彝)이다. 용은 자유자재로 변화하는 능력을 상징하고, 산은 사람들이 우러러보는 숭상의 대상을 상징한다. 화충은 꿩을 말하는 것으로 화려한 무늬를 본딴 것이며, 불(火)은 밝은 것을 의미한다. 종이는 종(宗)이 호랑이를, 이(彝)는 원숭이를 가리키는데, 호랑이의 용맹과 원숭이의 지혜를 상징한다.

하의에는 조(藻)·분미(粉米)·보(黼)·불(黻, 弓이 서로 등을 대고 있는 형태의 무늬)이 들어간다. 조(藻)는 수초(水草)로, 화려한 문양을 본뜬 것이며, 쌀가루무늬인 분미(粉米)는 사람을 기르는 속성을 상징

면류관과 구장복.
왕의 최고의 예복으로, 대례복이라고도 한다.

한다. 보는 도끼무늬로, 사람을 잘라내는 속성을 상징한다. 불은 백성들이 악을 버리고 선을 향한다는 것을 상징한다.

원유관과 강사포는 신하들로부터 조회를 받거나 일본·유구(流求)의 사신을 접견할 때 입는 예복으로, 면류관과 구장복보다 품격이 낮았다.

원유관은 검은 색의 모자로, 통천관(通天冠)이라고도 한다. 면류관과 달리

고종 어진.
원유관과 강사포를 입은 모습. 궁중유물전시관 소장.

영조 어진.
익선관과 곤룡포를 입은 모습. 이 복장은 조선시대 왕이 가장 많이 입던 것이다. 궁중유물전시관 소장.

면판과 류가 없는 대신 윗부분을 사모(紗帽)처럼 만들고 모자의 중간에 옥으로 만든 비녀를 꽂았다. 강사포는 구장복과 동일하지만 문양이 없고, 색은 붉은 색이다.

익선관과 곤룡포는 왕이 편전에서 신료들과 함께 국정을 의논할 때 입는 복장으로, 왕이 가장 많이 입는 옷이었다.

검은 색의 익선관은 원유관과 비슷하지만 모자 중간을 꿴 옥비녀가 없는 대신 모자의 윗부분에 두 개의 뿔 모양 장식을 부착하였다. 이것은 매미의 날개를 상징한 것으로, 이슬을 먹고 사는 매미의 청렴과 검소를 본뜬 것이라 한다.

곤룡포는 붉은 색으로, 양어깨와 가슴에 황금색 실로 수놓은 용무늬를 붙였다. 용무늬는 왕의 옷에는 발톱이 다섯 개인 오조룡(五爪龍)을, 세자의 옷에는 사조룡(四爪龍)을 사용하였다.

이처럼 조선시대 왕이 공식 활동을 할 때 착용하는 복장에 쓰인 색과 문양은 그 화려함을 넘어서 궁극적으로 유교의 왕도 정치 이념을 상징하였다.

왕의 식사

왕의 일상적인 식사는 아침·점심·저녁의 세 끼 수라 외에 참참이 드는 간식으로 구분되었다. 수라상은 밥과 밑반찬으로 이루어진 기본 음식에 반찬들을 추가하여 차려지는데, 반찬을 12개의 접시에 담아 차리는 12첩 반상을 기준으로 하였다. 12첩 반상은 오직 왕이나 왕비만 사용하였다.

수라상에 올라가는 밥은 쌀과 물만 이용해 만드는 백반(白飯)과 팥물을 이용해 만드는 홍반(紅飯) 두 가지였다. 기본 밑반찬은 탕(湯), 조치, 김치, 장, 찜 또는 선, 전골 등이다. 탕은 재료에 따라 수십 가지가 있었고, 두 가지씩 올려서 왕이 선택해서 들 수 있게 하였다. 조치는 찌개의 궁중 용어로, 된장 또는 고추장으로 간을 맞추었다.

왕의 수라상은 기본적으로 세 개의 상으로 이루어졌다. 첫 번째 상은 왕 앞의 대원반(大圓盤)이고, 두 번째 상은 음식에 독이 들었는지를 검사하는 기

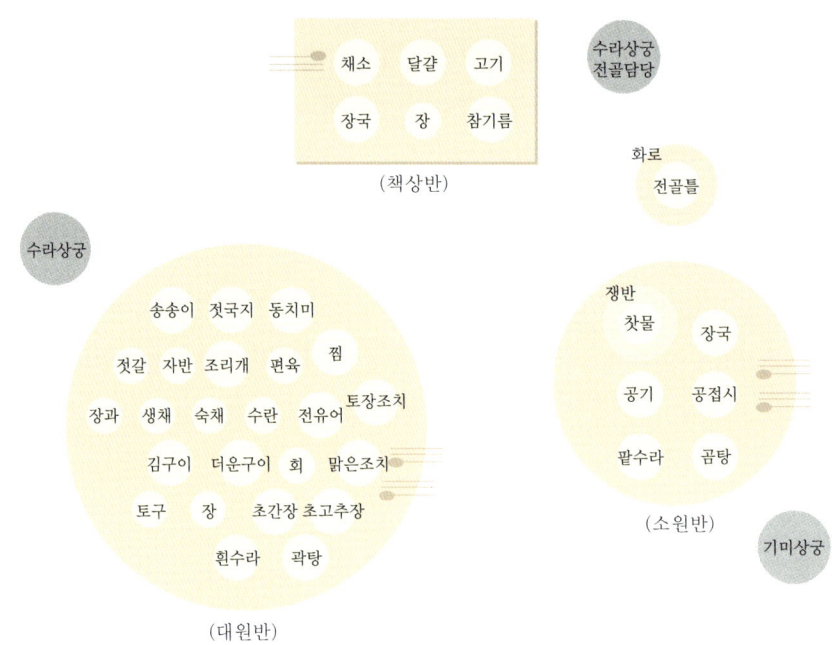

수라상 반배도.
수라상은 12첩이 기본이다.

미상궁(氣味尙宮) 앞의 소원반(小圓盤)이며, 세 번째는 왕의 수라를 시중드는 수라상궁 앞의 책상반(冊床盤)이다.

    수라상을 만드는 곳을 수라간이라 하였는데, 수라간에는 생과방(生果房)과 소주방(燒廚房)이 있다. 생과방에서는 찬 요리를 담당하였는데, 조석 식사 외에 음료와 다과류를 만들었으며, 소주방에서는 더운 요리를 담당하였다. 수라간에서 밥을 짓는 일은 반공(飯工)이 담당하였고, 생선 요리는 자색(炙色), 두부 요리는 포장(泡匠), 고기 요리는 별사옹(別司饔), 떡은 병공(餅工), 술은 주색(酒色), 차는 다색(茶色) 등이 담당하였다.

이렇게 왕의 수라상을 차리기 위해서는 많은 사람들의 힘이 필요하였다. 왕이 최고의 수라상을 받는 이유는 백성들이 편안히 잘 살 수 있게 좋은 정치를 하라는 의미에서였다.

〈참고 문헌〉

1. 『조선어보! : 500년 종실의 상징』. 궁중유물전시관, 1995.
2. 『조선왕실그림』. 궁중유물전시관, 1996.
3. 『오얏꽃 황실생활유물』. 궁중유물전시관, 1997.

1. 고석규 · 고영진. 『역사속의 역사읽기 2』. 풀빛, 1996.
2. 권오창. 『조선시대 우리옷』. 현암사, 1998.
3. 김기덕. 『고려시대 봉작제 연구』. 청년사, 1999.
4. 김용숙. 『조선조 궁중풍속연구』. 일지사, 1987.
5. 박정혜. 『조선시대 궁중기록화연구』. 일지사, 2000.
6. 박종기. 『5백년 고려사』. 푸른역사, 1999.
7. 백영자. 『조선시대의 어가행렬』. 한국방송대학교출판부, 1994.
8. 송수환. 『조선시대 왕실재정연구』. 집문당, 2000.
9. 신명호. 『조선의 왕』. 가람기획, 1998.
10. 신명호. 『조선 왕실의 의례와 생활』. 돌베개, 2002.
11. 신병주. 『60세의 영조, 15세 신부를 맞이하다』. 효형출판, 2001.
12. 유희경. 『조선시대 궁중복식』. 문화재관리국, 1981.
13. 이민원. 『한국의 황제』. 대원사, 2001.
14. 이영화. 『조선시대 조선사람들』. 가람기획, 1998.
15. 이재숙. 『조선조 궁중의 의례와 음악』. 서울대학교출판부, 1998.
16. 정용숙. 『고려왕실족내혼 연구』. 새문사, 1992.
17. 홍순민. 『우리 궁궐 이야기』. 청년사, 1999.

| 여섯 번째 |

관료(官僚)의 생활

중세사회는 어느 개인의 권리와 의무가 그 자신이 속한 신분에 따라 좌우되는 신분제 사회였다. 신분이란 법제적·사회적인 불평등 지위를 말한다. 신분제의 중요한 특징은 그것이 원칙적으로 혈통에 의해 정해져서 세습된다는 것이다. 그러므로 개인은 어떤 혈통, 즉 어느 가문·집안에서 태어나느냐 하는 것이 매우 중요하였으며, 그렇게 하여 정해진 지위를 세습의 원리에 따라 대대로 이어갔던 것이다.

중세사회의 그 같은 신분을 구분함에 있어 가장 보편적으로 인정되는 것이 양천제(良賤制)의 개념이다. 즉, 양인(良人)의 신분과 천민(賤民)의 신분으로 크게 나누어 중세 사회를 설명하는 것이다.

양인 신분은 양반·귀족(관료)으로부터 일반 백성들까지를 포함하며, 천인에는 노비가 있다.

우선 양인의 신분 중 지배자의 위치로 최고의 신분층을 이루는 관료층의 생활에 대해 살펴보자.

❖ 귀족 · 양반 · 선비의 정의

중세시대에 있어 정치운영의 담당자인 관료(官僚)란 일정한 직능을 갖고 왕조의 지배질서에 참여하는 신분층을 지칭한다. 이러한 관료층에 해당되는 사람들은 시대에 따라 양반(兩班) · 귀족(貴族) · 선비라고 불려져 왔다.

이 중 양반(兩班)은 원래 상당히 제한된 범위의 인원을 뜻하는 용어였다. 즉, 국왕은 방향상으로 가장 높은 북쪽의 자리에 앉게 되므로 자연히 남쪽으로 향하게 되고, 그 왕을 중심으로 동쪽에 서는 문신들을 동반(東班), 서쪽에 서는 무신들을 서반(西班)이라 불렀으며, 이렇게 그들이 늘어선 2개의 열(列)이라는 뜻에서 양반이라 하였다.

고려시대에는 문무반의 현직 관료(現職官僚)를 지칭했으나, 조선시대에 오면 특권신분층을 지칭하는 용어로서 문무반 관료는 물론 그 부인과 가족, 후손까지를 칭하는 신분적인 용어로 변했다.

이에 반해 귀족과 선비란 관료 자체를 의미하진 않지만 그 중에서 관료로 충당되는 기회가 많았기 때문에 특정시대의 관료를 지칭하는 경우가 많았다.

선비란 순수한 우리말로, 지식 · 양심 · 도의 · 기절(氣節) · 청렴(淸廉)까지 갖춘 사람을 가리킨다. 한자문화가 들어오면서 '유(儒)'라는 개념과 통용되기도 했고, 조선 중기에 들어서서는 '사(士)'라는 개념과 같이 쓰였다.

선비는 조선시대에 가장 가치있는 역할을 하는 인간이라는 유교관이 작용해서 우월시되었다. 박지원(朴趾源, 1737~1805)에 의하면 '책을 읽는 사람이 선비인데, 고관이 되면 대부(大夫)라 하고, 덕망을 갖추었으면 군자(君子)라 일컫고, 독서인(讀書人)으로서 학식을 많이 갖춘 이는 선비로 인정하였다.'고 한다.

즉 선비는 독서를 통하여 교양과 지식을 많이 갖춘 '지식인'을 뜻한다. 기본적으로 지식이 많기 때문에 선비는 일단 관리의 후보가 되며, 실제로 선비가 관리로 되는 예가 매우 많았다.

관료가 되는 방법

관료가 되는 방법에는 세 가지가 있다. 첫째 과거(科擧), 둘째 초야(草野)에 묻혀 있는 인재를 추천해 선발하는 천거(薦擧), 셋째 공신이나 상층관리를 우대하는 정책의 하나로 그 자손을 관직에 임명하는 음서제(蔭敍制) 등이다.

음서제를 통해서는 올라갈 수 있는 관품(官品)이 한정되어 있었기 때문에 고위 관료가 되기 위해서는 다시 문과(文科)에 합격해야 했다.

과거제(科擧制)

과거는 시험을 통해 국가 운영에 참여할 관료들을 선발하는 제도였다. 과거제도는 중국의 한(漢)나라 때 처음 실시되었고, 그 후 당나라와 송나라 때 본격적으로 발전했다.

우리나라에서는 신라 때 처음 독서삼품과(讀書三品科)라는 관리 선발 제도가 있었지만 귀족에게만 해당하는 것이었고, 귀족들의 반발로 오래 시행·발전할 수 없었다. 그러다가 고려 광종(光宗)대에 들어와 처음 과거의 종류와 그 종류에 따른 과목이 결정되어 전반적으로 시행되었다.

고려시대의 과거는 문과(文科)와 잡과(雜科)로 나뉘져 있었다. 문신 관료를 선발하는 문과는 유교 경전에 대한 시험을 보는 명경업(明經業)과 문학과 시문(詩文)에 대한 글을 짓는 제술업(製述業)으로 구분되었다.

문과는 법제상으로 양인(良人)에게 허용되었으나 경제적 여유가 있는 양반층들이 독점하였다. 잡과는 법률(法律)·산수(算數)·의약(醫藥) 등 행정 실무직이나 기술직을 뽑는 시험이었다. 기술직은 반드시 과거를 거치지 않고도 간단한 시험과 실기를 시험하는 취재(取才)라는 과정을 거쳐 임용되기도 했다.

한편 고려시대 과거제의 특징은 군사지휘관을 선발하는 무과(武科)가 발전하지 않았다는 점이다.

고려의 과거제도는 조선시대에 들어와서 대부분 그대로 답습되었고 세분되거나 구체화되었다. 문과는 경서와 시문 또는 당시의 중요한 문제를 논하는 논(論)·책(策)을 위주로 시험하였다. 무과는 고려 말기 이성계 등의 주장에 따라 시행되었는데, 병법(兵法)과 활쏘기, 말타기 등을 시험하였다.

조선시대에는 정치 운영이 문관(文官) 위주로 이루어졌기 때문에 문과가 가장 중요시되었고, 모두 3차에 걸쳐 시험이 치러졌다.

예비시라 할 수 있는 1차 시험을 초시(初試)라 하는데, 생원(生員)과 진사(進士)로 나누어 각자가 사는 곳에서 시험을 보았기 때문에 향시(鄕試)라고도 한다. 생원시는 유교경전인 『사서』·『오경』을 시험보았고, 진사시는 부(賦) 1편과 고시(古詩)·명·잠 중 1편, 모두 2편의 문장을 짓는 시험을 보았다.

여기서 1,400명이 선발되는데, 이들이 서울에서 2차 시험인 회시(會試)를 치르게 된다. 회시에 합격한 240명을 생원·진사라 한다. 생원·진사가 되면 지배층에 속하는 사류(士流)의 자격을 얻게 되며, 성균관에 들어가 약 3년간 수학할 수 있다.

마지막으로 보는 최종 시험을 전시(殿試)라고 하는데, 이는 왕이 참석한 대궐 정전(政殿)에서 시행하는 시험이기 때문인데, 이곳에서 최종 33명을 선발한다.

무과(武科)는 무관(武官)을 선발하기 위한 시험제도로, 그 연원은 고려 예종

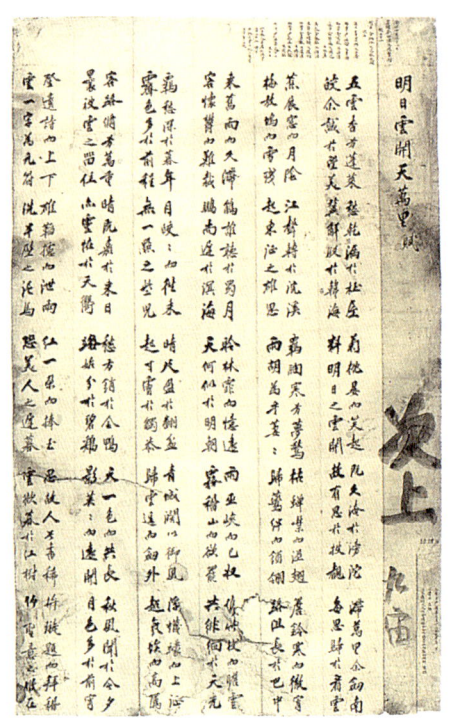

문과시험 답안지.
철종 4년(1853)에 왕의 친림하에 시행된 문과시험의 답안지로, 오른쪽에 차상(次上)이라는 성적이 적혀 있다(전북대학교 박물관 소장).

4년(1109)에 국학을 설치하면서 무학재(武學齋)를 두어 일시적으로 실시한 적이 있으나 문신들의 반대로 곧 없어졌고, 실질적인 무과제도는 조선시대에 들어와서 이루어졌다.

조선시대에 들어와 시행된 무관의 1차 시험은 각 지역에서 시행하는 향시와 훈련원(訓練院)에서 시행하는 원시(院試)로 나뉘었다.

무과는 많은 때는 만 명씩 뽑아 만과(萬科)라고도 하였으나, 조선 전기 식년시(式年試)의 무과 1차 합격자는 190명이었다. 이들은 한양에서 시행하는 2차 시험에 응시하였고, 이 중 28명이 선발되었다. 이 숫자는 하늘을 지키는 28개의 별자리에서 유래하였다.

무과 전시는 활·창·기마 등의 무예 실력을 검증하는 실기 시험이 중심이어서 말을 타고 활을 쏘기 위한 넓은 장소에서 치러졌다. 경복궁 경회루, 창덕궁 서총대 등 궐내에서 치르는 수도 있지만 주로 모화관에서 시행되었다.

문과와 무과 전시의 결과는 대략 1주일간의 평가 시간을 가진 후 응시생들을 모두 모아 놓고 발표하였다. 이때 왕과 문무 관료들은 물론 합격자들의 친척들도 같이 참여하여 축하하였는데, 이 의식을 문무과 방방의(文武科 放榜儀)라고 하였다.

한시각의 『북새선은도권』 중 「길주과시도」의 일부분.
현종 5년(1664)에 함경도 길주에서 시행했던 무과의 과거 시험장면을 그린 것이다.

    이날 응시생들은 정전(正殿)의 문 밖에서 대기하고 있다가 호명하는 순서대로 입장하여 정전의 뜰에 정렬하였다. 호명은 문과 합격자 한 명을 먼저 부르고, 이어서 무과 합격자 한 명을 부르는 방식이었다. 문과 합격자들은 동쪽에 정렬하고, 무과 합격자들은 서쪽에 정렬하게 된다.

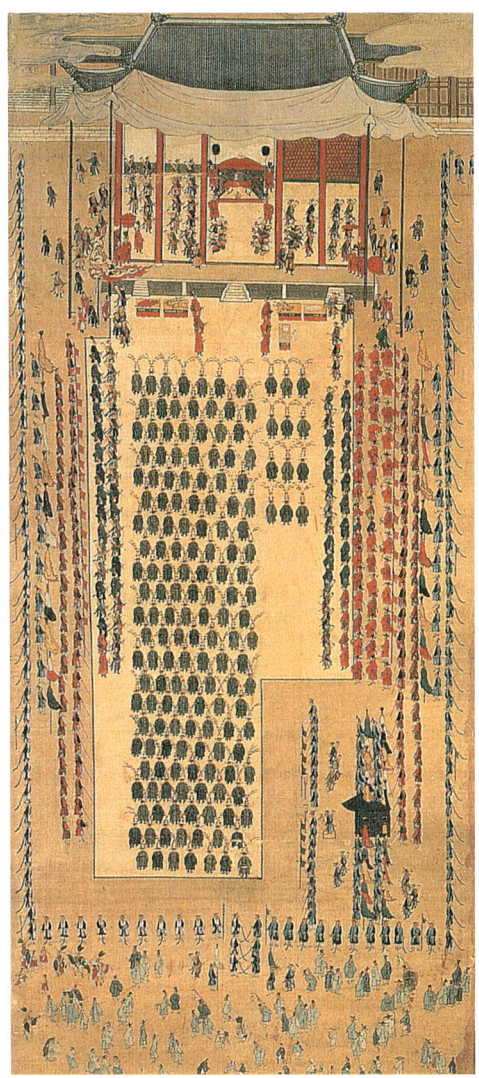

낙남헌 방방도(洛南軒放榜圖).
정조가 1795년 혜경궁 홍씨와 화성에 행차했을 때 화성행궁의 낙남헌에서 과거시험 합격자를 발표하고 시상하는 장면이다. 문과 5명, 무과 56명의 합격자들이 머리에 어사화를 꽂은 채 늘어서 있다(「화성능행도(華城陵幸圖)」의 부분. 호암미술관 소장).

천거제(薦擧制)

훌륭한 군주가 통치하는 사회에서 학문과 덕을 갖춘 학자를 재야(在野)에 남겨두어서는 안 된다는 유교의 명분론에 기초한 천거제도는 전국에서 한두 명을 뽑아 초임(初任)으로 참봉(參奉)에 임용했다. 『경국대전』에 의하면 매년 정월에 천거하도록 규정되었으나 실제로는 반드시 이 규정대로 적용되지는 않았다.

음서제(蔭敍制)

음서제도는 고려시대 이래 관료선발 방법으로 채용되어 왔고, 조선시대도 신분제적 양반관료제 사회였으므로 음서제도를 계승하였다. 단 고려시대에는 5품 이상 관료의 자손들이 음서의 혜택을 누릴 수 있었으나, 조선시대에는 2품 이상의 고급 관료와 일부 청요직(淸要職)을 거친 자손들에게만 음서의 혜택을 주었기 때문에 제도를 보다 강화한 면이 있다.

그 외에 공신(功臣)의 자손들에게도

음서의 혜택을 주었는데, 이를 음서와 구별하기 위하여 공음(功蔭)이라 하기도 한다.

과거(科擧)를 보기까지의 교육과정

고려 광종(光宗) 때부터 과거제가 실시되면서 유교를 교육할만한 기관이 필요했다. 그리하여 태조 때부터 개경·서경에 학교를 두었으며, 성종 11년에 국자감(國子監)이라는 일종의 종합대학을 두었다.

정응(鄭譍, 1490~1522)은 '선비는 한 나라의 원기(元氣)로서, 원기가 흩어지면 사람이 죽는 것처럼 선비가 없어지면 나라도 망하고 만다.'고 하였다. 선비는 나라의 원기이기 때문에 선비를 길러내는 교육사업은 특별히 중시되었다. 교육대상의 범위가 주로 지배신분이었으며, 교육의 목적은 궁극적으로 관료 양성과 유교 이념 유지에 있었다.

서당(書堂)

서당은 지금의 초등학교와 비슷한 입문단계의 사설 교육기관이다. 향촌사회에 생활 근거를 둔 양반 사족과 백성이 주체가 되어 마을 단위로 설립되었다. 서당이 언제부터 생겼는지는 분명하지 않지만 간혹 고구려의 경당에서 그 기원을 찾기도 한다. 서당의 본격적인 확산은 조선 중종(1506~1544) 때 사림파의 향약보급운동 및 향촌사회 구조의 변동과 맥락을 같이하여 이루어졌다.

서당.
김홍도 『단원풍속화첩』.

대개 훈장과 학생(學徒)으로 구성되는데, 서당의 규모가 클 경우 보조 교사 같은 접장(接長)이 있는 경우도 있다. 7세 정도의 어린 아이들이 입학하며, 15·16세에 교육과정을 마친 후 대개 향교에 입학하게 된다.

교육내용은 강독·제술·습자의 세 가지였고, 교재는 『천자문』을 시작으로 『동몽선습』·『명심보감』·『통감』을 배운다. 이후 『소학』·『효경』을 끝으로 초보단계가 끝나면 『사서삼경』을 배우게 된다. 사서삼경은 정치·경제·사회, 그리고 철학·사상 등을 담은 것으로, 사회의 지도자 또는 벼슬하는 데 필요한 소양을 갖추게 된다.

교육방법은 이미 배운 글을 소리 높여 읽고 그 뜻을 질의 응답하는 방법인 강(講), 암송 낭독하는 배강(背講), 책을 보고 낭독하는 면강(面講)이 있었다.

이러한 초보교육을 마치게 되면 자신의 수양과 몸가짐의 방법은 물론 최소한도의 교양인으로 행세할 수 있었다.

향교(鄕校)

각 지방에 학교가 생긴 것은 과거제도가 시행되기 시작한 고려시대부터라고 할 수 있다. 그 뒤 조선시대에는 지방 학교를 대표하는 관학인 향교와 사립인 서원(書院)이 있었다.

일반적으로 향교는 공자(孔子)와 그 제자들의 제사를 지내면서 지방 자제들을 교육시키던 관립학교로, 오늘날의 중등교육기관에 해당되며, 국립대학에 해당하는 성균관보다는 낮은 단계의 교육기관이다.

순수한 유교 교육기관이자 공교육기관으로 각 군현마다 설립된 향교는 선생님인 교임(校任)과 학생인 교생(校生)으로 구성된다. 교임은 군현 내의 유력한 양반 가문 출신으로 구성되었으며, 향교 운영에 관의 간섭을 배제하고,

 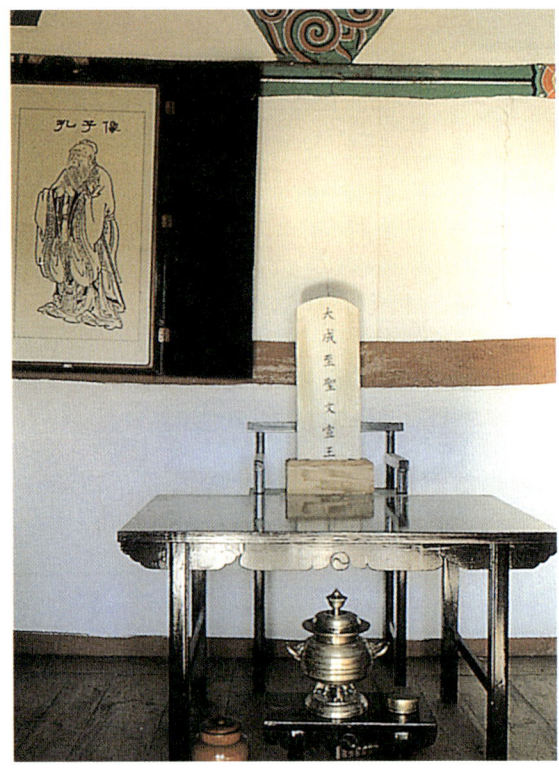

천안향교에 모셔진 공자상 및 위패.
향교는 공자와 그 제자들의 제사를 지내면서 지방의 자제들을 교육한다.

공자를 제사하는 석전제(釋奠祭) 등 제례를 주관한다. 교생에게는 군역(軍役)이 면제되는 특권이 주어진다.

서원(書院)

서원이란 조선 중기 이후 사림파(士林派)가 학문을 연구하고 성현들을 모시기 위해 만든 사설 교육기관이자 향촌 자치기구이다.

최초의 서원은 중종 37년(1542)에 풍기 군수 주세붕이 세운 백운동서원(白雲洞書院)으로, 주세붕이 고려 말의 학자 안향을 제사지내고 유생들을 가르치기 위해 경상도 순흥에 세운 것이다. '백운동'이란 이름은 주자학을 집대성한 중국 남송의 주희가 세운 '백록동서원'에서 본뜬 것이다.

서원은 향교와 더불어 양대 중등교육기관으로 출발하였다. 16세기 중엽 정계에 진출해 있던 사림(士林)들이 자신들의 학문적 우위와 정치적 입장의 강화를 위해 선배 도학자(道學者)들을 문묘에 제향하는 문묘종사운동을 전개하면서 급속히 발달하여 성균관 대신 대학교의 기능을 담당하게 되었다.

서원은 교육과 제향 기능이 중심이었으며, 양반들이 모여 여러 문제를 의논하고 여론을 형성하는 공공장소의 기능도 있었다. 향교와 달리 서원교육은 사학 특유의 자율성과 특수성이 존중되었다.

교재의 범위와 학습의 순서는 대체로 『소학』·『대학』·『논어』·『맹자』·『중용』·『시경』·『서경』·『주역』·『춘추』의 차례에 따라 학습이 진행되었다. 학습에 대한 평가는 대통(大通)·통(通)·약통(略通)·조통(粗通)·불통(不通)의 5단계로 하였다.

성균관(成均館)

오늘날의 국립대학교에 해당하는 성균관은 조선시대 최고의 교육기관이었다. 성균관은 조선이 요구하는 유교적 인재를 양성했을 뿐 아니라 공자를 비롯한 중국과 우리나라 성현에 대한 제사를 지냈다.

학생수는 개국 초에는 150명, 세종 때에는 200명으로 제한되어 있었다. 이 가운데 절반은 생원(生員)과 진사(進士)로만 구성되었는데, 이들이 성균관의 정규학생인 상재생(上齋生)이 된다. 나머지 반은 하재생으로 어린 학생들 가운데 소정의 시험을 거쳐 합격한 사람과 고급관료의 자제로 구성된다.

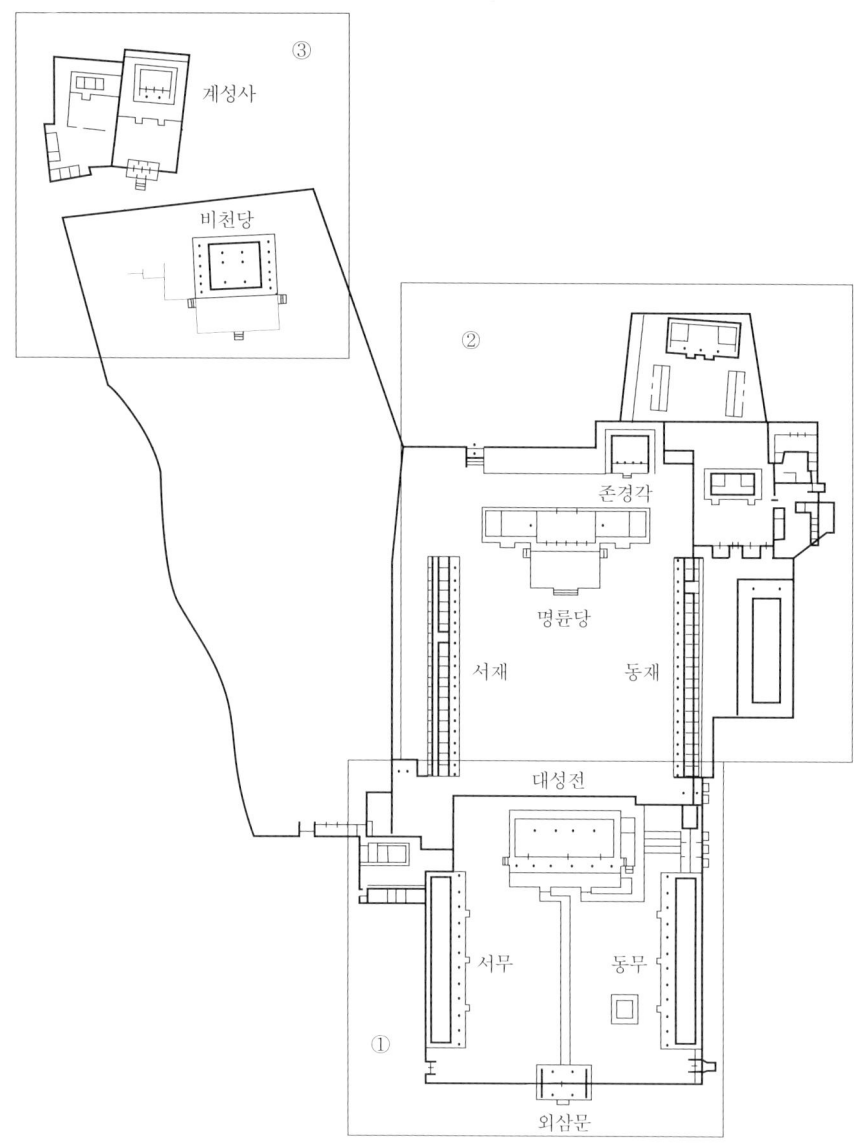

성균관 배치도.
① 성현들의 위패를 모시고 제사를 지내던 공간(대성전·동무·서무), ② 유생들이 교육받고 거주하던 공간(명륜당·동재·서재·존경각), 음식 마련, ③ 서적 출판에 필요한 건물 등 세 부분으로 구성되었다.

전원 기숙사 생활을 하게 되는데, 이들의 교육비용 일체는 국가에서 제공하였다.

중세의 관료 규모

조선시대의 관제는 문신과 무신으로 나누어 조직되어 있다. 이 외에도 내명부(內命婦)·종친부(宗親府) 등 품계 명을 달리하는 관제도 있었다. 그러나 조선시대에는 양반관료들이 주도한 시대였기 때문에 양반, 그 중에서도 문신의 품계가 가장 중요했다. 정확하게 말하면 조선시대에 18품계까지 완비된 것은 오직 문신의 품계만이고, 그 외는 18품계까지 정비되지 않았다.

품계란 품(品)과 계(階)의 합성어이다. 고려·조선시대 관료의 품은 9가지여서 이를 9품이라 한다. 품은 일종의 관료 계급과 같은 역할을 하는 것이다. 계는 품을 정(正)과 종(從)으로 나눈 것으로, 9품을 정과 종으로 나누면 18계가 되는 것이다.

조선시대 문신관료들은 9품 18계에 따라 아래 단계에서부터 차례대로 승진하는 것이 원칙이었다. 즉 가장 아래 계급인 종 9품에서부터 시작하여 최고 계급인 정 1품까지 올라가는 것이다.

관료는 크게 당상관(堂上官)과 당하관(堂下官)으로 구분되는데, 정 3품의 상계(上階)로서 문관은 통정대부(通政大夫), 무관은 절충장군(折衝將軍) 이상을 당상관이라 하고, 하계(下階)인 통훈대부(通訓大夫)와 어모장군(禦侮將軍) 이하를 당하관이라 칭했다.

당하관은 다시 조회에 참석할 수 있는 6품 이상을 참상관(參上官), 7품 이하를 참하관(參下官)이라 구별했다.

덕수궁 중화전 앞의 품계석.
중화전(中和殿)은 덕수궁의 중심 건물로, 왕이 하례(賀禮)를 받거나 국가적인 행사를 거행하던 곳이다. 이때 관료들은 자신들의 품계에 해당하는 품계석 옆으로 서게 된다.

당상관은 어전회의에 참여할 수 있는 사람이며, 참상관은 6부의 장관 또는 감사와 같은 기관장의 회의에 참여할 수 있는 사람이다. 이 중에서 어전회의에 참여할 수 있는 당상관은 되기가 몹시 힘들어 지금도 보장된 출세를 '따논 당상'이라 하기도 한다.

고려와 조선의 관료는 정1품에서 종9품까지 18품계로 구분되었다. 고려시대 관료의 수는 『고려사』에 의하면 11세기 문종 때 동반 532명·서반 3,867명으로 모두 4,399명이었고, 조선시대의 경우 동반 1,779명·서반 3,826명으로 모두 5,605명에 불과했다.

재상(宰相)이 되기까지

문과에 합격한 사람은 본격적인 관료생활로 들어간다. 시대에 따라 차이는 있겠지만 대개 문과합격자 33명은 과거시험의 성적에 따라 임용되는 직급이 달랐다. 장원급제라고 하는 문과 1등자는 종6품직에 임용되었고, 문과의 2등과 3등 합격자는 정7품직에 임용되었다.

나머지도 성적순으로 임용되었는데, 7명(4~10등)은 정8품직에, 23명(11~33등)은 정9품직에 임용되었다. 장원급제자가 받은 종6품직은 종9품직을 제수받은 사람이 7년을 근무해야 오를 수 있는 직급이었다.

정식관료가 되기 전에 사헌부(司憲府)·사간원(司諫院)에서 해당 인물이 임용에 하자가 없는가를 조사하는 과정이 있는데, 이를 서경(署經)이라고 한다. 이 조사과정을 거치면 임명장에 해당하는 고신(告身)을 발급한다. 고신은 임명장인 동시에 관리의 신분보장서인데, 만약 관리가 죄를 지으면 회수하였다가 책임을 충분히 물은 뒤 다시 내어주게 된다.

유가(遊街) 행렬 중.
장원 급제한 사람은 3일 동안 앵삼(鶯衫)을 입고 어사화가 꽂힌 복두(幞頭)를 쓰고 말에 올라 마을을 돌았다. 앵삼은 옷의 색깔이 앵무새 색과 같다고 하여 붙은 이름이다.

관리에 임명되면 부임하기 전에 궁중에 들어가 임금에게 감사하는 예를 올리는데 이를 사은숙배(謝恩肅拜)라고 한다.

관리로서 정해진 임기를 채우게 되면 승진하게 된다. 관료는 맡은 관직과 품계가 함께 승진했다. 이 중에서 품계는 오늘의 직급으로서 정기적으로 승진했는데, 한 단계의 품계를 1자(資)라고 한다.

품계 1급이 승진하는 법적 기한은 대개 6품 이상은 출근 날짜가 30개월(900일), 7품 이하는 15개월(450일)이었다. 이 법적 기한에 따르면 말단인 종9품에서 최고위 품계인 정1품에 오르자면 40여 년 이상의 세월이 걸린다.

이것은 법적으로 정해진 기한이었고, 실제로 핵심적 정치 관료인 재상(宰相)이라 부를 수 있는 정3품 이상 되는 관리의 승진에는 기한이 정해져 있지 않았다.

초헌을 탄 대신.
초헌은 좌석이 높이 있어 주위를 압도하므로 고위 관원의 위세를 상징하는 것이었다(김준근 『기산풍속도첩』).

관리의 수입은 얼마나 되었을까

　녹봉(祿俸)은 전근대사회에서 관리들이 부정에 빠져들지 않고 청렴하게 관직에 전념하도록 하기 위해 국가에서 조세(租稅)로 수취한 쌀·보리·베 등을 현물의 형태로 지급하는 것이다. 즉 녹봉은 관식에 종사하는 자들에게 재화를 제공하여 경제적인 어려움을 겪게 하지 않고 오직 주어진 일에만 몰두할 수 있는 여건을 마련하고자 하는 의도에서 생긴 것이다.
　녹봉이 지급되는 날을 인일(人日)이라 하는데, 음력 정월 초이레이다. 관료는 녹봉을 지급받기 위한 명세표인 녹패(祿牌)를 받아 그 다음날부터 실제 현물을 수령한다.

조선시대 관료들의 봉급은 세종 이전까지는 1월과 7월 두 번 지급되다가 세종 때부터 봄·여름·가을·겨울에 한 차례씩 일년에 4번 지급하였다. 지금은 월급을 돈으로 받지만, 조선시대에는 곡식·포(布)·저화(楮貨)와 같이 현금을 대신할 수 있는 현물 또는 현금, 그리고 토지를 같이 받았다.

곡식은 속겨를 한차례 벗긴 중미(中米)·왕겨만 벗긴 조미(粗米)·껍질을 까지 않은 전미(田米)·누른 콩·밀 등이 포함되며, 포의 종류로는 명주와 삼베가 포함되었다. 이 중 곡식·포·저화 등은 1년에 4번 받고, 전시(田柴)나 과전(科田) 등의 토지는 관료가 되었을 때 받았다가 퇴직할 때 국가에서 회수하는 것이 원칙이었다.

《참고 문헌》

1. 강명관. 「양반의 일생과 삶」 『한국인의 삶과 미의식』. 부산대학교 민족문화연구소, 1998.
2. 김돈. 『뿌리 깊은 한국사 샘이 깊은 이야기-조선전기』 4. 솔, 2002.
3. 김호일. 『한국의 향교』. 대원사, 2000.
4. 박용운 외. 『고려시대 사람들이야기』 2. 신서원, 2001.
5. 윤사순 외. 『조선시대, 삶과 생각』. 고려대학교 민족문화연구원, 2000.
6. 윤희면. 『조선 후기 향교 연구』. 일조각, 1990.
7. 정연식. 『일상으로 본 조선시대 이야기 1』. 청년사, 2001.
8. 정옥자. 『우리가 정말 알아야 할 우리 선비』. 현암사, 2002.
9. 한길사. 『한국사』 7. 한길사, 1994.
10. 한국고문서학회. 『조선시대 생활사』. 역사비평사, 1996.
11. 한국역사연구회. 『조선시대 사람들은 어떻게 살았을까』 1. 청년사, 1996.
12. 한국역사연구회. 『고려시대 사람들은 어떻게 살았을까』 1. 청년사, 1996.

| 일곱 번째 |

농민(農民)의 생활

❊ 양인(良人)이란

    양인은 본질적으로 생산에 종사하는 자들을 의미했다. 중세시대에 이들은 직접 생산자이면서 국가의 지배를 받는 계층으로 조세(租稅)와 역(役)을 바침으로써 국가를 유지하는 재정기반이었다.
    양인들은 수적으로 전 인구의 압도적 다수를 이루었다. 어떤 연구자들은 특정 시기에는 양인보다 노비가 많았다고 보기도 하지만, 전 시기를 통틀어 인구의 다수는 양인이었으며, 이들이 국가 운영의 기반이었다.
    양인은 흔히 백성·민(民)·평민(平民) 등으로 불리며, 중세사회에서 양인의 대부분은 농민이었다.

    양인은 중세사회를 유지하는 인적·재정적 자원이었으며, 양인은 경제적 처지에 따라 양반으로 상승할 수도 있고 천인(賤人)으로 전락할 수도 있었다. 이는 국가의 입장에서 보았을 때 그만큼 국가운영 기반의 상실을 의미하는 것이었다. 따라서 국가에서는 양인을 얼마나 확보할 수 있는가가 가장 중요한 사안이었다.

17세기 초반 경상도 산음현의 호적을 분석하여 나온 통계자료에 의하면 양반은 23%, 양인은 60%, 천민이 18% 정도를 차지하고 있었다. 양인이 인구의 60% 정도를 차지하고 있었던 것이다.

그런데 비슷한 시기의 서울의 신분별 인구비율은 달랐다. 양반 16% · 양인 30% · 노비 53%로 노비가 차지하는 비율이 굉장히 높다. 서울은 양반들이 대거 거주하는 지역이었기 때문에 당연히 그들의 소유물인 노비가 많았을 것이다.

조선시대 인구는 대략 400만 명에서 600만 명으로 추정된다. 이 중에서 양인은 최저 160만 명에서 최고 360만 명 정도로 추정할 수 있다. 전체 인구 중 최저 40%에서 최고 60% 정도를 양인이 차지하고 있었으며, 이 정도의 양인층이 확보되어야 국가가 유지되었던 것이다.

그러나 조선 후기에는 양인이 줄어들고 양반이 인구의 80%를 차지하게 된다. 이것은 양인들이 양반신분을 획득하거나 사칭하면서 양반은 늘고 양인은 줄어들었기 때문이다.

이에 따라 국가재정이 쪼들리게 된 조선정부는 임시방편으로 양반 신분을 돈을 받고 팔아 재정에 충당하려고 하였다. 당시 국가에서 돈을 받고 판 것이 공명첩(空名帖)이었는데, 이것은 양인뿐만 아니라 돈 많은 천인층에서도 살 수 있었다. 공명첩은 조선왕조 자체가 유지해 왔던 신분제를 부정하는 단서였다.

그렇다면 중세 양인의 대부분을 차지하는 농민의 생활상을 살펴보자.

24절기(節氣)와 한 해 농사

일반적으로 명절이나 생일, 제삿날 등은 모두 음력을 썼지만, 한 해의 농사는 태양의 움직임에 따라 정한 24절기에 맞추었다. 24절기는 파종(播種)·제초(除草)·이앙(移秧) 등의 농사일마다 해야 할 시기를 알려주는 중요한 기준이 된다.

17세기 초반 고상안(高尙顔)이 지은 『농가월령(農家月令)』과 19세기에 정학유(丁學游)가 지은 『농가월령가(農家月令歌)』는 농민들이 24절기를 기준으로 농부들이 수행해야 할 농사일을 기록하였다. 이를 중심으로 당시 농민들이 한 해를 무엇을 하며 어떻게 살았는지 살펴보자.

음력 1월은 실제로는 겨울 기운이 남아있는 절기이므로 아직 새해의 농사는 시작되지 않는다. 24절기로는 대개 새봄을 알리는 입춘(立春)과 농사의 시작을 부르는 첫 비가 오는 우수(雨水)가 속해 있다.

농민들은 논밭 둑을 태워 겨울을 난 해충의 알을 제거하고 거름이 되게 하거나 보리밭에 재거름을 내는 일, 그리고 소를 돌보고 농기구를 정비한다.

음력 2월은 겨울을 난 만물이 생동하는 신호로 개구리가 겨울잠에서 깨는 경칩(驚蟄)과 동지 이후로 밤의 길이가 차츰 짧아지고 낮의 길이가 길어져 낮과 밤의 길이가 같아지는 춘분(春分)이 있다. 서서히 농사지을 준비를 하는 달로, 남쪽지방에서는 봄보리를 갈고 목화밭을 가는 시기이며, 담배모종을 내고 과일나무나 뽕나무 등을 옮겨 심는다.

두레가 조직되어 있는 마을에서는 새로 두레에 가입하게 될 스무 살 청년이 선배 성원들에게 술을 한턱내는 진세식을 가졌다.

음력 3월에는 봄 일을 시작하는 기일로 잡는 청명(淸明)과 벼농사를 위해

경직도.
소와 쟁기를 이용해 논을 갈고 있다. 쟁기는 논밭을 갈아 흙을 뒤집는 데 쓰이는 농기구이다(김홍도, 호암미술관 소장).

와야 하는 비가 내리는 곡우(穀雨)가 있다. 밭농사가 시작되고 못자리 준비 등 논농사도 비로소 시작된다.

청명(淸明)이 지나면 논갈이를 시작하는데 논밭 둑을 손질하는 가래질과 써레질을 하여 농사지을 땅을 준비하고 곡우(穀雨) 무렵에는 못자리판을 만든다.

기장·조·콩 등 밭작물을 파종하고 들깨 모종을 내며 보리밭의 김도 매고, 겨우내 발효시켜 놓았던 메주를 씻어 장을 담근다.

음력 4월은 양력 5월로 여름의 시작을 알리는 입하(立夏)와 소만(小滿)이 있다. 한창 자라나는 풀들을 뽑아야 하며 밭을 매는 일과 이른 모내기를 하게 된다.

벼농사의 시작인 모내기는 힘이 많이 드는 일이라 두레나 품앗이로 하게 된다. 야채 등 밭작물의 씨를 뿌리고 풀을 베어 거름을 만들며 목화밭이나 뽕나무·수수·참깨 등도 김을 매주고 관리해야 한다.

음력 5월은 망종(芒種)과 1년 중 낮이 가장 긴 하지(夏至)가 있는 절기이다. 이때는 보리 베기와 타작을 하고 늦은 모내기가 이루어진다.

음력 6월은 이름 그대로 더위를 뜻하는 소서(小暑)와 대서(大暑)가 있는 절기이다. 논 가꾸기를 하고 여자들은 참깨나 고구마를 심는다. 보리와 밀·귀리·삼 등을 베어내고, 콩·팥·기장 등을 갈아 가을 작물을 준비한다.

음력 7월에는 가을에 들어서는 것을 의미하는 입추(立秋)와 처서(處暑)가 있는 달이다. 야산에서 자란 풀을 베어 겨우내 소를 먹일 꼴을 준비하고, 뙤약볕 속에서 가장 힘든 일인 논 김매기를 두세 번 하게 된다.

「경직도 10폭 병풍」 중 모내기.
동아박물관 소장.

벼타작, 김홍도.

　밭작물을 수확하기 전에 거름을 주어 결실이 충실해지도록 하고, 여름작물을 거둔 밭을 갈아 김장용 무와 배추를 파종한다.
　음력 8월은 백로(白露)와 낮과 밤의 길이가 같아지는 추분(秋分)이 있는 달이다. 밤의 기온은 서늘해졌지만 한낮의 기온은 아직 더워 추수 전 과일과 곡식이 제대로 영그는 달이다. 목화와 고추, 박 등을 따서 말리고, 참깨와 녹두·담배 등도 거두어들인다.
　음력 9월은 한 해의 농사를 거두는 시기로, 찬이슬이 내린다는 한로(寒露)와 첫서리가 내린다는 상강(霜降)이 있다. 농사의 가장 중심작물인 벼를 베는 추수가 이루어지며, 목화솜을 따서 겨울옷과 이불을 위한 솜을 거두고, 조나 팥·콩 등 잡곡 작물들도 거두고 털어 보관하는 때이다.
　1년 중 가장 좋은 달이라 하여 상달(上月)이라고 하는 음력 10월은 추수가 끝나 이제는 놀고먹어도 되므로 '공달'이라고 하는 지역도 있다. 절기로 입동(立冬)과 소설(小雪)이 있어 초겨울이 시작되는 때이므로, 겨울을 대비하여 무와 배추를 거두어 김장을 담그고 메주를 쑤어 다음해 장을 담글 준비를 하는 등 본격적인 갈무리와 저장에 들어간다.

자리짜기(김홍도, 국립중앙박물관 소장).
방안에서 돗자리를 짜고 있는 아버지와 물레를 돌려 실을 뽑아내고 있는 어머니, 그리고 그 뒷편에 책을 펴놓고 막대기로 글자를 짚어가며 공부하는 어린 아들의 모습 등 당시 농민들의 생활을 엿볼 수 있다.

    음력 11월은 24 절기상 큰 눈이 온다는 대설(大雪)과 한 해 중 밤의 길이가 가장 긴 동지(冬至)가 든 달이다. 이미 거둘 것은 다 거두고 서장할 것은 저장해둔 상태이므로 서서히 한 해를 마무리하는 때이다. 겨울을 대비하여 외양간을 살피고 농사일이 한가해지면서 남자는 가마니를 짜는 일에, 여자는 길쌈을 하게 된다.
    한 겨울의 추위가 정점을 이루는 소한(小寒)과 대한(大寒)이 있는 음력 12월에 농민들은 한 해를 마무리하며 다음해의 농사를 준비하였다.

이렇게 농민들은 1년을 주기로 보리타작·파종·모내기·피 고르기·수확 등을 되풀이하면서 고된 생활을 하였다. 이렇게 열심히 일해 이들은 1년에 얼마 만큼의 수입을 올렸으며, 어디에 얼마나 쓰고 살았을까?

농가(農家)의 수입과 지출

고려 말에 농민들이 안정적으로 토지를 경작할 수 있도록 토지 1결(結)씩을 지급한 일이 있다. 1결의 토지는 당시 농민들이 가족 노동력을 이용하여 경작 할 수 있는 면적이고, 한 가족이 1년 정도 생활하는 곡물을 수확할 수 있는 토지였다. 이 정도의 토지를 가지고 있는 농가(農家)를 표준으로 볼 때 이들을 중심으로 당시 농민들의 생활 규모를 살필 수 있을 것이다.

농민들의 1년 수입은 토지 1결(結)에서 나오는 수확량으로 18~20석 정도였다. 이것을 가지고 1년을 살아야 하는데, 표준 농가가 지출하는 가장 중요한 것은 한 해 소비하는 식량과 국가에 내는 세금이었다.

식량은 당시 가족수를 부부와 자녀를 포함하여 5명으로 잡을 때 성인 1인의 하루 식량소비량은 2승(0.6리터)으로 1년에 약 4.8석, 자녀들의 소비량은 성인의 1/2로 잡을 때 한 표준 농가의 1년 식량으로 총 16.8석이 소비된다.

농민들은 세금으로 국가에 전세(田稅)·공물(貢物)·역(役)의 3세(稅)를 내야 했다. 전세란 논밭에서 나는 수확의 일부를 내는 세금이다. 고려 전시과(田柴科)와 조선 과전법(科田法)에서는 수확량의 1/10을, 세종조의 공법(公法)에서는 1/20을 바쳐야 했다.

공물은 궁(宮)이나 관아(官衙)에 내는 각종 토산물을 말한다. 여기에는 논밭

소작료 납입.
농사가 끝난 후 소작료를 납입하고 있다. 김윤보의 『풍속도첩』.

에서 나는 것은 물론 바다와 산에서 나는 생산물이 망라되었다. 공물에는 특별한 신분층에게 내도록 한 노동 생산물뿐만 아니라 일반인에게 내도록 한 지방 토산물이 포함되었다.

　양인의 다른 부담으로는 노동력으로 바치는 역(役)이 있는데, 군역(軍役)과 요역(徭役)이다. 군역은 16~60세에 이르는 장정(壯丁)에게 지워졌다. 요역은 각종 토목공사에 무상(無償)으로 동원되어 궁이나 관아를 수리하거나 길과 다리, 성곽 등을 고치는 일을 말한다.

　조세(租稅)는 생산량의 1/10을 납부했으므로 1.8~2석이었다. 요역과 공물은 포(布) 3~4필인데, 포 1필이 쌀 2두(斗)이니 약 1석에 해당된다. 이를 합하면 표준 농가에서 1년 동안 납부해야 했던 조세액은 3석 정도가 된다.

이 밖에도 다음해 생산을 위한 종자를 확보하기 위해 0.5~1석 정도를, 그 외 기타 경비로 2~3석 정도를 소비했다.

이렇게 볼 때 표준 농가의 1년 지출액의 총계는 최대 23.8석이었다. 이 중 식량과 세금으로 지출되는 비용만 19.8석이 되었다. 그러므로 전체적인 농민의 생활은 항상 적자였을 것이다. 이에 남의 토지를 소작하거나 새로운 농토 개간에 적극 참여할 수밖에 없었다.

이러한 사정은 조선시대에도 마찬가지였을 것으로 생각된다. 기본적인 세금은 3세(稅)로 동일했지만 조선 후기에 대동법(大同法)·균역법(均役法) 등 새로운 조세제도 개편이 이루어지면서 19세기에 이르러서는 전정(田政)·환정(還政)·군정(軍政)의 삼정체제로 전환하게 된다.

무거운 조세제도 아래서 대부분의 농가가 만성적인 적자상태를 벗어나기는 어려울 수밖에 없었지만, 발달된 농업기술을 이용해 부를 축적하는 부류도 있었다.

농자천하지대본(農者天下之大本)

농사는 어떻게 지었을까

한반도에서 농경(農耕)은 지역에 따라 차이가 있으나 신석기시대 후반부터 시작되었으며 청동기시대가 되면서 일반화된 것으로 알려져 있다. 남부지방 남강(南江) 유역의 경우 농경이 본격적으로 실시된 것은 대략 기원전 10세기 무렵인 것으로 판단된다. 이 무렵부터 쌀을 비롯하여 보리·밀·조 등 곡물

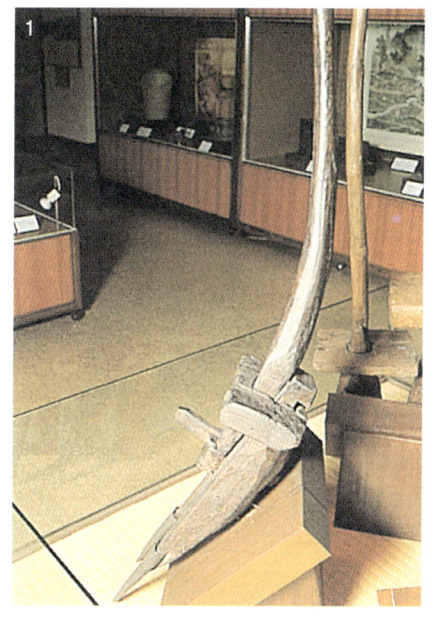

1. 따비.
청동기시대 이래 계속 사용되어 온 따비는 우리나라 특유의 농기구로, 손으로 쥐는 자루가 곧추세워지고 따비 날이 땅 속으로 비스듬히 박혀 밭을 일굴 수 있게 만들어졌다.

2. 반달형 돌칼.
반달형 돌칼은 곡식의 이삭을 딸 때 사용한 수확도구이다.

이 재배되었고, 사회구조 역시 농경에 걸맞게 발전하였다.

　신석기 후기부터 청동기시대까지의 원시농업을 누경(耨耕)농업 또는 화전(火田)농업이라고도 한다. 잡곡농업이 주였으며 돌이나 나무로 제작된 농기구를 사용하였다. 괭이·따비와 같이 땅을 일구는 농구와 수확을 할 때 사용되는 반달형 돌칼들이 출토되었으며, 1~2년의 제한적인 정착생활이 가능했다.

　철기시대 이후부터 발전한 집약(集約)농업은 오늘날의 농업과 비슷하다. 원시농업과의 큰 차이로 철제농기구를 사용한다는 점을 들 수 있다.

　도끼(개간농구)-쟁기(기경농구)-호미(제초농구)-낫(수확농구)의 단계적 사용으로 농사가 크게 발전하였다. 쟁기의 사용은 농경에 축력(畜力)이 사용되었음을 알려준다.

토지의 집약성이 이루어져 원시농업보다 1/10 이하의 농경지만 있어도 생활이 가능하게 됨에 따라 안정적인 정착생활이 이루어지면서 의식주문화가 발전하였다.

벼농사 중심으로 농경이 발전하면서 그에 따른 재배방식도 발달하여 고려시대에는 물을 채운 논에 미리 발아시킨 볍씨를 파종하는 직파법(直播法)이 유행하였다. 이후 15세기인 조선 전기에 들어와 못자리에서 모를 일정 정도 키운 다음 전체 논으로 옮겨 심는 모내기, 즉 이앙법(移秧法)으로 발전하였다.

이앙법은 직파법보다 훨씬 복잡하고 어려웠지만 이득이 컸기 때문에 조선은 적극적으로 기술을 보급하려고 하였다. 그 이익은 첫째, 수확량이 증가한 것으로 어떤 경우에는 이전보다 2배 이상 증가하였다. 둘째, 노동력의 감소를 들 수 있는데, 볍씨를 직접 논에 뿌리는 직파법보다 노동력이 최소 1/5에서 최대 1/2 정도 감소한다고 한다. 셋째, 이모작을 할 수 있다는 점이다.

즉 가을 추수 뒤에 가을보리나 밀을 9월에 심어서 다음해 5월에 수확하고, 다시 그 논에 물을 대고 묘판에서 키웠던 모를 옮겨 심는 2년 3작이 가능하게 되면서 농업생산력의 커다란 증대가 이루어질 수 있었다.

이러한 이앙법이 전국적으로 보급된 것은 조선 후기에 들어와서였다.

조선 후기 농업생산력의 발달은 이앙법에 의해서만 가능했던 것은 아니었다. 이 시기에 오면 인분과 퇴비·재 따위를 섞어 거름을 만드는 시비법(施肥法)이 발전하여 거름의 종류와 양이 풍부해졌다. 또한 하천수를 막아 필요할 때 논에 물을 댈 수 있는 관개시설인 천방(川防)이나 보(洑)가 많이 만들어졌고 그 보급이 현저해졌다.

이 밖에도 농사일이 전문화되고 농기구가 용도에 따라 분화·발달하여 종류가 다양해지고 기능이 발전하면서 농업생산력은 비약적으로 증대했다.

어려운 농사일은 힘을 모아서

　어려운 농사일을 당시 사람들은 어떻게 해냈을까. 고된 농사일을 하다보면 농민들은 어떻게 능률적으로 일을 해낼 것인지 궁리할 수밖에 없었을 것이고, 결국 공동작업의 방식을 짜냈을 것이다.

　고려시대 촌락공동체 조직으로 나타나는 것이 향도(香徒)이다. 향도는 고려가 불교국가였기 때문에 위기가 닥쳤을 때 그것을 극복하기 위해 미륵(彌勒)을 신봉하고 미륵에게 구원받기 위해 바닷가에 향나무를 묻는 신앙단체였다.

　그러나 고려 후기에 들어와 불교가 쇠퇴하면서 이러한 신앙단체적인 면모가 변화하여 공동노역(勞役)이나 혼례와 상례 등을 서로 부조(扶助)하는 공동체적 노동단체의 성격을 띠게 되었다. 공동노동을 위한 마을공동체인 향도의 전통이 조선시대에 두레로 계승되어 조선 중기에 널리 성행했다.

　조선시대의 공동노동 조직으로 품앗이도 있었지만, 품앗이가 개인의사에 따라 이루어지는 소규모의 노동력 상호교환이었다면 두레는 한 마을의 성년 남자 전체가 참가하는 대규모의 조직이었다.

　두레는 지역과 시대에 따라 조금씩 다르지만 어느 정도 공통된 점이 있다. 즉 참여하는 사람은 대개 16세 이상 55세 이하의 성인 남자들이 주축이 된다. 이 나이는 마을에 공동 노동이 필요할 때마다 실질적으로 노동을 동원할 수 있는 연령층이었다. 그리고 한 가정에 장정이 여럿 있더라도 모두 참여해야 했으며, 토지가 많고 적음에 따라 장정(壯丁)의 수를 그 양만큼 분담하지도 않는다. 즉 마을의 장정들은 모두 두레에 참여하는 것이다.

　두레의 규모는 적게는 7~9명, 많게는 100명 정도였는데, 10~50명 정도가 가장 일반적인 규모였다.

　두레에서는 작업 대상과 일시를 정해 두레꾼을 소집한다. 이렇게 해서 공

새참.
두레꾼들이 모여 공동작업을 할 때 가장 중요하게 곁들여지는 것이 새참이다(김홍도의 『풍속화첩』).

동작업을 하는데 여기에는 두 가지가 중요하게 곁들여진다.

첫째, 음식으로 술과 밥이 중심이 된다. 하루 두 끼의 정식 식사 외에 새참이 몇 차례 있는데, 이 때에는 술을 내오며 국수 같은 간단한 음식이 준비된다. 이렇게 해서 '한솥밥을 먹는 격'이 되어 공동체 의식이 다져진다.

둘째는 휴식시간이나 음식시간, 작업의 시작과 끝에 곁들여지는 농악(農樂)이다. 이 농악은 일의 능률을 위한 것이다.

이렇게 두레는 우리 전래의 공동작업·공동식사·공동휴식·공동놀이를 통해 작업의 능률을 높이면서 공동체 의식을 다졌으며, 이 공동체 의식은 마을의 번영과 단결력을 모으는 데 크게 이바지했다.

두레는 기본적으로 지주층의 참여와 간섭을 배제하고 자작 소작농민을 그 성원으로 했던 까닭에 신분제적 강제를 벗어나려는 움직임을 보였다. 여기에 더하여 생산력의 향상으로 농민의 자율성이 높아지자 그 기능이 더욱 강화되어 촌락민의 입장을 대표하는 조직으로 발전하였다.

농경의례(農耕儀禮)

농업을 중심으로 하는 우리 전통사회에 있어서 일상생활을 둘러싼 의례의 대부분은 농경과 직간접으로 연관되어 있다. 가신신앙(家神信仰)과 세시풍속(歲時風俗)을 중심으로 살펴보자.

이들 농경민속이 언제부터 시작되었는지는 분명하지 않으나 외형적인 형태나 내용에 있어 선사·고대의 그것을 계승한 것으로 보인다. 최초로 농경사회로 전환된 이래 농경과 관련된 여러 가지 행사는 오랜 기간 꾸준히 이어져 왔다.

나경(裸耕)

농경문 청동기의 앞면.
앞면에는 남자 두 사람이 각각 따비와 괭이를 가지고 밭을 가는 모습이 새겨져 있다. 따비를 든 남자의 경우 성기가 보이는 것으로 보아 벌거벗은 채로 밭을 갈며 풍년을 빌던 풍속이 있었음을 알 수 있다.

관동·관북지방에는 예로부터 나경의 습속이 있었다고 한다. 정월보름날 숫총각으로 불리는 성기 큰 남자가 벌거숭이가 되어 목우(牧牛)나 토우(土牛) 등의 인조 소를 몰고 밭을 갈며 풍년을 비는 풍속이다.

농경의례에 있어서 나신(裸身)의 역할은 세계 각지의 농경 민속에서 공통적으로 나타나는 것으로, 벌거벗은 남자, 또는 밭을 가는 행위는 땅=여성과 대응되는 개념인 것이다. 즉 이러한 성적인 행위를 통해 다산과 풍년을 기원한 것이다.

나경의 이러한 모습은 농경문 청동기에서도 찾아볼 수 있다. 이러한 모의 농경의례(模擬農耕儀禮)는 청동기시대 이래 일반적으로 행해졌던 것으로 보인다.

솟 대

솟대란 나무나 돌로 만든 새를 장대 끝이나 돌기둥 위에 세운 신앙의 대상물로, 짐대·수살대·당살·거릿대 등으로 불린다. 이것은 시베리아나 북아시아 문화권에서 그 연원을 찾을 수 있으며, 마을신앙 또는 농경문화와 관련된 것으로 판단된다.

새는 대체로 오리를 나타내고 있으며, 까마귀·기러기·갈매기·따오기

1. 솟대
2. 농경문 청동기의 뒷면.
Y자로 갈라진 형태의 나무에 새가 앉아 있는 모습이 새겨져 있어 솟대와 같은 형상을 보여준다.

등으로 생각하는 곳도 있다. 새는 하늘과 땅을 자유자재로 왕래하는 존재로, 일찍부터 신의 사자로서 인식되어 왔다.

솟대와 관련된 신앙은 미지(未知)의 세계를 왕래하는 새의 역할과 새의 다산성, 그리고 알이 가지는 재생의 이미지가 동시에 결합되어 풍요나 우순풍조(雨順風調)의 기원으로 나타난 것으로 보인다.

성주(星主)

성주는 단지나 독 속에 쌀이나 벼를 넣어 마루 한구석에 보관하여 두는 가옥신(家屋神)의 일종이다. 5월 또는 10월 상달에 내용물을 교체하는 경우가 많고, 주체는 집의 안주인이다. 성주신앙은 가내(家內)의 평안과 함께 조상신 또는 곡령신(穀靈神)의 관념도 포함되어 있다.

이것과 유사한 것으로 조상단지·세존단지·제석오가리 등으로 불리는 가신이 있다. 성주와 마찬가지로 단지 속에 쌀이나 벼, 보리 등을 넣어두는

성주단지.

것이며, 보통 안방의 시렁 위에 모신다.

조상단지 등은 '조상할매'와 같은 이름의 여성 신격(神格)인 경우가 많으며, 역시 집안의 안주인이 모시는 것이 보통이다.

이들 가신신앙의 연원이 어디에 있는지를 파악하기는 어려우나, 신체(神體)가 벼나 쌀 등의 곡물이라는 점, 신격(神格) 또는 모시는 주체가 여성이라는 점 역시 농경의례와 깊은 관련이 있는 것으로 판단된다.

모의전(模擬戰)

현재 민속으로 남아 있는 모의전으로는 줄다리기와 석전(石戰)·횃불싸움 등이 있다. 승패의 결과가 풍년과 결부되어 있는데, 암줄과 수줄을 나누어서 암줄이 이겨야 풍년이 든다고 하는 줄다리기에서 더욱 두드러지게 나타난다. 공동체 성원 전체가 참여하는 이러한 모의전은 여러 가지 의례적 요소가 복합적으로 가미된 놀이로서, 농경사회의 의례적 연중행사이다.

구한말에 들어온 한 외국인 선교사는 '한국 농민들은 일은 하지 않고 놀이와 술로 시간만 보낸다.'고 하였는데, 이는 우리 농민들의 생활을 제대로 모르고 겉으로 드러난 것만 보고 한 말이다. 우리 농민들은 힘든 농사일을 놀이를 하고 음식을 함께 나누면서 감당해 냄으로써 나라의 재정을 담당하였던 것이다.

《참고 문헌》

1. 권진수. 『한국의 농경문화』. 경기대학교 박물관, 1983.
2. 김광언. 『한국민속대관-생업기술』. 고려대학교 민족문화연구소, 1982.
3. 고석규·고영진. 『역사속의 역사읽기 2』. 풀빛, 1996.
4. 박대순. 『농기구』. 내원사, 1990.
5. 박용운 외. 『고려시대 사람들 이야기 2』. 신서원, 2001.
6. 이상길. 「농경의례」『한국 고대의 도작문화』.국립중앙박물관, 2000.
7. 이영화. 『조선시대 조선사람들』. 가람기획, 1998.
8. 정승모. 『한국의 세시풍속』. 학고재, 2001.
9. 한국고문서학회. 『조선시대 생활사 2』. 역사비평사, 2000.
10. 한국고문서학회. 『고려시대 사람들은 어떻게 살았을까』 1. 청년사, 1996.
11. 한국고문서학회. 『조선시대 사람들은 어떻게 살았을까』 2. 청년사, 1996.

| 여덟 번째 |

여성(女性)의 생활

현대를 사는 우리들은 남녀평등이라는 말을 참 많이 한다. 그러나 이 말 자체에는 남녀가 불평등하다는 것이 전제되어 있는 것이다. 그만큼 여성에게는 많은 제약이 존재하는 사회이며, 그러한 여성에게 주어진 제약이 암묵적으로 당연시되는 남성 중심의 사회이다. 그렇다면 이러한 여성관은 언제부터 만들어졌던 것일까?

 여성 지위의 변화

농경(農耕)의 발전과 여성

구속 없는 성생활이 이루어지던 구석기시대에는 자녀들의 혈통을 확인할 수 있는 사람은 어머니일 수밖에 없었다. 또한 당시는 사냥 위주의 생활이었기에 노동력 확보와 종족 번식을 위해서 되도록 많은 남편들이 필요하였을 것이다. 이러한 과정에서 자연스럽게 여성 중심의 사회가 형성되었을 것으로 생각된다.

신석기시대의 문화유적으로 여성상이 발굴되었다. 이는 전 세계적으로 공통된 현상인데, 여성상은 대체적으로 크고 풍만한 가슴과 잘록한 허리, 퍼진 엉덩이가 기본이었다. 임신과 종족의 번식을 가능하게 하는 출산의 담당자로서 여성이 생산과 번식의 신비한 능력을 가진 상징적 존재로 부각되었기 때문이다.

특히 신석기시대에 들어와 농경을 정착시킨 여성의 역할은 훨씬 더 숭상되었다. 여성들이 농경의 담당자였을 뿐 아니라 토기(土器)를 만들어 식물을 저장하고 다양한 조리방법을 개발했기 때문이다.

우리나라 신석기시대의 유적지에서도 흙으로 빚은 지모신상(地母神像)이 발굴됐다.

청진 농포리에서 출토된 것은 높이 5.6cm 크기로, 머리는 떨어져나갔지만 허리가 잘록하고 엉덩이가 퍼져 있는 여성상이다.

비너스상.
유럽에서부터 시베리아에 걸친 지역에서 '빌렌도르프의 비너스'라 불리는 특수한 여성상들이 발견되고 있다. 이들은 유방이 크고 배가 부른 여성들로 여성이 가진 다산과 풍요의 이미지를 상징화한 것이다.

우리나라 신석기시대의 여성상.
1. 용천 신암리 출토 여성상. 2. 청진 농포리 출토 여성상.

용천 신암리의 것은 앉아 있는 모습으로 머리와 사지(四肢)는 없고 현재 몸통만 남아 있다. 그러나 허리가 잘록하고 가슴에 유방을 표현한 돌기가 붙어 있어 여성상임을 알 수 있다. 이는 구석기시대의 '비너스'를 이은 것으로, 풍요와 다산이라는 여성의 상징성 및 당시 농경의 담당자가 여성이었음을 보여주는 것이다.

청동기의 사용과 여성

이렇게 구석기시대 이래 풍요의 신, 대지모신으로 숭배되며 생산과 번식의 신비한 능력을 가진 존재로 추앙받던 여성들은 기원전 10세기경 청동기의 등장과 함께 지위의 변화를 겪게 된다. 청동기는 무기(武器)와 제기(祭器) 제조로 시작됐는데, 그 제작과 사용이 남성들에 의해 독점되었던 것이다. 즉 청동기 사용에서 소외된 여성은 권력에서도 소외되는 결과를 낳게 되었다.

또한 신석기시대 말부터 농경이 본격화하고 경지 확장을 위한 개간작업이 활발해지면서 남성들의 농업 참여가 증가되었다. 여성들은 여전히 농경에서 상당한 역할을 하고 있었지만 강한 힘을 필요로 하는 농경의 성격상 그 주도권은 남성에게 넘어갈 수밖에 없었다.

대전지역에서 출토된 '농경문 청동기(農耕文 靑銅器)'는 청동기시대 농경에서의 남성의 위상을 보여준다. 농경문 청동기는 부족의 수장이 착용했던 의식용 도구로 보이는데, 농경문 청동기의 앞면에는 남근(男根)을 드러낸 채 따비질을 하는 남성의 모습이 새겨져 있다.

이는 남성의 농경에서의 역할을 묘사했을 뿐 아니라 남성의 생식능력을 빌어 풍작을 기원하는 주술적인 면까지도 보여준다. 남성의 지휘력이 강화되면서 여성은 정치적 지도자로서의 역할을 물려주고 종교적인 지도자인 여신(女神)이나 사제(司祭)의 모습으로 변화하게 된다.

금동관음보살상.

선덕여왕 영정.
한국 역사상 최초로 여왕에 즉위한 신라 27대 선덕여왕(632~647).

여성이 사제(司祭)의 지위에 있었던 사회의 유풍은 불교를 수용한 이후에도 남아 있었는데 바로 통일신라에서 여성의 모습으로 나타나 자비를 베풀어 널리 신앙의 대상이 되었던 관음보살(觀音菩薩)이다. 관음보살은 고통스러운 현실에 처한 중생이 부르는 소리를 들으면 나타나서 모든 어려움을 해결해주는 보살로, 대중에게 가장 친근한 보살이었다. 신라에서 보이는 관음은 중생의 부름을 듣고 현실적 어려움을 구제해주는 역할뿐 아니라 성불(成佛)을 이루게 도와주고 있는데, 다산(多産)과 풍요로 상징되는 전통신앙의 지모신적 성격이 반영되어 있다.

종교에서의 여성의 역할과 함께 고대 사회의 여성의 지위를 잘 보여주는 것이 여왕의 존재이다. 우리 역사상 유일하게 신라에서만 여왕이 3명 배출되었는데, 여왕은 골품제(骨品制)라는 신라의 특수한 신분 제도에 기인한 것이

| 여덟 번째 | 여성의 생활 | 133

기도 했지만 신석기시대 농경을 발전시키면서 여성이 가졌던 정치적·종교적 역할을 인정해 왔던 강한 신라의 토착성을 반영하는 것으로 볼 수 있다.

고려시대의 여성

고려시대 여성의 지위는 혼인 풍속 및 그와 관련된 가족·친족 제도를 통해 알 수 있다.

고려 시대의 혼인 풍속은 일반적으로 남성이 '장가가는' 서류부가혼(壻留婦家婚)이었다. 이에 고려에서는 사위가 장인·장모를 모시는 경우도 많았다. 이 때문에 사위는 아들과 마찬가지로 음서(蔭敍)나 공음전(功蔭田)의 상속 대상이 되었으며 외손(外孫)에게도 가계 계승이 허용되었다.

딸도 출가외인(出嫁外人)이라는 생각이 적어 아들과 다름없이 생각되고 재산 상속에서도 차별을 받지 않았다. 호적(戶籍)에 자녀를 기재할 때에도 연령순이었으며, 남편이 사망한 경우 아들이 있어도 부인이 호주가 될 수 있었다.

이처럼 여성이 차별받지 않은 것은 당시의 제사가 불교 사원을 이용해 이루어졌으므로 가묘제(家廟制)를 시행하던 조선시대에 비해 아들이 가계 계승자로서 지니는 중요성이 적었기 때문이었다.

그러나 무인정권(武人政權)이 수립되고 몽골과의 전쟁을 겪은 후 원(元)의 간섭이 이루어지는 급격한 사회 변동 속에서 여성의 지위도 변화하였다. 무인정권기에는 출세를 위해 아내를 버리는 풍조가 생겨났고, 원(元)이 지배한 이후에는 많은 여성들이 원에 공녀(貢女)로 징발되었다.

정부의 공식적인 통계만으로도 수천 명의 여성들이 끌려갔는데, 그 대상은 왕실의 여성에서부터 일반 서민 여성에 이르기까지 다양하였다. 이 때 공녀로 징발되는 것을 피하기 위해 조혼(早婚)이 성행하였다. 고려 전기에 20대에 혼인하는 여성의 사례가 보이는데, 이 시기에는 13~14세 등으로 혼인 연령이 낮아지고 있다.

한편 정부에서도 공녀 징발을 막는 방법을 모색하였는데, 당시 관리였던 박유는 '고려의 여성들이 공녀로 끌려가 인구가 줄어드니 모든 관리들에게 여러 처를 두게 하고 서민도 일처(一妻)에 일첩(一妾)을 두게 하자.'고 제안하였다. 그러나 당시 재상들 중에 처를 무서워하는 자가 있어서 이 법이 공식적으로 시행되지는 못했지만 실질적으로 다처제(多妻制)는 묵인되었던 것으로 보인다.

이처럼 조혼(早婚)과 다처제(多妻制)가 성행하게 되면서 여성의 지위는 동요하게 되었다.

성리학과 여성의 지위

조선시대에 들어서자 성리학이 지배층의 정치 이념으로 정착하게 되면서 여성의 지위와 생활에는 많은 변화가 있게 되었다. 국가는 가부장(家父長)의 입장에 서서 국민에게 유교적 규범을 보급함으로써 통치를 좀더 원활히 하고자 했다.

성리학은 중국 송나라 주희에 의해 집대성된 새로운 유학이다. 유학에서 만물의 생성은 하늘의 원리와 땅의 원리의 감응과 교감으로 이루어진다고 하였다. 예를 들어 여성적 원리(땅)와 남성적 원리(하늘)가 관계를 맺음에 따라 인간이

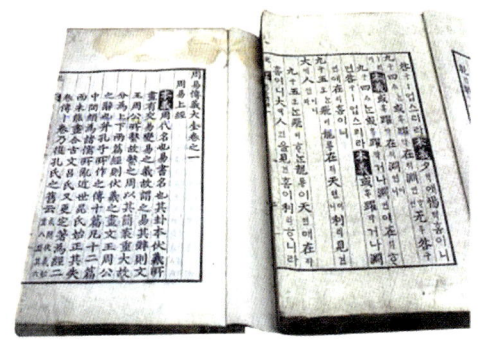

주역언해.
주역을 우리말로 번역한 책(조선시대).

출생하게 된다고 보았다. 그리고 이러한 각각의 존재는 각기 자신의 원리를 가지고 서로 대등하게 제 역할을 할 때 세계가 조화롭게 운영된다고 하였다. 그러므로 유교 본래의 이론에는 존비(尊卑)·귀천(貴賤)·강약(强弱)·고저(高低)의 가치개념이 없었다.

그러나 전국시대 이후 음양이론(陰陽理論)이 도입되면서 변화가 생겼다. 음양이론은 세상 만물을 음(陰)과 양(陽)으로 나누어 설명하였다. 즉 하늘이나 남성·봄은 양(陽)으로, 땅이나 여성·가을은 음(陰)의 성질로 분류하였다. 그리고 '하늘은 높고 땅은 낮다.'는 가치 아래 양의 성질을 갖는 것들에 귀한 존재 가치를 부여하였다.

음양론에 따르면 남자와 여자의 위치나 역할은 인간이 마음대로 정한 것이 아니고, 자연의 원리에서 나왔다. 즉 자연의 원리에 순응해야 만물이 제대로 움직이는 것처럼 남성에게 여성이 무조건 따라야만 인간 세상이 원만하게 움직이게 된다는 것이다.

조선을 건국했던 사대부들이 확립하고자 했던 여성관도 바로 이러한 것이었다.

이러한 여성관을 보급하기 위해 지방의 향촌까지 성리학적 질서로 묶기 위해 유향소(留鄕所)를 설립하고 향약(鄕約)을 실시하였다. 그리고 관혼상제(冠婚喪祭)에 관련된 책자를 발간하며 성리학적인 예절관념을 확대·심화시켜 나갔다. 이에 따라 여성의 생활과 지위에 많은 제약이 가해졌고, 일반 평민들까지 이러한 제약을 당연한 것으로 받아들이게 되었다.

특히 여성 지위의 하락은 임진왜란과 병자호란을 겪으면서 한층 심화된다. 전쟁으로 인해 윤리가 무너졌다고 판단한 양반들은 사회의 기강을 바로잡기 위해 더 많은 윤리교육에 힘을 기울여야 한다고 생각하였다.

이에 17세기 이후 조선에서 성리학에 대한 이해가 깊어지면서 예학(禮學)이 발전했다. 장례와 제사 등 각종 예법에 대한 치밀한 규정들이 생겨났고,

혈통의 순수성과 가문의 명예를 지키기 위해 여성들에게 정절(貞節)과 순종이 더욱 강조되었다.

18세기가 되면 이러한 현상이 절정을 이뤄 한 집안의 남자들은 문중(門中)에 소속되어 막강한 권한과 결속력을 갖게 되는 반면, 여성들은 가문과 남성의 권위를 뒷받침하는 내조자로 전락하게 된다.

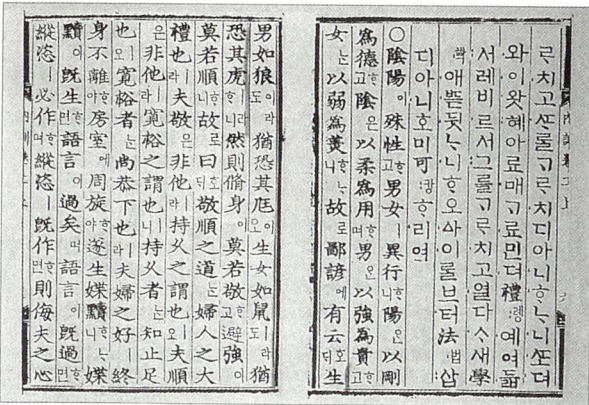

소혜왕후가 쓴 『내훈(內訓)』의 「부부장(夫婦章)」.
'음양은 성(性)이 다르고 남녀는 행동이 다르니 양(陽)은 강한 것을 덕으로 삼고, 음(陰)은 약한 것을 쓰임으로 삼는다. 남자는 강한 것이 귀하고, 여자는 약한 것이 아름답다.' 라고 첫머리에 적고 있다.

혼인제도 또한 '시집가기'인 친영제(親迎制)가 정착되면서 여성의 희생이 극단적으로 강요되었다. 친정식구들도 시집간 딸이 시댁이나 친정가문의 명예를 훼손시키지 않는 삶을 살기를 강요했다.

왜 이렇게 여성의 지위가 축소되었을까? 유교적인 명분이나 규범이 가장 큰 원인이었겠지만 거기에는 조선 후기의 정치상황도 관련되어 있었다.

경제적 부를 확대시키는 일을 천하게 여긴 성리학적 사상이 팽배한 조선 후기에 들어서 양반들의 경제력을 보장해 줄 수 있는 유일한 통로는 관직에 진출하는 것이었다. 그런데 조선 후기에는 관직이 안동 김씨니 풍양 조씨니 하는 일부 세도 가문에 의해 독점되면서 일반 양반들은 경제적으로 어려움을 겪어야 했다.

양반들은 가문이 몰락할 위험을 줄이기 위해 재산을 가능하면 소수에게 집중적으로 물려주어 가문의 명맥을 유지하고자 하였다. 이에 따라 장남 위주의 재산 상속이 이루어지게 되었고 제사 또한 장남에게 전담되었다.

이 과정에서 여성에게 재산이 상속되는 경우가 줄어들게 되었다. '출가외인(出嫁外人)'인 딸에게 재산을 상속할 이유가 없어졌기 때문이다. 이렇게 여성이 재산 상속에서 제외되자 여성은 오로지 남편에게 의지해서 살 수밖에 없는 존재가 되었다.

가지고 있는 재산도 없고, 자신의 힘으로 먹고 살 방법도 없는 조선 후기의 여성들은 더 이상 자신의 운명을 스스로 결정할 수 있는 존재가 아니었던 것이다.

조선시대 여성들의 생활 규제 모습

법전(法典)에 명시된 여성 억압의 방식

성리학자들은 남녀의 직분상의 구별을 엄격히 하여, 여성들의 영역을 가정 안으로 제한하려고 하였는데, 이를 위해 마련한 것이 내외법(內外法)이다.

내외법은 남녀간의 자유스러운 접촉을 금지하는 행동규제법이다. 『경제육전』에 의하면 양반 부녀는 부모·친형제자매·친삼촌·고모·친외삼촌·이모를 제외하고는 가서 볼 수 없게 하였으며, 이를 어기는 자는 실행(失行)으로 논한다고 하였다.

이에 따라 남자는 밖, 여성은 안이라는 엄격한 남녀 분별이 강조되었다. 여성들은 더 이상 사찰 출입을 할 수 없었으며, 외출을 할 때는 꼭 장옷을 써

신윤복의 『혜원전신첩』 중 「연소답청(年少踏靑)」.
봄나들이를 하는 모습인데 위에 있는 기녀(妓女)들은 얼굴을 가리지 않고 다니는 데 비해 아래쪽에 보이는 양반가의 여성은 장옷을 둘러써서 얼굴을 가리고 있다.

야 했고, 겹겹이 껴입는 속옷이 발전하게 되었으며, 가마 사용도 의무화되었다. 집의 구조도 점점 바뀌게 되어 여성의 공간인 안채와 남성의 공간인 사랑채가 담장 등으로 분리되어 독립적인 공간이 되었다.

이렇게 여성들을 안으로 몰아놓고 그 안에서 의식교육을 시켰다. 성리학자들에게 여성의 대외활동은 부정적이었다. 따라서 똑똑한 여성들은 오히려 사회에 해(害)가 된다는 인식하에 여성교육의 불필요성을 강조하였다. 대신 현모양처(賢母良妻)를 이상적인 여성상으로 설정하고 이러한 내용을 중심으로 여성교훈서를 편찬·보급하였다.

삼강행실도 열부입강.
삼강행실도는 조선 세종 때 엮어진 도덕책이다. 조선과 중국의 서적에서 군신(君臣), 부자(父子), 부부(夫婦) 등 삼강(三綱)의 모범이 될만한 충신, 효자, 열녀를 35명씩 뽑아 그 행적을 글과 그림으로 칭송한 책이다. 1380년에 왜구가 경산에 침입하자 배씨(裵氏)가 젖먹이 아들을 안고 강가로 도망갔다. 적이 쫓아오자 강물이 넘쳐 달아나지 못할 것을 안 배씨는 어린 아들을 두고 강물로 뛰어들어 왜구를 꾸짖었다. 열부입강은 화살에 맞아가면서도 왜구를 꾸짖은 배씨를 칭송하는 내용이다.

한글 창제 후 『삼강행실도(三綱行實圖)』를 편찬한 것이나, 성종의 어머니인 소혜왕후가 『내훈(內訓)』이라는 책을 펴낸 것도 이러한 정책의 산물이었다. 이러한 책으로 여성이 출가한 뒤 시부모와 남편을 섬기는 도리, 형제·친척과 화목하게 지내는 도리 등을 교육하였다.

　고려시대까지 자유스러웠던 여성의 일상은 성리학을 지배이념으로 삼은 조선시대부터 급속도로 억압받게 되었다. 유교적 도덕관념을 교육시켜 여성을 의식적으로 통제하는 한편 효부(孝婦)와 열녀(烈女)에 대한 표창을 법률적으로 구체화하였다. 열녀문(烈女門) 등은 양반에게는 영락한 가문을 다시 일으키는 계기를 만들어 주었고, 양인에게는 과중한 역을 면제받게 했으며, 천민에게는 면천(免賤)의 기회로 작용하였다. 이렇게 되면서 여성에게 지나친 정절과 효도가 강요되었다.

　열녀의 기준을 국가에서 공식적으로 정하지는 않은 것으로 보인다. 다만 국가에서 열녀로 포상한 사례를 살펴보면, 남편이 죽은 후 수절하면서 평생 동안 시부모를 봉양한 경우, 남편이 죽자 음식도 먹지 않고 따라 죽은 경우, 남편이 호랑이에게 물려가거나 화재 등의 위급한 상황에 처했을 때 살리고자 대신 죽은 경우, 남편이 죽자 목매어 죽거나 물에 빠져 죽은 경우, 왜적의 침입으로 자신의 몸을 상하지 않으려고 목숨을 끊은 경우, 남편이 병이 들었을 때 손가락을 잘라 정성껏 돌본 경우 등이 있다.

열녀문.
조선후기 황부인(黃婦人)의 효행과 정절을 추앙하고 찬양한 정문(旌門)이다.

여성들이 정절을 지키기 위해 항상 착용했던 은장도.

　　조선시대의 국가의 이러한 노력은 상당한 성과를 거두어 조선 후기에는 여성에 대한 통제가 국가적 물리력보다는 가족들의 감시라는 방식을 통해 가능하게 되었다. 또 열녀에 대한 관념이 극단적으로 나타나 조선 후기에는 남편이 죽으면 따라 죽는 경우가 많아졌다.

　　이러한 변화는 결혼 풍습의 변화와도 관련이 있다. 조선 세종 때에는 결혼풍습을 가부장적인 것으로 바꾸기 위해 왕실이 친영례(親迎禮)를 행하는 모범을 보였고, 사대부 집안에도 장려했다. 그러나 뿌리 깊은 서류부가혼(壻留婦家婚)의 관습으로 친영제(親迎制)가 정착하기 어려웠고, 조선 중기 이후에야 반친영제(半親迎制)로 정착되었다. 그 결과 여성은 결혼과 동시에 남편 쪽의 일원으로서 간주되었고, 가족 내에서 여성의 지위도 점차 변화할 수밖에 없었다.

　　또 여성의 재혼(再婚)을 금지하는 법안도 마련했다. 세조 때까지만 하더라도 여성이 세 번 혼인하는 것이 문제가 되었지 재혼까지는 별 문제가 없었다. 그러다 성종 16년(1485)에 이르러 '충신은 두 임금을 섬기지 않고 열녀는 두 남편을 섬기지 않는다.' 라는 논리에 의해 여성의 재혼문제에 대한 논의를 벌였다.

당시에 참가했던 대부분의 사람들은 여자들의 재혼을 모두 금지하는 것은 너무 가혹하니 가난하고 의지할 데 없는 청상과부(靑孀寡婦)의 재혼은 인정해주자고 하였다. 그러나 성종은 '배고파 죽는 것은 작은 일이요, 절개를 잃는 것은 큰일이다.'라고 주장하는 극소수의 의견을 채택하였다.

이에 따라 '재가녀자손금고법(再嫁女子孫禁錮法)'이 제정되었다. 이는 두 번 이상 시집가는 여자의 자손은 관직 등용에서 불이익을 받도록 하는 법이다. 이는 '자식의 출세'에 약해질 수밖에 없는 여성 특유의 모성 본능을 여성의 재가 금지에 악용한 것으로, 입신양명(立身揚名)을 최고의 덕목으로 삼는 사대부가에 이 법이 끼친 영향은 절대적이었다.

이후 이 법은 확대되어 재혼 여성을 아내로 받아들인 자, 여성의 재혼을 주선한 자까지 모두 처벌대상이 되면서 모든 양반 가문은 자신의 가문이 벼슬을 못하고 신분이 추락하는 것을 막기 위해 여성들에게 수절을 강요하게 되었다.

이외에도 문란한 행실을 한 여성은 자녀안(恣女案)이라는 문서에 올려 자손들의 관직 진출을 막았다. 죄과를 당사자가 아닌 다른 사람에게 돌리는 방법은 여자 스스로 일탈할 수 없게 만들 뿐 아니라 죄를 대신 받지 않기 위해 여자의 가족들이 서로 감시자가 되어 행동을 통제하게 되므로 정책의 효율성을 극대화할수 있었다.

즉 국가는 문란한 여성에 대해 직접적인 통제를 행사하지 않아도 가족단위로 자체적으로 여성을 통제할 수 있는 고도의 가족정책을 이용하여 여성의 정절을 강요할 수 있었다.

한편 부모와 가장의 비행이 있더라도 고발할 수 없다는 규정이 있는데, 이는 가장의 지위에 절대적 권위를 부여함으로써 여성의 지위를 비하시키는 규정이었다.

결혼제도에 나타난 억압된 여성의 모습

우선 혼인 결정이 결혼 당사자가 아니라 혼주(婚主 = 가장)에 의해서만 가능했다는 점이다. 혼인은 이성(異性)의 결합이라기보다는 두 가문의 결합을 통해 가문을 높이는 계기로 인식되었기 때문에 양반들은 여성을 매개로 문중끼리 결합하면서 향촌사회의 지배층으로서 힘을 유지하려고 하였다. 특히 조선 후기에 친영제가 일반화되고, 문중(門中)의 발달과 제사 상속이 적장자(嫡長子) 중심으로 변하면서 재산 상속에서 여성을 배제하였다.

이혼의 경우에도 오직 남편의 요구에 의해서만 가능하였다. 칠거지악(七去之惡)과 삼종지도(三從之道)의 의식교육을 통해 여성 자신의 의지와 판단으로 이혼을 할 수 없게 하였다. 칠거지악이란 시부모에게 순종하지 않는 경우·자식을 못 낳을 경우·행실이 음탕한 경우·질투를 하는 경우·말이 많아 가족간에 이간질을 시키는 경우·도둑질하는 경우, 그리고 나쁜 병이 있는 경우로, 아내를 내쫓을 수 있는 7가지 명분을 제시한 것이다.

삼종지도란 어려서는 아버지를, 결혼하면 남편을, 남편이 죽으면 아들을 따르는 것이 도리라 하여 철저하게 남성에게 순종하는 여성의 삶을 강조한 것이었다.

한편 조선시대에 오면 처첩(妻妾)의 구분이 엄격해졌는데 이것도 여성의 지위를 억압하는 요인으로 작용하였다. 여성은 정부인(正婦人)일 경우에만 남편의 정치적·사회적 지위에 상응하는 지위를 누렸다. 왕실과 양반계층의 여성들은 외명부(外命婦)라 하여 남편의 관직에 따라 국가로부터 혜택과 법의 보호를 받았다.

국가는 성리학적 규범에서 벗어나지 않는 한 처의 지위를 법적으로 보호함으로써 여성들 스스로 '정절과 순종'이라는 유교이념의 내면화에 대한 동기 유발을 촉진시켰다.

국가가 여성의 정처(正妻)로서의 지위를 확고한 것으로 보호해 줌에 따라 여성은 사회에서의 활동이 금지된 채 가족 속으로 파묻히게 되었다. 그 속에서 여성들은 가족 내에서의 자신의 지위를 유지하고 자손의 성공을 통해 대리만족을 얻으려고 하였다. 즉 여성이 성취욕을 충족할 수 있었던 것은 아들을 통해서였으며, 아들이 가정 내에서의 여성의 지위를 보장해 주는 유일한 존재였다.

〈참고 문헌〉

1. 권순형. 『고려시대 혼인제도 연구』. 이화여자대학교 박사학위논문, 1997.
2. 김용숙. 『한국여속사』. 민음사, 1989.
3. 박민선. 『고려시대 여성의 생활과 불교』. 이화여자대학교 석사학위논문, 1997.
4. 박용옥 외. 『한국여성연구 1-종교와 가부장제』. 청하, 1988.
5. 박 주. 『조선시대의 정표정책』. 일조각, 1990.
6. 신형식·이배용. 『한국사의 새로운 이해』. 이화여자대학교 출판부, 1997.
7. 이경복. 『고려시대 기녀 연구』. 민족문화문고간행회, 1986.
8. 이배용 외. 『우리나라 여성들은 어떻게 살았을까』 1. 청년사, 1999.
9. 이순구. 『조선 초기 종법의 수용과 여성 지위의 변화』. 한국정신문화연구원 한국학대학원 박사학위 논문, 1995.
10. 이순구. 『조선시대의 사회와 사상』. 1998.
11. 이영화. 『조선시대 조선사람들』. 가람기획, 1998.
12. 장병인. 『조선 전기 혼인제와 성차별』. 일지사, 1997.
13. 한국여성연구소 여성사연구실. 『우리 여성의 역사』. 청년사, 1999.
14. 한희숙. 「양반사회와 여성의 지위」『한국사 시민강좌』 15. 1994.

| 아홉 번째 |

천민(賤民)의 생활

우리는 인간이 평등하다는 것을 당연하게 생각하고 있다. 그러나 불과 100여 년 전만 해도 신분에 따른 차별이 뚜렷했었다. 앞에서 살핀 대로 신분제가 사회의 운영원리로 작용한 사회에서 태어날 때부터 천하게 정해진 신분층이 있었다. 천민이라 불리는 이들의 대부분은 노비(奴婢)였다. 노비는 사람으로 태어나긴 했지만 사람대접을 받지 못하는, 그야말로 살아있는 도구였다.

❄ 가축보다 못한 인간, 노비(奴婢)

노비는 어떻게 생겨났을까

　　노비 발생의 가장 시원적인 형태는 전쟁포로와 범죄자를 사회와 격리시킨 데서 비롯되었다. 전쟁에서 승리했을 경우 그에 따른 부산물로 각종 경제적 부는 물론이고 피정복지 사람들을 자기 집단의 소유로 만들 수 있었다. 사회적 발전단계가 미약했을 때는 포로들을 모두 죽이거나 아니면 산 채로 잡아다가 자기 집단의 천신(天神)이나 조상신에게 제사지낼 때 희생물로 썼다.

그러나 사회가 발전함에 따라 포로들의 노동력을 무상(無償)으로 이용하여 경제적 기반을 확충시키는 방향으로 전환하게 되었다. 전쟁포로는 본래 다른 종족이나 다른 공동체 성원으로부터 충원되었으므로, 이들은 새로이 소속된 사회에서 노비로 전락되어 사회적으로 격리되고 열악한 처지에 있을 수밖에 없었다.

범죄자를 노비로 삼는 현상 역시 계급사회 초기부터 발생했다. 계급 발생에 따른 사회적 계층 분화는 항상 계층 간 갈등을 불러일으킬 소지를 안고 있었다. 따라서 지배계층은 자신들의 기득권을 보호하고 사회질서를 유지하기 위한 방편의 하나로서 범죄자에 대한 처벌을 제도화했다.

이들 범죄자를 처벌하는 여러 가지 방안 가운데 하나로 죄(罪)의 경중에 따라 범법자를 노비로 전락시키는 경향이 성행했다. 범죄자를 노비로 삼는 것은 공동체로부터 격리시킴으로써 원래 그가 공민(公民)으로서 가지고 있던 모든 자격을 박탈하는 것을 의미했다.

전쟁포로를 노비로 삼는 것이 다른 공동체 성원을 자기 공동체 성원과 구별하기 위해 등장한 것이라면, 형벌에 의한 노비화는 같은 공동체 구성원을 다른 구성원과 격리시키기 위해서 발생한 것이었다.

이와 같은 노비 발생의 시원적 형태로 인해 노비는 '이종족(異種族)' 혹은 '범법자(犯法者)'라는 사회적 인식이 강하게 형성되었다. 때문에 이후 시대적 변화에 따라 노비의 사회적 존재 양태가 끊임없이 변화하지만 노비에 대한 사회적 천대는 계속해서 남게 되었다.

이 밖에도 채무(債務)를 이행하지 않아 양인이 노비로 전락한 경우, 노비의 자식으로서 태어날 때부터 노비인 경우 등이 있다.

노비의 종류

노비는 누가 소유하는지에 따라 개인 소유인 사노비(私奴婢)와 국가 공공 기관 소유의 공노비(公奴婢)로 구분되며, 그 각각은 주인의 집에서 같이 사는 경우인 솔거노비(率居奴婢)와 주인과 떨어져서 사는 외거노비(外居奴婢)로 구분된다.

사노비 중 솔거노비는 주인의 호적에 올라가 있었고, 주인 집에 살면서 음식을 만들거나 땔나무를 베어오는 등 집안의 모든 잡일을 담당하게 된다. 외거노비는 그의 거주지에 별도의 호적이 있었고, 주로 농사에 종사하면서 생활하다가 주인의 필요에 따라 일에 동원되었다.

사노비는 주로 경제적인 이유로 인해 발생하였다. 흉년이 들거나 가난이 너무 심하여 자식을 노비로 팔거나 스스로 부잣집에 종으로 들어가기도 했다. 그러나 일단 노비가 되면 그 자손은 대대로 천인으로 살아야 했다.

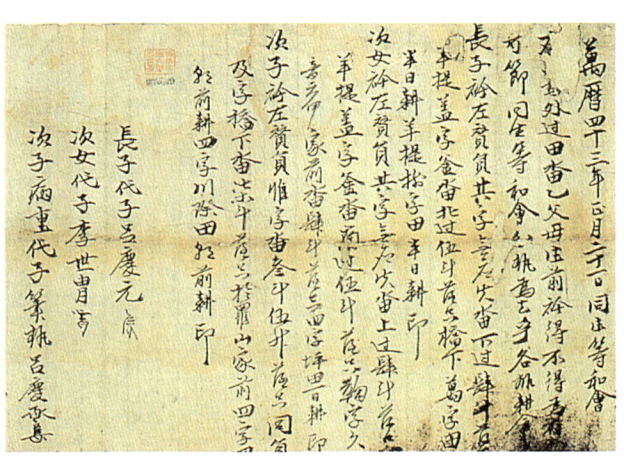

노비안(奴婢案).
노비안은 노비의 호적을 말한다. 조선시대의 공·사 노비는 중앙에서는 장예원이, 지방에서는 수령이 3년마다 속안(續案)을 작성하고 20년마다 정안(正案)을 작성하였다.

이와 반대로 권세가(權勢家)가 권력을 이용해 양인을 멋대로 노비로 삼는 불법적 행위도 자행되었다. 이를 압량위천(壓良爲賤)이라 하는데, 이는 국가 재정상으로도 큰 문제였다. 압량위천은 국가 재정의 원천인 양인의 수를 감소시켰다.

공노비는 궁궐과 관청 등 국가의 공공기관에 예

속된 노비이다. 이들은 다시 관청에서 주로 심부름이나 잡다한 일을 맡아 보는 공역노비(公役奴婢)와 국유지를 경작하는 외거노비로 나눌 수 있다.

공역노비는 공공기관에서 일하는 대가로 별사(別賜)라는 급료를 받아 생계를 이어갔다. 외거노비 가운데는 수공업이나 상업에 종사하는 자들도 있었지만, 대개는 농업생산에 종사하였다. 토지 경작에서 얻어지는 수입 가운데 일부를 몸값으로 납부하고, 그 나머지로 생계를 꾸려나갔다.

공노비는 60세가 되면 역(役)에서 면제되는 정노제(丁老制)에 의해 노역에서 벗어날 수 있었다. 아울러 사노비와 달리 국가나 관청의 재산이었으므로 매매의 대상이 되지는 않았다. 이 점에서 사노비보다는 처지가 좀 나은 형편이었다고 할 수 있겠다.

공노비는 전쟁포로에서 얻어지기도 하였지만, 대부분 반역이나 이적행위(利敵行爲)와 같은 중대한 범죄를 저지른 사람과 그 자손이 관청에 몰수되어 생겨났다.

이러한 노비들은 노비문서(奴婢文書)에 올라 신분이 고정되었다. 노비문서는 노비의 생년·성별·거주지 등 노비 자체에 대한 정보와 그 노비의 주인을 기록한 문서이다. 노비 관련 문서는 주인이 갖고 있는 문서뿐만 아니라 지방의 호적과 중앙의 장예원(掌隸院)에 보관된 노비 서류 등도 있다.

노비들은 어떤 일을 했을까

노비들의 생활 형편은 노비를 지칭하는 용어를 통해서 엿볼 수 있다. 고려시대의 사료를 보면 '창두(蒼頭)'라는 말이 자주 나온다. 이 말은 '적각(赤脚)'이라는 말과 함께 붙어 다니면서 노비의 모습을 나타낸다.

창두는 푸른 머리를 말하는데, 상투를 틀거나 뒤로 머리를 땋아 내린 일반인과 달리 머리에 푸른 두건을 동여맨 사내종을 가리키는 말이다. 이런 머

상전의 김매기 감독.
노비들은 힘들게 일해도 급여를 받는 것이 아니었기 때문에 건성으로 일을 하는 경우가 많았다. 이에 상전들은 항상 그들이 제대로 일을 하나 감시를 해야 했다.

리는 중이나 죄수들의 특징이다.

적각(赤脚)은 신발이나 버선을 신지 않은 벌거벗은 붉은 다리를 드러내놓고 사는 계집종을 뜻한다. 즉 창두와 적각은 노비들의 일상적인 행색을 나타내는 말로, 조선시대에 이르면 노비의 일반 지칭이 된다.

과거에 양반들은 노비 없이는 꼼짝을 못했다. 노비는 안에서는 온갖 시중을 거들고 밖에서는 주인의 행차를 수행하며, 주인을 위하여 논밭을 일구었다. 그래서 주인들은 노비를 생활에 꼭 필요한 수족으로 여겼다.

노비의 가장 중요한 임무는 농사짓고 길쌈하는 일이었다. 씨 뿌리고, 김매고, 타작하고, 누에 치고, 베 짜는 일들이 모두 노비의 중요한 일이었다.

노비는 무엇보다 주인의 품위를 지키는 도구였다. 양반들은 아침에 일어나 다시 잠자리에 들 때까지 노비들의 보살핌을 받지 않고서는 꼼짝할 수가 없는 신세였다.

노비는 집 안에서 밥 짓고, 빨래하는 일을 도맡았다. 양반은 나들이 할 때 항상 두루마기 외에도 속곳과 바지·저고리를 포함한 여러 벌의 옷을 차려 입었는데, 이를 위한 빨래와 풀새, 다리미질과 바느질을 해야 했다.

또 양반은 행차할 때 꼭 말을 탔는데, 이때 종들은 미리 말에 여물을 먹인 뒤 견마(牽馬)잡이가 되었다. 상전을 수행하여 가마를 메거나, 멀리 떨어진 곳에 편지를 전하거나, 옷가지를 부치는 역할 역시 노비가 해야 했다.

그리고 밥을 짓거나 방을 데우는 데 필요한 나무를 마련하는 일 역시 노비의 일이었다. 집에 샘이 없는 경우 노비는 마을 공동우물에 가서 물을 길어 왔다. 떡이나 밥을 지을 때 껍질을 벗겨서 낟알만 고르는 방앗일이나 가루로 빻는 맷돌질도 하였다. 상전의 생일이나 각종 제사와 명절 준비도 해야 했다.

안방의 마나님에게도 노비는 꼭 필요했다. 내외법(內外法)이 엄격히

1. **바느질.**
2. **다림질.**
옷감을 구입해서 물을 들이고 재단·바느질·다림질을 하는 의복 수발의 실제 노동은 의비(衣婢)가 담당하였다.

견마잡이. 김득신의 「노상견알(路上見謁)」.
말은 양반의 체모를 과시하는 데 중요한 교통수단이었다. 양반은 행차할 때 항상 육족(六足)을 대동하였다고 했는데, 육족이란 말의 다리 넷과 말을 끄는 노비의 다리 둘을 합친 말이다. 양반이 말을 타고 행차하는 도중에 만난 남녀가 머리를 조아리는 모습에서 당시 양반들의 위상을 알 수 있다.

지켜지던 풍속 아래서 고귀한 아씨나 마나님이 손님 시중을 위하여 사랑 출입을 할 수는 없었고, 따라서 이러한 손님 접대는 여종이 맡아 했다.

이 외에도 여종은 오뉴월에는 누에치기를, 농한기에는 베 짜기를 했는데, 이는 상전에게 큰 수입원이 되었다.

노비들에게도 휴일이 있었을까

그나마 노비들이 편한 시기는 농번기가 지난 겨울이었다. 잡일이야 계속 있었겠지만 힘든 농사일을 하지 않아도 되었기 때문이다. 하지만 겨울철 말고 꼭 하루 이들이 쉬는 날이 있었는데 음력 2월 1일로 삭일(朔日)이라 하여 조정에서 농사에 힘쓸 것을 특별히 당부하는 날이다. 2월 1일은 즉 한 해 농사를 위해 준비를 해야 하는 시기였다.

이날 하루 노비를 쉬게 한 까닭은 한 해 내내 본격적으로 일을 시키기 전에 미리 그 수고를 위로해 주기 위해서였다. 이날 주인은 음식을 푸짐하게 장만하여 노비들을 배불리 먹이고, 술을 듬뿍 내어 취하도록 마시게 했으며 특별히 송편도 빚어주었는데, 이 송편은 노비들의 나이수대로 먹였다고 한다.

노비의 법제적 신분 규정 제도

고려시대 형부(刑部) 예하의 도관(都官)과 조선시대의 장예원(掌隷院)은 노비에 관한 장적(帳籍)과 송사(訟事)를 전담했다. 그리고 도망 간 노비를 붙잡는 일을 전담하는 기구와 관원이 설치되기도 했다.

노비제를 유지하려는 노력은 노비의 신분 해방을 엄격히 통제한 데서도 잘 나타난다. 노비제가 철저하게 유지되던 사회에서도 노비의 신분 상승 사례가 있긴 하였으나 어디까지나 특수한 경우에 해당하는 것이었다. 지배자 집단은 노비의 신분 상승을 법적으로 제한하였던 것이다.

노비는 정상적인 인간의 대우를 받지 못하였다. 그들의 열악한 처지는 호적(戶籍)에서도 나타난다. 사노비는 독자적인 호적이 없고 거의 대부분 주인의 호적에 실렸다. 호적에는 노비의 이름과 나이가 기재되었다. 그리고 그 노비가 누구로부터 상속되었는지를 명확히 밝혀놓았다. 즉 어머니 쪽에서 전하여진 노비인지, 아버지로부터 물려받은 노비인지를 기록하였는데, 이는 나중에 이들 노비를 상속할 때 생겨날 문제를 미리 막기 위해서였다.

아울러 노비 배우자의 신분도 밝혀야 했다. 신분제 사회에서 결혼은 같은 신분끼리 결혼하는 것이 원칙이었다. 그러나 이러한 원칙은 꼭 지켜지지 않아 노비와 양인이 결혼하는 경우도 있었다. 이렇게 되어 남자종의 아내나 계집종의 남편이 양인일 수도 있었다. 따라서 노비 배우자의 신분도 꼭 기재하여 양인과 천민의 결혼에서 생겨난 자식문제를 해결하려고 하였다.

노비가 양인과 결혼할 경우 일천즉천(一賤卽賤)의 원칙에 따라 그 소생은 모두 노비가 되었다. 일천즉천이란 부모 가운데 한 쪽이라도 노비이면 자식의 신분은 무조건 노비가 된다는 신분법제로, 계속해서 노비층을 생산하기 위해 마련한 것이었다.

한편 신분이 다른 결혼에서 생겨난 노비의 자식은 어머니 소유주의 재산이 되었는데, 이러한 법제를 천자수모법(賤者隨母法)이라 한다.

노비의 사회적 신분

노비는 주인의 매매·상속·증여·탈취의 대상이 되었다. 즉 개인의 사유재산과 같은 성격으로 국가에서 법률로 공시한 가격이 매겨져 있었다. 노비가 재산이 될 수 있었던 것은 노동력의 원천이었기 때문이다.

고려 성종 때 기준으로 남자종의 가격은 15세 이상~60세 이하는 포 100필, 15세 이하와 60세 이상은 50필이었다. 계집종은 15세 이상~50세 이하는 120필, 15세 이하와 50세 이상은 60필로 정해져 있었다.

가장 비싼 노비는 15세부터 50세 이하의 계집종이었다. 자식을 낳을 수 있는 연령층이기 때문이다. 계집종이 아이를 많이 낳으면 낳을수록 그 주인은 그만큼 노동력이 늘어가는 것이다.

그런데 노비의 값은 말에 비하면 싼 편이었다. 조선 전기의 기록에 의하면 말 한 필과 노비 2~3명이 같은 가격으로 거래되었다. 즉 노비들은 가축보다 가치가 떨어지는 인간이었던 것이다.

이렇게 재산으로 여겨졌던 노비는 가정을 꾸릴 수는 있지만 가정의 형태는 대부분 결손가족이었다. 사노비는 정상적인 가족을 유지하기도 어려웠다. 호적을 보면 아버지와 어머니가 함께 거주하지 않는 경우의 노비가족이 많았다. 이는 여기저기로 팔려가거나 혹은 서로 다른 사람에게 상속되어 가족이 뿔뿔이 흩어져 버렸기 때문이다.

한편 노비에게는 주인에 대하여 절대적 복종이 강요되었다. 사노비는 주인을 배반할 수 없었다. 도망갈 수도 없었고, 주인을 경멸한다든지 반항하거나 모함할 수도 없었다. 주인이 반역과 같은 중대한 범죄를 저지른 경우를 제외하고는 관가에 고발할 수도 없었다. 주인은 노비를 살해하지만 않으면 처벌되지 않았으므로 노비는 주인이 멋대로 때리거나 벌을 주어도 참을 수밖에 없었다.

또한 노비는 국가에 대해 아무런 의무가 없는 대신 아무런 권리도 없었다. 사회의 모든 혜택으로부터 철저히 단절되어 있었다. 벼슬을 할 수 있는 권리인 사환권(仕宦權)이 주어지지 않았다. 이에 따라 과거에 응시할 수도 없었고, 교육기관에 입학할 자격도 주어지지 않았다.

고려시대 노비와 같은 천인들은 그 종자(種子)가 정해져 있어서 절대 양인이 되지 못하도록 규정하였는데, 노비가 큰 공을 세워도 물품만 내릴 뿐 신분을 올려주지는 않도록 규정하였다.

노비제의 폐지

고려시대까지 노비는 그렇게 많지는 않았다. 그러나 양반제도가 정착하는 15~17세기에 이르면 양반들이 자신의 신분을 유지시키기 위해 노비의 숫자를 증가시켰다. 이로 인해 전 인구의 40%가 노비였다고 한다.

양반들이 노비의 수를 증가시키는 방법으로는 불법으로 양인을 노비로 삼는 경우도 많았지만, 그보다 자신의 노비를 양인과 혼인시키는 방식인 양천교혼(良賤交婚)이 대부분이었다.

　노비에게는 각종 국가 부담이 면제되었기 때문에 양인이 노비로 바뀐다는 것은 그만큼 조세를 내는 인구가 줄어드는 것을 뜻했다. 그렇기 때문에 중세시대 왕들은 억울하게 노비가 된 양인을 가려내어 조세를 거둘 수 있는 층을 확보하고자 하였다. 그러나 노비가 없으면 꼼짝도 못하는 양반들 때문에 노비들은 계속해서 늘어만 갔으며, 1894년 갑오경장으로 신분제가 폐지되고서야 없어졌다.

❀ 노비보다 못한 양인, 백정(白丁)

　백정이라는 한자식 호칭의 어의를 따져보면 '백(白)'은 희다·깨끗하다·무식(無識)하다·없다 등의 뜻이고, '정(丁)'은 장정(壯丁)을 의미한다. 특히 백정의 '백' 자는 그것이 신분관계의 용어와 결합되어 쓰이는 경우 주로 '없다'는 뜻으로 통용되었다. 그럼 무엇이 없다는 말일까?

　고려시대에는 16~60세의 남자들이 의무적으로 부담하는 일반 요역 외에 군인이나 향리처럼 특수한 신분계층의 사람들이 지는 세습적인 역이 있었다. 이를 직역(職役)이라 하는데, 어느 정도 경제력을 소유한 계층에서 담당하게 하였다. 즉 기본적인 3세 외에 군역이나 향리역을 담당할 수 있는 경제력을 소유한 계층인 정호(丁戶)가 직역을 담당하였고, 정호를 제외한 일반 농민을 백정(白丁)이라 불렀다. 즉 백정은 직역을 부담하기에 부족한 장정이라는 뜻이다. 따라서 고려시대 백정은 조상 대대로 내려온 토지에서 농사를 짓고 살며 국가에 기본 3세를 납부하는 일반 농민인 양인(良人)을 뜻했다.

　이와 같이 고려시대에 가장 광범위하게 존재한 농민층을 뜻하던 백정은

재인(才人).
백정 중 춤이나 노래 등의 재주로 생활을 해나가는 광대들을 재인이라 한다(김준근, 『기산풍속도첩(箕山風俗圖帖)』 중 줄광대).

고려 말 조선 초를 거치면서 도축업(屠畜業)이나 고리제조업에 종사하는 계층을 지칭하는 말로 변하였다.

고려 말에 계속되는 왜구의 침입과 정변 등으로 나라가 혼란하자 살기 힘든 백성들이 생활이 어려워 떠돌아다니거나 권세가의 노비로 전락하면서 노비의 수가 급격히 증가하였다.

조선은 건국하면서 국가의 경제를 담당하는 양인들을 확보하기 위해 천민들을 양인으로 신분을 상승시켰다. 이때 도축업에 종사하던 계층과 재인

(才人)·화척(禾尺)들도 양인인 백정으로 고쳐졌다. 그러나 이는 법제상의 조치에 불과한 것이어서, 역사적으로 천시받아 온 도축업자들이 갑자기 양민과 동등할 수는 없었다. 이에 새롭게 백정으로 고쳐진 계층을 고려시대 이래의 백정 층과 구분하기 위해 신백정(新白丁)이라 부르기도 했지만, 양인들이 그들과 같이 백정으로 불리기를 꺼려 자신들을 백정이라 칭하지 않게 되었다.

결국 조선시대에 백정이라는 호칭은 양인을 의미하는 것이 아니라 도축업자·재인·화척을 가리키는 말로 변화하며 국가의 차별대우를 받았다.

백정은 신분적으로 노비는 아니었으나 그 직업이 천하다 하여 노비보다 더 심한 천대를 받았다.

백정들은 어떤 일들을 했을까

백정들의 대부분은 주로 도축업(屠畜業)에 종사하였고, 고리를 제조하는 일에도 종사하였다. 고리는 버드나무 가지로 엮은 바구니인데, 이것을 만들어 장에 파는 백정들이 고리백정이었다.

악기 연주나 노래, 그리고 간단한 무용이나 재주로써 구걸하면서 유랑하는 재인(才人)도 있었다. 형조(刑曹) 및 옥사(獄事)에 속하여 사형 집행을 맡은 망나니도 있었다. 또한 가죽신 등을 제조하는 피혁 제조에 종사하는 갖바치도 있었다. 백정 층들이 종사한 업종들은 천하다 하여 일반인들은 하지 않았다.

이러한 여러 업종 중 도축업에 종사하는 백정들이 경제적으로 가장 부유했다. 이들은 보통 여럿이 조를 이루어 도살 도구를 지니고 우육점(牛肉店)이나 민가의 큰일에 불려가 도축을 하였으며, 지배층에 속하는 일부 인사와 결탁하거나 혹은 그들에게 고용되어 도축에 종사하기도 했다. 도축의 대가로 보통 소의 피·내장·가죽 등을 보수로 받아서 시장에 내다 팔아 상당한 이익을 챙길 수 있었다.

백정들은 얼마나 차별대우를 받았을까

　백정들은 통행증서를 지참해야만 다른 지역으로의 이동이 가능했다. 법적으로 양인임에도 불구하고 서울과 지방에 흩어져 사는 백정들을 모두 찾아내어 일반인들과 격리시키기 위해 외진 지역에서 집단을 이루며 살게 하고, 호적도 따로 작성하여 보관하였다.

　하는 일이 천하다 하여 노비보다 더 심한 멸시와 대우를 받았던 백정들은 어린 아이에게조차도 항상 머리를 숙이고 자신을 소인이라 부르며, 일반인 앞에서는 담배를 피우거나 술을 마실 수 없었다.

　옷차림도 일반인과 달라야 했다. 남녀 모두 중치막이라는 넓은 소매의 겉옷은 물론 명주옷을 입을 수 없었으며, 망건·가죽신도 착용할 수 없었다. 또한 일반인이 쓰는 검은 옻의 갓을 쓸 수 없었고, 엉성하게 엮은 대나무 갓인 패랭이를 쓰고, 새끼줄을 그 끈으로 사용했다.

　백정들은 일상생활에서뿐만 아니라 특별한 날도 일반인과 달라야 했다. 태어나서도 바로 옷을 입힐 수 없었으며, 결혼을 해서도 바로 쪽을 찌거나 상투를 틀 수 없었으며, 상(喪)을 당해도 상여(喪輿)를 사용할 수 없었고, 묘지도 일반인과 따로 잡아야 했다.

　백정들에 대한 가혹한 억압과 통제는 형벌의 적용에서도 살필 수 있다. 조선 정부는 이들이 허락 없이 소나 말을 도살(屠殺)했을 경우 본인에게는 장형(杖刑) 100대, 유형(流刑) 3,000리, 몸에 먹물을 넣는 형벌을 적용했으며, 그 가족은 역참(驛站)길을 끼고 있는 각 고을이나 역참의 종으로

패랭이.
대나무를 가늘게 오려 만든 갓의 일종으로, 역졸이나 보부상, 백정 등 신분이 낮은 계층에서 썼다.

신윤복의 〈월하정인(月下情人)〉.
중치막에 갓을 쓴 선비의 모습을 볼 수 있다. 중치막은 임진왜란 이후에 왕으로부터 서민에 이르기까지 두루 입었던 옷으로 풍속화에서 남성들의 외출복으로 많이 찾아볼 수 있다. 깃이 곧고 소매가 넓으며, 겨드랑이부터 끝까지 옆이 트여 있다. 갓은 조선시대 사대부가 썼던 관의 일종으로 흑립(黑笠)이라고도 하는데 천민들은 사용할 수 없다.

삼도록 하였다. 또한 강도죄를 범했을 때에는 본인은 즉시 참형(斬刑)에 처하고, 그 부모·형제·손자들은 유형(流刑) 2,000리에 처하였다. 이러한 백정들에 대한 대우는 그들의 처지가 노비보다 그리 낮지 않았음을 보여준다.

1894년 갑오경장으로 신분제가 폐지되어 법제적인 차별이 없어졌다고 해도 관습상의 차별은 여전했다. 다른 일반인과 마찬가지로 호적에 이름이 오르고, 일반인과 같은 공간에 거주할 수 있다고 하더라도 여전히 그들에 대한 차별은 남아 있었다.

⟨참고 문헌⟩

1. 강만길 외.『한국사』9. 한길사, 1994.
2. 김경훈.『상상 밖의 역사 우리 풍속 엿보기』. 오늘의 책, 2000.
3. 박용운 외.『고려시대 사람들 이야기』2. 신서원, 2001.
4. 박종성.『조선 천민사의 두 얼굴 백정과 기생』. 서울대 출판부, 2003.
5. 안길정.『관아를 통해서 본 조선시대 생활사』하. 사계절, 2002.
6. 유승원.『조선초기 신분제 연구』. 을유문화사, 1988.
7. 이영훈.『노비·농노·노예 : 예속민의 비교사』. 일조각, 1998.
8. 지승종.『조선전기 노비 신분연구』. 일조각, 1997.
9. 한국역사연구회.『조선시대 사람들은 어떻게 살았을까』1. 청년사, 1996.

한국인의 생활사

III

일생의례(一生儀禮)

기자신앙과 출산·육아 의례
관례(冠禮)와 혼례(婚禮)
상례(喪禮)와 제례(祭禮)

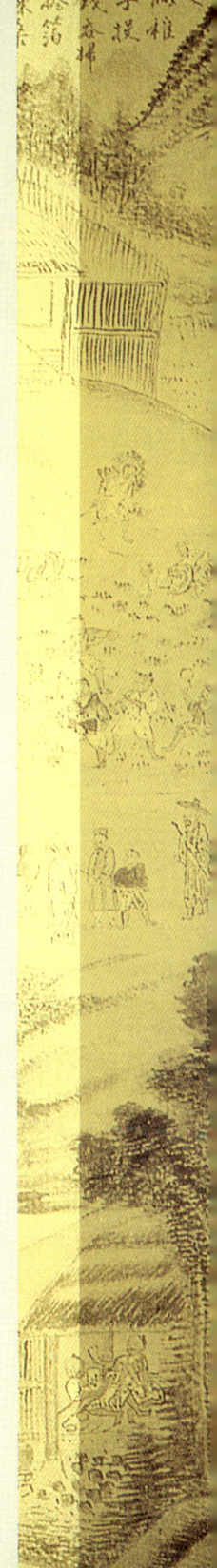

| 열 번째 |

기자신앙(祈子信仰)과 출산·육아 의례

✹ 일생의례(一生儀禮)란

사람이 태어나서 죽을 때까지 겪게 되는 여러 가지 의례를 일생의례(一生儀禮)라 한다.

장소·상태·사회적 지위·연령 등의 변화에 따라서 단계를 거칠 때마다 의례를 행하게 되는데, 이러한 일생의례에는 세상에 태어나기 전 부모의 기자(祈子)로부터 출생·성년·혼인·회갑·죽음과 죽은 후의 제사에 이르기까지 치르는 의례가 포함된다.

일생의례 가운데 특정한 의례를 유교적 용어로 관혼상제(冠婚喪祭)·사례(四禮)·가례(家禮)라고 말하기도 한다. 사례는 관혼상제의 4가지 예를 다르게 부르는 말이며, 가례는 주자(朱子)가 정한 문공가례(文公家禮)를 줄여서 이르는 말이다. 관혼상제에는 기자·백일·돌 같은 출산의례와 회갑례(回甲禮)가 제외된다.

기자신앙(祈子信仰)이란

아기를 낳는 행위는 인간의 기본적인 본능이며, 아기 낳기를 바라는 마음은 인간의 순수한 기원이다. 더욱이 영아 사망률이 높아서 인구가 적었던 고대사회일수록 아기를 낳아서 식구가 늘어나는 것은 그만큼 노동력이 늘어나는 것을 의미하며, 그것은 곧 국가의 존망에 직결되는 문제였다.

이처럼 아기를 낳는 일은 신성하고 중요한 일이기에 아기를 갖고자 기도를 드리고, 아기를 가진 뒤에는 여러 가지 금기(禁忌)를 만들어 아이를 낳을 때까지 조심하며 생활하였다.

아이를 갖기 위한 노력, 특히 아들을 바라는 노력이 하나의 신앙처럼 굳어진 것을 기자신앙(祈子信仰)이라고 한다.

이는 조선시대, 특히 17세기를 전후하여 성리학이 확고하게 지배이념으로 자리잡으면서 철저한 남성 위주의 가부장(家父長)적 질서가 성작하면서 크게 발전하였다.

아들이란 가계를 계승하는 존재이기 때문에 아들을 낳는 것이야말로 효(孝)의 기본이요, 조상에 대한 의무였기 때문에 아들을 낳기 위한 노력들이 발전할 수밖에 없었다.

칠성신.
아들을 낳게 해 달라고 산신이나 칠성신께 빌었다.

고려시대까지는 아들이 없을 경우 딸의 자식들도 가계를 계승할 수 있었고, 재산도 아들 딸 구별 없이 고르게 상속되었으며, 부모 봉양에도 아들과 딸의 구분이 없었다. 따라서 아들을 기원하는 노력은 왕위 계승을 위한 왕실에서 강하게 나타났으며, 대개의 경우는 아들에 대한 선호가 그다지 크지 않았다고 보인다.

아들을 낳으려면

아이를 낳기 위하여 가장 먼저 기울인 노력은 다산(多産)할 여자를 고르는 일이었다. 최고의 신붓감은 아들을 잘 낳을 수 있는 관상을 가진 여자였다. 유중림(柳重臨)의 『증보산림경제(增補山林經濟)』에는 자식을 두고 영화와 부귀를 누릴 수 있는 여자의 상에 대해 다음과 같이 적고 있다.

> 눈동자가 길고 눈이 밖으로 드러나지 않으며, 살갗이 부드럽고 윤택하며, 얼굴이 거위 알처럼 생기고, 어깨는 둥글고 등은 두터우며, 코가 높고, 봉황의 눈에 눈썹이 휘고, 이마는 평평하고, 목소리는 부드럽고 기가 충만해야 한다. 그리고 손은 봄에 돋아나는 죽순 같고, 손바닥은 피를 뿌린 듯 붉으며, 젖꼭지는 검고 단단하며, 배꼽은 깊숙하고 뱃살은 두꺼우며, 엉덩이는 펑퍼짐하고 배가 커야 한다.

이 외에도 평소 사람과 다투지 않으며, 고난을 겪는 중에도 원망하는 말이 없으며, 음식을 절제하고, 무슨 이야기를 들어도 놀라거나 또 기뻐하지도 않는 등의 네 가지의 덕을 갖추면 반드시 귀한 아들을 낳을 수 있는 것으로 알았다.

외모를 보는 이 같은 기준과 함께 내면적인 덕성까지 고려해서 여자를 맞아들이고, 남자에게는 고본건양탕(固本建陽湯, 근본을 견고히 하고 양기를 북돋아주는 탕약), 가미쌍보환(加味雙補丸, 가미하여 음기와 양기를 함께 보강해 주는 환약) 등의 조제약을 먹이고, 무에 나비의 수컷, 참새고기와 알, 수탉, 뱀장어, 수캐와 수사슴의 생식기 등을 먹게 하였다. 이는 생식력이 강한 동물을 먹으면 그 힘이 사람에게 옮겨온다는 주술적인 생각에서 나온 것이다.

이러한 노력을 기울이는 것 외에 신(神) 또는 산과 강·해·달 등 신령한 대상에 치성을 드리는 방법도 동원하였다. 치성의 대상은 큰 바위나 나무·부처·미륵·칠성님·조왕님 등 다양했다.

이 중 민간에서 가장 흔하게 이용되었던 것은 '아들바위'라고 불리는 것으로, 이것은 대체로 남근(男根)의 모양을 하였는데 전국에 산재해 있다. 남근 모양의 바위에는 강한 양기가 있다고 믿어 그 주술력으로 잉태하고자 한 것이다.

또한 돌부처나 돌하루방의 코를 갈아서 그 돌가루를 물에 타 먹기도 했다. 돌부처나 돌하루방의 코가 남성의 성기를 상징하는 것으로 믿었기 때문이다. 이러한 믿음은 지금까지 이어져 제주도로 여행 간 신혼부부들이 돌하루방의 코를 만지며 사진을 찍곤 한다.

이와 함께 주술적인 방법을 이용하기도 했다. 이는 주로 물건을 이용하여 그 주술적인 힘으로 아들을 낳으려는 것이다. 물건은 주로 아들을 낳은 일이 있는 산모(産母)의 옷이나 물건을 훔쳐 오거나 얻어 와서 지니게 하는데, 대체로 산모가 아기를 낳을 때 입은 피 묻은 옷이나, 다산한 여인의 월경대 등이다. 또 아들을 낳고 매단 금줄에 달린 고추를 훔쳐다 자기 집에 모셔두거나, 금줄에 달린 고추를 다려 그 물을 마시기도 하였다. 또는 다산(多産)한 집의 식칼을 훔쳐다가 도끼(기자도끼)를 만들어 여자의 베개 밑에 놓거나 속옷에 차고 있게 하였다.

1. 산신.
2. 마을 앞 기자 바위.
3. 겸재 정선이 그린 〈부아암도〉.
북악산의 오른쪽 능선 부분을 그린 수묵화이다. 바위의 모습이 아기를 업은 것과 같다 하여 부아암(負兒岩)이라 하였지만 그 형태는 남근의 모습에 가까워 기자 신앙터로 자리잡았다. 경희대학교 박물관 소장.

아들을 낳고자 하는 욕망은 심지어 특정 음식을 먹으면 아들을 낳을 수 있다는 속설까지 만들었다. 아들을 낳은 집 삼신상에 올려놓았던 쌀을 훔쳐다 밥을 지어먹거나, 수탉·황소의 생식기를 먹기도 했다. 흰 닭의 닭벼룩 한 마리와 참쑥 한 줌, 샘물 한 사발을 작은 구리 냄비에 끓여 부인이 월경을 시작한 무렵 마시게 하고 해뜰 무렵 교합해도 귀한 아들을 얻는다 했다.

기자도끼.

뿐만 아니라 하늘을 향해 치솟아 열리는 고추, 거꾸로 달린 과일이나 호박, 오이 등을 따먹으면 아들을 낳을 수 있다고 믿었다. 이 외에도 밤·대추·호두 등은 아들을 낳게 해 주는 효험이 있다고 믿었던 과일들이다.

폐백상.
시어머니가 밤, 대추, 호두를 던져주며 아들을 낳으라고 축원한다.

밤이나 호두·대추가 혼례(婚禮)나 제사(祭祀)에 빠지지 않는 것도 바로 이 과일들이 자손을 번창하게 해 준다고 생각했기 때문이다. 폐백을 드린 후 시어머니가 밤이나 대추를 집어서 신부의 치마폭에 던져주는 것도 이 과일들이 지니고 있는 주술성에서 비롯된 것이다.

태교(胎敎)의 어려움

어머니가 아기를 임신하고 출산할 때까지 지키는 몸가짐을 태교(胎敎)라 한다. 현대에도 중요하게 인정되는 태교는 태아에게 좋은 영향을 주기 위해서 말과 행동·마음가짐·음식 등을 조심하는 일로, 여러 가지 금기(禁忌)사항이 따르게 된다. 이러한 태교는 태아를 보호하기 위해서 그 동안 조상들이 겪어 온 경험적인 내용들이다.

태교의 출발점은 부모가 성 관계를 가질 때부터 이미 시작된다고 본다. 왜냐 하면 완전한 사람을 만들기 위해서는 아버지가 낳고 어머니가 기르는 것, 스승의 가르침 이 세 가지가 합해져야 하는데, 가장 중요한 것이 낳는 것이라고 하였다. 스승이 십 년을 잘 가르친다고 해도 어미가 뱃속에서 열 달 잘 가르치는 것만 못하며, 그것은 또 아비가 하룻밤 부부 교합할 때 마음을 바르게 하는 것만 못하다는 것이다.

그러므로 성교하는 시기와 장소를 선택하는 것도 아주 중시하였다. 계절에 따라 생기(生氣)가 드는 날 밤에 잉태해야만 아들을 낳으며 장수하고 어질며 총명하게 된다고 믿었다. 봄에는 갑일(甲日)과 을일(乙日), 여름에는 병일(丙日)과 정일(丁日), 가을에는 경일(庚日)과 신일(申日), 겨울에는 임일(壬日)과 계일(癸日) 등이 생기가 드는 날이라고 한다.

이렇게 근신하여 임신을 하게 된 후에는 훌륭한 아기를 낳을 수 있도록 태교에 정성을 기울이게 된다. 소혜왕후가 쓴 『내훈(內訓)』에서는 중국 고대 성현의 고사를 예로 들면서 부녀자가 지켜야 할 도리를 밝히고 있는데, 태교를 말할 때는 주(周)나라 문왕(文王)의 어머니 태임이 문왕을 낳을 때 지킨 태교를 먼저 예로 들고 뒤에 부연하여 태교의 구체적인 사항을 나열하였다.

> 태임의 성품은 단정하고 순종하고 성실하고 장중하였으며, 오직 덕성스럽게 행동하였다. 그는 임신을 한 다음에는 눈으로 나쁜 모습을 보지 않고 귀로 음란한 소리를 듣지 않고 입으로 오만한 말을 하지 않았다. 태임은 이렇게 하고 문왕을 낳았는데, 아주 총명하고 거룩하여 태임이 하나를 가르쳐 주면 백 가지를 알았으므로 군자들이 말하기를 태임이 능히 태교를 한 때문이라 하였다.
> 옛날에는 부인이 아이를 배면 잠잘 때 옆으로 눕지 아니하고, 앉을 때 가장자리에 앉지 아니하고, 설 때 비뚜로 서지 않고, 간특한 맛의 음식을 먹지 아니하고, 바르지 않게 벤 것을 먹지 않으며, 자리가 바르지 않은 데는 앉지 아니하고, 밤에는 소경으로 하여금 시를 외게 하고, 바른 일을 말하게 하였다. 이와 같이 하여 자녀를 낳으면 그 행동이 단정하고, 재주와 덕성이 반드시 남보다 뛰어났다. 그러므로 임신을 했을 때 반드시 마음에 느낌을 삼가야 한다. 곧 착한 일에 감동하면 그 자녀가 착하게 되고, 악한 일에 감동하면 그 자녀가 악하게 된다. 사람이 태어날 때 만물을 닮는 것은 다 그 어머니가 온갖 사물에 감동되는 까닭으로 그 형용이나 소리가 이를 닮게 되는 것이다. 문왕의 어머니는 가히 그 닮게 되는 것을 안 사람이라 말할 것이다.

위의 사료에서도 보이듯이 태교의 특징은 '해야 한다'에 초점이 놓이기보다 '해서는 안 된다'는 금기에 더 비중이 놓인다. 산모의 말과 행동이 바로 태아에게 영향을 미치는 것으로 믿었기 때문에 해서는 안 되는 것들에 관해 주의를 주었다.

『동의보감(東醫寶鑑)』에서는 '옷을 너무 두텁게 입지 말고, 음식을 너무 배부르게 먹지 말고, 술을 취하도록 마시지 말고, 함부로 탕약을 먹지 말고, 함부로 침을 맞거나 뜸뜨지 말고, 무거운 것을 들지 말고, 높은 곳·험한 곳은 오르지 말고, 너무 힘든 일은 하지 말고, 많이 자거나 누워 있으면 안 되고, 산달에는 머리를 감아서도 안 된다.'고 하여 임신을 한 사람이나 태아에게 나쁜 영향을 미칠 만한 것은 모두 금지하고 있다.

태교는 임신을 한 당사자뿐 아니라 가족 구성원까지 함께 해야 했다. 산달이 가까워지면 가족은 상가(喪家)에 가는 것을 삼가고, 상을 당한 외부인의 출입도 금한다. 이는 새로 태어나는 생명과 죽음은 상반되므로 산모나 가족의 심리에 좋지 않은 영향을 끼칠 것을 경계한 것이다. 또 산모가 있는 집에서는 미물(微物)이라도 살생을 해서는 안 되고 남을 흉보거나 욕하면 그와 꼭 같은 아기를 낳는다고 하여 바른 마음가짐을 갖도록 하였다.

한편 먹는 것에도 금해야 할 것이 있었다. 이것은 대체적으로 비과학적인 내용이 대부분이다. 즉 '오징어를 먹으면 뼈 없는 아이를 낳는다, 닭을 먹으면 아기의 피부가 닭살이 된다, 생선을 먹으면 아이 낳기가 힘들다, 개를 먹으면 아이가 말을 못한다, 토끼고기를 먹으면 언청이를 낳는다, 게를 먹으면 아이가 팔부터 나온다.' 등의 내용이 그런 것인데, 이러한 금기는 비과학적인 주술신앙이 결부된 것이다.

이러한 모든 태교와 금기는 산모는 물론 태아의 건강과 관련하여 훌륭한 아기를 낳아서 큰 인물이 되기를 바라는 정성과 기원을 잘 나타내준다. 또한 조상들이 얼마나 태아를 보호하려는 노력을 했는지도 알 수 있다.

아기 낳을 때의 의례

아기를 낳는 일을 해산(解産)이라 한다. 해산은 고통과 죽을 지도 모른다는 공포가 따르므로 여러 가지 금기와 주술적 의례가 행해진다.

순산을 위해서 우선 아기를 낳기 전에 짚을 깔고 삼신상을 차려 놓고 순산을 빈다. 삼신상에는 깨끗한 물과 쌀, 미역을 놓았다가 아기를 낳은 후 이 쌀과 미역으로 첫 국밥을 끓인다. 첫 국밥은 쌀을 9번 씻고, 미역은 절대로 접거나 끊어쓰지 않는다. 이에는 아기의 장수를 기원하는 뜻이 담겨 있다.

또한 아기를 좀더 빨리, 고통이 덜하게 낳게 하기 위해서 '남편의 옷을 복부에 덮어준다'거나 하늘에서 물건이 뚝 떨어지듯이 아기가 쑥 나오라는 뜻에서 발바닥에 빼곡히 '하늘 천(天)' 자를 써주는 행위를 해서 심리적으로 산모를 안정시킨다.

출산 도구와 태항아리.
아이의 태는 가위나 낫으로 잘라 짚이나 종이에 싸서 태항아리에 넣어 보관한다.

아이가 태어나면 탯줄을 자르고 잘라낸 태반은 함부로 처리하지 않고 일정한 처리방법에 의해 처리한다. 태반의 처리가 동생의 임신에 결정적인 영향을 미치는 것으로 여겨 태반은 부정 타는 일이 없도록 하여 태항아리에 넣어 좋은 방위의 정결한 장소에 묻거나 태웠는데, 반드시 날짜와 시간을 택하였다.

태반의 처리와 함께 행한 것이 아기의 목욕이었다. 복숭아나무를 끓인 물로 아이를 씻기게 되는데, 이는 복숭아나무가 다산력(多産力)과 잡귀를 물리치는 힘을 가지고 있다고 믿었기 때문이다.

산후 금기의 대표적인 행위는 금줄로 표현된다. 금줄은 아기의 출생을 알리고 외부인의 출입을 금지하는 표시이다. 금줄은 일정 기간 외부인의 출입을

청솔가지를 꿰어놓은 금줄.
딸일 때는 청솔가지를, 아들일 때는 붉은 고추 3개와 숯덩이 3개를 끼운다.

제한함으로써 산모와 아기에게 전염병이나 세균의 침투를 막는 예방의학적인 효과를 발휘한다.

금줄은 짚으로 왼새끼를 꼬아서 대문에 매달고 아들일 경우 고추·숯·짚묶음을 두세 개씩 매달고, 딸일 경우에는 고추 대신 종이를, 숯 대신 솔잎과 미역을 달아둔다. 숯은 붓을 상징하니 이는 아들이 글공부를 잘하기를 바라는 마음에서 나온 것이고, 솔잎은 바늘을 상징하니 딸이 바느질을 잘하기를 바라는 뜻에서이다.

삼신상.

아기에게 처음 입히는 배냇저고리는 피부가 약한 아기를 위해 흰색의 보드라운 무명으로 만들고, 명이 길기를 바라는 마음에서 단추를 달지 않고 7겹의 흰 실을 길게 끈으로 만들어 가슴에 둘러 준다.

❋ 출산 이후의 육아의례(育兒儀禮)

태어나서 성년이 되어 관례(冠禮)를 치르기까지 여러 가지 육아의례가 따른다. 우선 산후 7일을 단위로 하여 한이레·두이레·세이레가 있고, 백일·돌 등이 있다.

출생 이후 처음 맞는 의례는 첫이레이다. 이날 아침에는 방의 윗목에 삼신상을 차리고 밥을 올렸다가 산모가 먹는다. 이 무렵부터 배냇옷을 벗기고 깃이 없는 옷을 입힌다. 가족들이 아기를 첫 대면하는 날이기도 하다.

두이레 때도 삼신상을 차렸다가 산모가 먹으며, 아기의 두 손을 풀어 자유롭게 해준다. 이 무렵 배꼽이 떨어진다. 떨어진 배꼽은 햇대에 매어 두었다가 아기가 경기를 일으킬 때 가루를 내어 먹이면 낫는다고 한다.

세이레 되는 날도 삼신상을 차렸다가 산모가 먹으며, 아기에게 위아래 옷을 구분해서 입힌다. 이때부터는 모든 부정이 사라졌다 해서 금줄을 걷고 아기를 친척과 이웃들에게 보이게 된다.

아이가 태어난 지 백일 째 되는 날에 백일잔치를 베푼다. 백(百)이란 완전한 숫자로 여겨왔고, 태어난 아이는 백일이 되어서야 비로소 인간의 모습을 갖추게 된다고 믿었다. 또한 백일을 지나면 아기가 위험한 고비를 넘기고 온전하게 살 수 있다고 생각하여 잔치를 베풀었다.

백일상에는 흰밥, 미역국, 백설기, 수수경단을 차린다. 백설기는 백 사람에게 나누어 주면 아기가 장수한다고 생각하여 이웃에게 나누어 주었다. 수수떡은 동서남북에 한 조각씩 버리는데 이는 액(厄)을 방지하는 뜻에서이다. 수수는 붉은 색이므로 귀신을 물리친다고 생각했다.

백일 다음의 큰 행사는 돌이다. 태어난 지 만 1년이 되는 돌에는 돌상을 차리고 돌빔을 입히며 돌잡히기를 한다. 돌상에는 흰밥·미역국·푸른나물·백설기·수수경단·오색송편과 과일 등 12가지가 넘게 차린다. 백설기는 아기의 신성함과 정결을 기원하는 뜻이며, 수수경단은 잡귀의 출입을 금한다는 뜻이다. 오색송편은 다섯 가지 색처럼 곱고 속이 차기를 바란다는 뜻이다.

한편 쌀·붓·먹·종이·책·활·돈·실 등을 올려놓고 먼저 잡는 물건을 보고 아이의 장래를 점치는 풍속이 있는데 이것이 '돌잡히기'이다. 아이가 쌀이나 돈을 집게 되면 부귀하게 되고, 국수나 무명실을 집으면 장수(長壽)한다고 믿었다. 또 책이나 붓, 먹을 잡으면 학문과 문장이 뛰어난 사람이 되고,

김홍도의 작품으로 추정되는 평생도 중 초도호연(初度弧筵).
대청마루에서 아이의 돌잔치를 벌이고 있다.

돌복(복원품). 국립민속박물관 소장.

활이나 화살을 집으면 용맹한 무인(武人)이 될 것으로 보았다. 여자아기일 경우 실패를 놓아주는데, 아기가 실패를 잡게 되면 솜씨 좋은 여성이 될 것이라 여겼다.

　돌을 맞은 주인공의 복색은 화려하게 해주는데, 아들인 경우는 보라색이나 회색의 풍차바지·남색조끼·색동저고리·색동두루마기·마고자·전복(戰服)에 홍사 띠를 두르고 복건·타래버선·복주머니를 채워 준다.

　풍차바지는 기저귀를 갈기 쉽도록 엉덩이 부분을 열 수 있게 만든 바지이다.

　소매를 색동으로 한 두루마기 중 돌날에 입히는 것을 까치두루마기 또는 오방장두루마기라고 한다.

　복건은 머리 위 쪽이 삼각형으로 서는 간단한 모양의 건(巾)이다. 전복과 복건의 가장자리에는 수(壽)·복(福)·귀(貴)나 인의예지(仁儀禮智)·효제충신(孝第忠信) 등 유교적인 덕목을 나타내는 글자가 금박으로 둘러 있다.

타래 버선은 아이들이 신는 버선을 말하는데, 불로초(不老草)나 칠성(七星) 등의 무늬를 수놓아서 아이의 장수(長壽)를 기원했다.

딸인 경우는 색동저고리 · 빨강치마 · 조바위 · 타래버선 · 복주머니를 갖추어 입힌다. 여자아이의 쓰개인 조바위에는 매화 · 국화 · 학 · 나비 등의 문양과 총명 · 충효 · 예의 등의 글자가 금박되거나 수놓아져 있는데, 모두 아이의 장수와 복을 기원하는 뜻이다.

돌에 행하는 의례와 차리는 음식 및 아기의 옷 등은 모두 장수와 액을 물리고 복이 오기를 바라는 의미를 지니고 있다.

화려한 옷을 입히고 음식을 준비하며 손님들 앞에서 아이의 첫 생일을 기념하는 것은 태어나 맞는 '처음'의 생일이라는 의미도 있겠지만, 이것보다는 아이가 드디어 살아있는 사람들의 세계로 편입되었음을 축하하는 데 더 큰 의미가 있다고 보인다. 즉, 영아사망률이 높았던 당시에 1년이라는 기간을 넘겼다는 것은 아이의 장래를 기약할 수 있다는 것을 의미했다.

〈참고 문헌〉

1. 국립민속박물관. 『한국 복식 2000년』. 1997.
2. 김용덕. 「출산 · 육아의례」 『한국의 풍속사』 I. 밀알, 1994.
3. 백옥경. 「아들낳기, 여성의 영원한 소망」 『우리나라 여성들은 어떻게 살았을까』 1. 청년사, 1999.
4. 이배용 외. 『우리나라 여성들은 어떻게 살았을까』 1. 청년사, 1999.
5. 이복규. 「출산과 육아」 『조선시대 생활사』 2. 역사비평사, 2000.
6. 정성희. 「임신과 기자습속」 『조선의 성풍속』. 가람기획, 1998.
7. 조희진. 『선비와 피어싱』. 동아시아, 2003.

| 열한 번째 |

관례(冠禮)와 혼례(婚禮)

❋ 관례(冠禮)란

성년의례는 소년·소녀가 성장하여 어른으로 진입하는 사회적인 의미를 가지는 통과의례이다. 오늘날의 성인식과 같은 의식으로, 어린이가 성인이 되었다는 것을 상징하기 위하여 남자에게는 상투를 틀어 갓을 씌운다 하여 관례(冠禮)라 하고, 여자에게는 쪽을 찌고 비녀를 꽂아준다 하여 계례(筓禮)라 한다. 이러한 성인식이 언제부터 행해져 왔는지는 분명하지 않으나 삼국시대에 중국의 예교(禮敎)가 들어왔을 때 함께 전래된 듯하다. 그 후 고려시대를 거쳐 조선시대 사대부(士大夫)층에서 널리 행해졌다.

조선시대에 이르러는 관례를 치르지 않은 자제에게는 입학과 혼인 및 벼슬을 허락하지 말고, 선왕의 제도를 회복해야 한다고 할 정도로 관례를 중요하게 여겼다.

성인식으로서의 관례는 가족의 일원으로서가 아니라 사회의 일원으로 인정받는 의식이다. 또한 불완전한 미성년에서 완전한 성인으로 변신하는 의례이므로, 혼례에 포함되어 지속되어 왔다. 실제로 관례는 치렁치렁하게 땋고 다니던 머리를 추켜서 올리는 의례이다. 곧 '머리를 얹는다'라고 표현되는데, 후대에 관례가 혼례에 포함되면서 '머리 얹는다'라는 말은 곧 혼례를 뜻하는 표현으로 바뀌어 오늘날까지 사용되었다.

『가례』나 『사례편람』에 의하면, 남자는 15세에서 20세 사이에 관례를 행하였다. 이는 15세 이상이 되어야 예(禮)를 알 수 있을 정도로 성숙하며, 15세 무렵부터 남자의 생식 기능이 왕성해지기 때문이다. 관례의 나이를 고정시키지 않고 15~20세로 한 것은 당사자의 환경에 따라서 결정짓도록 한 것이다.

우리나라도 조혼(早婚) 풍속이 생기면서 조선시대에는 10세를 전후해서 관례를 치르는 폐단이 있었다. 결국 혼례를 빨리 치르려고 관례를 한꺼번에 치르다 보니 나중에는 관례와 혼례를 동일시하는 결과를 가져왔다.

관례의 절차

관례는 좋은 날을 가려서 예를 행하되 정월(正月)에 날을 정하라고 하였다. 날이 정해지면 예정한 날짜 3일 전에 주인이 사당(祠堂)에 고하고 계빈(戒賓)이라 하여 손님을 청하여 관례 전날에 미리 와서 머물게 하여 삼가례(三加禮)를 행한다.

삼가례는 관례에서 가장 중요한 절차로, 초가(初加)·재가(再加)·삼가(三加)의 절차를 말한다. 이 때 옷을 입었다가 벗고, 관을 썼다가 벗는 절차가 10여 차례나 되므로 각 절차를 준비하는 데 드는 비용이 컸다.

관례를 치를 때는 옷을 세 번 바꾸어 입는다. 첫 번째 의례인 초가례(初加禮)에서는 어른의 평상복을 입는다. 평상복은 대부분 심의(深衣)를 준비하는데, 심의는 높은 선비의 윗옷이다. 흰 베로 만들되 소매를 넓게 하고 검은 비단으로 가장자리를 둘렀다. 초가례 때 읽는 축사는 '비로소 어른의 옷을 입히니 이제 어린 마음을 버리고 어른으로서 덕을 좇아' 살 수 있도록 마음가짐을 준비시키는 의미를 가진다.

축사가 끝나면 관례자는 방으로 들어가서 어른의 출입복으로 갈아입고 나온다. 이것이 두 번째 의례인 재가례(再加禮)이다. '어른의 출입복을 입었으니 너의 거동을 의젓하게 다루라.'는 내용의 축사를 해 주면서 어른으로서의 바른 행동을 기원한다.

세 번째 의식은 삼가례(三加禮)로서 어른의 예복을 입는 절차다. 예복은 대체로 관복(官服)을 마련해서 입히는데, 이는 아이가 과거 급제를 통해 관직에

관례와 계례의 모습.
초가례 때의 관례복(왼쪽).
심의를 입고 상투를 틀고 망건을 쓴 후 홑겹의 검은 실로 만든 복건을 쓴다.

계례복(오른쪽).
땋은 머리를 올려 비녀를 꽂은 후 화관을 쓰고 배자를 입는다. 이 계례복은 원삼에 화관을 썼다.

진출할 것을 기원한 것이다. 그리고 '이 세상의 아름다운 덕을 빠짐없이 이루어 건강하게 오래도록 수를 누려서 하늘이 주는 경사를 모두 받으라.'는 축사를 하게 된다.

이렇게 세 번에 걸친 의식을 마치면 관례자에게 술을 따라 주고, 자(字)를 지어 준다.

남자는 3일에 걸쳐 관례를 치르는 반면 여자는 하루만에 계례가 끝난다. 이는 조선시대 유교사회에서 남녀에 대해 차별을 두었던 것이 반영된 것이다. 옷도 관(冠)·계(筓)·배자(背子) 정도만 준비되고, 축사도 한 번만 하게 된다.

여자가 머리를 얹는 계례는 흔히 혼례식이 이루어질 때 행해졌다. 즉, 혼례식이 시작되어 신랑이 신부 집에 들어서면 신부의 땋았던 머리를 풀고 쪽을 찌게 하는 것이다.

관례의 사회적 의미

관례는 크게 세 부분으로 나누어진다. 즉 머리를 빗겨 올리고 상투와 쪽을 찌는 의례와 술을 받아 마시는 초례(醮禮), 그리고 자(字)를 받는 의례이다.

머리를 빗겨 올리고 상투나 쪽을 찌고 옷을 갈아입히는 것은 어린이의 세계로부터 분리시키는 의례이다. 술로써 예를 행하는 것은 바로 어린이에서 어른으로 옮겨가는 과도기의 경과의례이며, 신성한 의식으로 정화시키는 정화의례이다. 술을 나누어 마시는 것은 새로운 지위나 관계, 그리고 질서의 형성을 상징하는 의례이다.

또한 관례자에게 새로운 이름인 자(字)를 주는 것은 성인이 되었음을 상징하는 의례로서, 이제부터 어린이에서 벗어나 기성사회로의 통합이 이루어졌음을 의미하는 통합의례이다.

관례는 왜 없어졌을까

우리나라 관례의 가장 큰 특징은 관례가 혼례에 흡수되어 있다는 점이다. 그 밖에 관례가 사라진 원인을 살펴보면 다음과 같다.

첫째, 관례는 다른 의례에 비하여 그 성격이 뚜렷하게 구별되지 않는다는 점이다. 즉 현저한 지위 변화가 따르지 않는다.

혼례는 새로운 가정을 이루어 독립하게 되는 의례이고, 상례(喪禮)는 가족으로부터 떠나가는 분리의례이다. 또한 제례(祭禮)는 유교사회에서 중요한 덕목인 효라는 강한 명분과 함께 해마다 순환하여 반복되는 의례이다. 이에 비하면 관례는 일회적이고 선명한 변화를 수반하지 않는다.

둘째, 조혼(早婚)의 풍습 때문에 10세 전후에 혼례를 치르게 되니 그 이전에 별도로 관례를 치를 시간과 경제적 여유가 부족했다. 그리하여 혼례의 전 단계로 부수적으로 행하게 되었다.

셋째, 단발령(斷髮令)으로 상투를 틀고 관을 쓸 일이 아예 없어져 버린 것이다. 관례는 머리를 상투로 틀어 올리는 것이 주요 절차이자 형식인데, 그러한 형식이 존립할 근거 자체가 소멸되어 버린 것이다.

넷째, 관례는 사당(祠堂)이 집에 마련되어 있거나 손님을 모셔 올 형편이 되는 층, 또는 관례복을 마련하고 잔치를 열 수 있는 양반층에서 행하던 의식이었고, 서민층에까지 보편화된 의식은 아니었다.

관례를 치르면서 여러 가지 옷과 관모를 준비해야 하고 잔치를 베풀어야 했으므로 서민들은 경제적인 부담이 커서 대개 약식으로 치르거나 혼례에 곁들여 치렀다.

그러므로 그 존재가 미미하게 이어져 왔을 뿐 사회윤리상으로 상례나 혼례처럼 절대적인 의미를 띠고 국민의 의식에 뿌리를 내리지는 못했다.

❄ 혼례(婚禮)란

　혼인(婚姻)의 의의를 구체적으로 나타내는 의식 절차가 혼례(婚禮)이다. 혼례란 사회적·법률적으로 승인된 가정을 이루기 위한 절차를 의미하는 것으로, 사회의 특성을 반영하는 의례이다.

　혼례는 개인들만의 결합이 아니라 공동체 간의 결합이기 때문에 사적(私的)인 관계로 그치지 않고, 공적(公的)인 유대(紐帶)의 의미가 있다. 특히 조선시대에는 문벌(門閥)을 중요시하였기 때문에 가문과 가문의 결합이 중요했고, 그를 통한 가정의 성립은 독립적인 경제적 기반을 필요로 하여 여러 자손들에게 재산의 분배가 이루어졌다.

　혼례는 전통사회에서 성인이 된 것을 증명하는 것이고, 사회의 최소단위인 가정을 만드는 것이며, 자손을 번성하게 하는 출발점이 된다는 점에서 예로부터 중시해 왔다.

　그리하여 혼례를 치르지 않으면 성인 대접을 하지 않았으며, 혼례 전에 죽으면 불효(不孝)했다 하여 제사도 지내주지 않는 관습이 있었다.

'장가가기'에서 '시집가기'로

　우리나라 혼례의 가장 옛 모습을 유추할 수 있는 것으로 고구려의 '서옥제(婿屋制)'에 대한 기록이 있다. 먼저 언약으로 혼인이 정해지면 여자집에서는 본채 뒤에 작은 집을 짓는다. 이를 서옥(婿屋)이라 한다. 날이 저물면 남자가 여자의 집 문밖에 와서 제 이름을 말하고 무릎 꿇고 절하면서 그녀와 함께 유숙할 것을 여러 번 간청한다. 신부의 부모가 이것을 듣고 서옥에서 같이 자도록 허락한다. 곁에 돈과 비단을 놓고 자녀를 낳아 성장한 후에 부인과 더불어 남자의 집으로 돌아온다.

즉 '장가든다'는 것은 신랑이 여자 집에 와서 혼례식을 올리고 장인·장모와 함께 사는 것으로 남귀여가혼(男歸女家婚)이라 한다.

남자가 여자 집에 들어가 사는 남귀여가혼은 조선 초기까지 계승되었다. 『세종실록』의 '남자가 처가살이를 함으로써 조카가 아재비를 자기 아버지로 삼고, 또 아재비는 조카를 자기 친자식과 같이 여기니 이것은 전적으로 처가에 은혜를 입기 때문이다.'라는 기록을 통해서도 남귀여가혼이 일반적이었음을 알 수 있다.

그러나 조선의 개국을 주도한 유학자들은 친영(親迎)제도를 도입할 것을 강력하게 추진하였다. 친영이란 신부가 남자의 집으로 시집살이를 오는 것이었다. 즉, 처가살이에 대응하는 시집살이를 뜻하는 혼인제도였다.

1407년 태종은 세자로 하여금 김한로(金漢老)의 딸을 친영의 예로 맞아들이게 하는 파격적인 혼례를 거행한다. 세종 역시 왕세자의 친영을 결의하고 의식절차를 정하였다.

이를 놓고 사대부들은 국왕이 친영을 솔선수범해서 점차 자연스럽게 백성들이 따르게 하자는 온건파와 무조건 친영을 강행하자는 급진파로 나뉘어 격론을 벌였다.

친영 반대 의견을 제시한 김종서는 '우리나라 풍속에 남자가 여자 집으로 장가드는 일은 이미 오래되었다. 그런데 지금 만약 여자가 남자 집으로 시집간다면 몸종·의복·가장집물(家藏什物)을 모조리 여자가 장만해야 하는데 이것이 어렵기 때문에 꺼려한다. 또 남자 집에서도 가정형편이 어려운 자는 신부를 맞아들이기가 쉽지 않아 남자 집에서도 꺼려한다.'라고 주장하였다.

이에 비해 친영을 주장하는 이들은 성리학 자체가 가부장적(家父長的) 질서를 내포하고 있기 때문에 남자가 여자의 집으로 들어간다는 것은 큰 문제라고 하였다.

서류부가제와 친영제는 단순히 혼례를 신랑의 집에서 치르는가 신부의 집에서 치르는가에 그치는 것이 아니었다. 서류부가제와 친영제는 각각 부인의 집에서 거주하는 조선의 혼례풍습과 남편의 집에서 거주하는 중국의 풍습에 뿌리를 둔 것으로, 친영제 실시는 거주지를 바꾸는 것을 뜻함과 동시에 이에 따른 생활양식의 변화를 동반하는 것이었다.

뿐만 아니라 17세기 전반기까지 지속되었던 자녀 균분 상속제도도 서류부가혼을 지속시킨 강력한 경제적인 요인이었다. 즉, 자녀 균분 상속제 하에서의 서류부가혼은 처가(妻家)측으로부터의 토지 상속을 용이하게 하여 가난한 사족(士族)들에게 경제적 기반을 제공해 주는 계기가 되었기 때문이었다.

따라서 친영제는 국가의 강제에도 불구하고 시행되기 어려웠다. 혼인제도를 두고 계속된 논란은 중종 연간에 절충이 이루어져 반친영(半親迎)으로 일단락되었다. 남자가 여자집에 가서 3일만 자고 오는 3일 친영이 16세기 후반 서울지역에서부터 시작되었다.

그러나 이것도 처가살이혼의 유풍에서 완전히 벗어난 것은 아니었다. 즉, 남자가 여자 집에 체류하는 기간을 3일 이내로 단축하였을 뿐이지 결혼하자마자 신부를 데려오는 풍습은 아니었다. 처갓집에 신부를 그대로 두고 남편이 다니는 경우가 많았다. 그리고 아기를 처갓집에서 낳아서 기르다가 집으로 돌아오는 경우도 많아 친영제의 한 형태라기보다는 서류부가혼의 한 변형이라고 보는 것이 타당할 것이다.

어쨌든 타협의 산물인 반친영조차도 민간에 널리 보급되기까지는 오랜 시일이 걸렸고, 친영은 18세기에 들어 가부장적 질서가 확고해지게 되면서 드디어 이루어질 수 있었다.

조선 후기 혼인제도와 혼례절차

중국 주나라의 가족제도를 종법제도(宗法制度)라고 하는데, 이것은 부계적(父系的) 가계계승을 원칙으로 하였다. 그리고 주나라의 종법제도를 바탕으로 해 마련된 것이 바로 『예기』에 기록되어 있는 혼례의 육례(六禮)이다. 육례란 납채(納采)·납폐(納幣)·문명(問名)·납길(納吉)·납징(納徵)·친영(親迎)의 6단계의 예식을 말한다. 그런데 후대에 발간된 주자(朱子)의 『가례』에서는 육례를 간략하게 하여 의혼(議婚)·납채(納采)·납폐(納幣)·친영(親迎)의 사례(四禮)로 하였다.

여섯 단계로 제시되었던 혼례 규범은 주자가례에서 네 단계의 절차로 간소화되어 고려 말에 들어온 이후 조선시대에 사대부들이 일반화시키기 위해 노력했다.

의혼(議婚)

의혼이란 먼저 중매자를 시켜 양가를 왕래하게 하면서 여자 쪽의 허락을 받아내는 과정이다. 자유로운 연애가 허락되지 않았던 사회에서는 중매를 통한 혼인이 일반적이었다.

부모들은 자녀가 혼인 적령기에 이르렀다고 생각되면 일가나 친구를 통해 상대방을 수소문한다. 혼담이 오가기 시작하면 탐문(探問)을 하게 된다. 이것은 예서(禮書)에 있는 절차는 아니다. 탐문이란 흔히 신랑 아버지가 손님을 가장하고 신부 마을에 들어가 신부와 신부 가문에 관하여 탐지하는 것이다.

탐문에서 별 문제가 없으면 정식으로 신랑 측에서 신부 집에 선을 보러 간다. 선을 보러 가는 사람은 신랑 어머니와 몇 명의 여인으로, 이들은 여성이 아들을 잘 낳을 상인지를 살피게 된다. 이렇게 선을 보고 적당하다 싶으면 혼사가 결정된다.

납채(納采)

납채는 신랑 측 혼주가 신부의 집에 혼인을 청하는 서식을 보내는 절차이다. 양가가 혼인하기로 결정한 후 약혼의 징표로 '사주단자(四柱單子)'와 '청혼서(請婚書)'를 보낸다. 사주단자는 한지에 신랑의 생년월일시를 간지(干支)로 적어 봉투에 넣고 봉투에 사주라 쓰고 뒷면에 '근봉(謹封)'이라 쓴다.

여자의 집에서는 상을 차려 놓고 정중하게 사주를 받는다. 일단 사주단자를 받으면 혼인이 성사된 것으로 인정되어 신부는 신랑이 사망하였을 경우 수절하여야 했다.

사주를 받은 답례로 여자의 집에서는 혼인하기 좋은 날을 택일하여 적은 '연길단자(涓吉單子)'와 결혼을 허락하는 '허혼서(許婚書)'를 보내게 된다.

이것을 받은 남자의 집에서는 남성의 의복길이와 품을 통고하기 위해 '의양단자(衣樣單子)'를 적어 보내 신부의 집에서 예복을 마련할 수 있게 한다.

납폐(納幣)

납폐는 신랑 집에서 신부 집에 선물을 보내어 혼인의 성립을 더욱 확실하게 하는 절차로, 요즘의 '함' 보내는 절차와 같다. 함에는 혼서(婚書)와 폐물(幣物)을 담는다. 신부 집에서는 시루떡을 놓은 상에서 함을 받는다. 함을 받아 시루에 놓고 신부 측 주혼자가 북향사배(北向四拜)를 하고 복 많은 여인이 함을 안방으로 들고 가 깔고 앉으며 손을 슬그머니 함에 넣어 첫손에 잡히는 옷감의 색을 보고 첫아이의 성별을 점친다. 함을 받은 시루의 떡은 봉치떡이라 하여 집 밖으로 내보내지 않고 집안에서만 먹게 한다.

성혼(成婚)

성혼은 혼인을 완성시키는 의례이다. 먼저 신랑이 신부 집에 기러기를 들여 불변(不變)의 약속을 하는 전안례(奠雁禮)를 한다. 기러기는 겨울철에는 남

신부 집으로 향하는 신랑의 행장.
청사초롱을 선두로 해 그 뒤에 변함없는 사랑을 약속하기 위한 기러기를 든 기럭아비가 서게 된다. 그 뒤로 신랑과 유모가 따른다.

쪽으로, 여름철엔 북쪽으로 철을 따라 다니는 철새인데, 한 번 짝을 지으면 죽을 때까지 짝을 바꾸지 않는 습성 때문에 변하지 않는 사랑을 상징한다.

이후 마당에 차린 대례청에 교배상을 가운데 놓고 신랑과 신부가 마주 서서 순서에 따라 절을 하는 의식인 교배(交拜)를 한다.

신랑이 도착하기 전에 신부 집에서 대례를 치를 준비를 해놓고 기다리는데, 앞마당에 차일을 치고 병풍과 휘장을 둘러 식장을 마련한다. 이 상을 대례상·친영상·교배상이라고 하며, 상차림은 지방마다 차이가 있지만 공통적인 것은 촛대 두 개, 소나무·대나무 등의 사철나무와 밤·대추 등이다. 이들 역시 풍요와 다산, 부부간의 정절을 상징하는 예물이다.

이 밖에 쌀이나 보자기에 싼 암탉과 수탉, 떡 등은 지방에 따라 다르며, 계절에 많이 나는 삼색과일과 포가 놓이기도 한다.

초례청의 모습.
신부는 초록 원삼을 입고, 족두리를 썼다. 신랑은 사모를 쓰고 단령(團領)을 입었는데, 단령엔 쌍학이 수놓인 흉배가 놓인다. 신랑이 합환주(合歡酒) 잔을 받고 있고, 초례상에는 부부간의 영원한 사랑을 상징하는 기러기가 놓여 있다(김준근의 『기산풍속도첩』).

혼례복(복원).
국립민속박물관 소장.

 이렇게 많은 사람들 앞에서 결혼했음을 알린 다음에는 드디어 신방에 들어가 표주박 술잔을 서로 주고받는 의식인 합근례(合졸禮)를 하게 된다. 이른바 첫날 밤이라고 부르는 의례이다.
 합근례는 혼례가 두 남녀의 결합은 물론, 전통사회에서 양가의 결합을 의미해 주는 가장 대표적인 절차이다.

우귀(于歸)

 우귀는 신부가 아주 시가로 들어가 살기 위한 절차이다. 신부는 꽃가마를 타고 시가로 가서 처음으로 시부모를 뵙고 인사드리는 의식인 현구고례(見舅姑禮)를 하게 된다. 이 예식 이후로 신부가 시가에 눌러 앉아 사는 결혼형태의 출발을 알리는 예식이 이루어지는데, 요즘의 폐백 드리기와 같은 것이다. 신부가 친정을 떠나 시가(媤家)에 편입되는 의미를 단적으로 표현해 주는 의례이다.

신부는 집에서 장만해 온 술·닭·밤·대추 등을 차려놓고 시부모로부터 시작하여 시가(媤家)의 가까운 친척들에게 차례로 큰절을 하고 술을 올리며, 며느리에게 절을 받은 시부모는 신부의 치마폭에 대추를 던져준다.

폐백 후 시가의 여자들이 신부가 가져온 혼수를 구경할 때 시어머니가 엿을 나눠주는데, 이는 혼수에 대해 모두 입을 다물라는 것이다. 또한 폐백 올릴 때 시어머니에게 밤과 엿을 드리기도 하는데, 이는 밤을 까는 데 정신없으라는 뜻이고, 엿은 입을 다물라는 뜻이라고 한다. 즉 고부간의 갈등을 미리 예방하고픈 바람의 우회적인 표현이라고 하겠다.

이렇게 시부모와 시가 친척들에게 인사를 마치면 마지막으로 신랑 집의 조상을 모신 사당에 참배를 드리는 묘현(廟見)을 하게 된다.

근친(覲親)

근친은 우귀 후 일정한 기간이 흐른 후 신랑과 신부가 장인 집으로 인사드리러 가는 절차이다. 이렇게 신부 집에 신랑과 신부가 인사를 다녀오면 비로소 혼례가 마무리된다.

《참고 문헌》

1. 고려대학교 민족문화연구원, 『한국 민속의 세계』 2, 창작마을, 2001.
2. 구미래, 『한국인의 상징체계』, 교보문고, 1996.
3. 김용덕, 『한국의 풍속사』 I, 밀알, 1994.
4. 서울대학교 인류학연구회, 「예서에 나타난 유교식 관혼상제례의 의미 분석」, 『한국인류학의 성과와 전망』, 집문당, 1998.
5. 역사문제연구소, 『사회사로 보는 우리 역사의 7가지 풍경』, 역사비평사, 1999.
6. 장병인, 『조선전기 혼인제와 성차별』, 일지사, 1997.
7. 장철수, 『한국전통사회의 관혼상제』, 한국정신문화연구원, 1984.
8. 한국여성연구소 여성사연구실, 『우리 여성의 역사』, 청년사, 1999.
9. 한국정신문화연구원, 『조선시대 관혼상제』 (I) 관례·혼례편, 고전자료총서 99-1.

| 열두 번째 |

상례(喪禮)와 제례(祭禮)

상례(喪禮)란

　상례의 사전적인 뜻은 '상제로 있는 동안에 행하는 모든 의례'이며, 장례의 뜻은 '시체를 묻거나 화장하는 의례'라고 풀이하고 있다. 즉, 상장례는 사람이 죽음을 맞이한 이후부터 본인이 아닌 살아남은 자들에 의해 치러지는 인생의 종결식이며, 일생의례 중 마지막 예식이다.

　죽음을 가리키는 말은 신분 계급에 따라 틀렸다. 황제는 붕(崩)이라 하여 7월장을 치르며, 왕·제후는 훙(薨)이라 하여 5월장을 치렀는데, 이것은 죽은 달부터 7개월, 5개월 만에 장례를 치르는 것이다. 높은 벼슬을 지낸 사대부가 죽으면 졸(卒)이라 하고 3월장을 치렀는데, 3월장은 죽은 달은 계산하지 않고 3개월을 지내는 것이다. 벼슬이 낮거나 벼슬은 하지 못했으나 평생 학문에 힘쓴 선비는 망(亡)이라 하여 죽은 달까지 계산하여 3월장을 지냈는데, 이를 유월장(逾月葬)이라 한다. 상인이나 천민은 사(死)라고 하여 3일장을 치른다.

일반적으로 군자의 죽음은 종(終)이라고 하고 소인의 죽음을 사(死)라고 하는데, 죽음을 부르는 일반적인 명칭은 사와 종의 중간적 의미로 '없어진다'는 보편적인 용어인 상(喪)을 사용하고, 죽음에 따르는 예를 상례라고 부른다.

상례의 의의

상례를 중시하는 것은 죽음을 단절로 보지 않고 또 다른 연장이라고 보는 인생관에서 나온 것으로, 옛 말에 죽음을 '돌아가셨다'고 표현한 것은 죽음이라는 것이 아주 가 버리는 것이 아니라 본래 왔던 곳으로 되돌아가는 것이라고 인식한 데서 나온 것이다.

상·장례는 일생의 의례 가운데 가장 마지막 의례로, 다른 의례들은 의례를 거치는 당사자가 어느 정도 의례의 주체 노릇을 하지만, 상례는 삶을 마감하는 순간부터 이루어지므로 당사자가 의례의 주체자가 될 수 없고 살아있는 자들에 의해서만 행해지게 된다.

한국의 상례는 대체로 주희(朱熹)의 『가례(家禮)』에서 제시한 틀을 기반으로 하면서 중국의 풍습과 다른 한국의 실정에 맞는 예서(禮書)인 『사례편람(四禮便覽)』·『상례비요(喪禮備要)』 등에 바탕을 둔다고 알려져 있다.

상례의 절차

상례는 한 개인으로서는 삶과 죽음을 가르는 의례이며, 공동체 구성원으로서는 산 자와 죽은 자가 영원히 이별하는 분리의례가 된다.

상례의 절차는 크게 3단계로 나눌 수 있다. 첫 번째 단계는 죽음을 확인하고 의례 수행자들이 망자(亡者)와의 관계를 인식하는 단계로, 초종(初終)과 대렴(大殮)·성복(成服)의 절차가 있다.

두 번째 단계는 의례 수행자들이 행하는 의례를 통해 죽은 이를 다른 세계로 보내는 단계로, 천구(遷柩)에서부터 반곡(反哭)까지의 절차이다.

이로써 장례 절차는 모두 끝이 나고 다음은 상중의 제례 절차가 시작된다. 즉 마지막 단계는 장례를 지내고 상주가 상복을 벗을 때까지 죽은 이를 제사 지내는 일로 상중제례(喪中祭禮)의 단계이다.

장례를 마치고 나서 떠도는 영혼을 안정시키는 의례인 우제(虞祭)부터 사당에 봉안해 완벽하게 조상으로 인식하기 위해 지내는 길제(吉祭)까지 모두 9차례의 제사가 있다.

첫 번째 단계-초종에서 성복제까지의 절차

초종(初終)은 죽음을 확인하는 절차이다. 환자가 죽을 때가 되면 안채의 아랫목에 모시는데 이를 천거정침(遷居正寢)이라 한다. 이후 자손들은 환자의 운명을 지켜본다. 임종 때에는 정확하게 임종 여부를 확인해야 한다. 솜을 환자의 코 아래 놓거나 손으로 가슴을 짚어보아 숨이 멎었는가를 살펴 죽은 것이 확실하면 가족들은 흰옷으로 갈아입고 몸에 지녔던 장신구를 빼며 머리를 풀고 통곡을 한다.

임종이 확인되고 곡소리가 나면 주검을 대면하지 않은 사람 가운데 한 사람

영여와 사자상.

이 죽은 이가 평소에 입던 두루마기나 적삼을 들고 지붕 위에 올라 옷을 흔들며 생전의 관직명이나 이름을 부르며 '복(復)'을 세 번 외친다. 이를 고복(皐復)이라 하는데, 고복은 죽은 사람의 혼을 불러 다시 살아나기를 기원하는 마음에서 하는 절차로 초혼(招魂)이라고도 한다.

고복을 하고서도 망자가 살아날 기미가 없으면 사자상(使者床)을 차린다. 이는 혼백을 데려갈 저승사자를 대접하기 위한 상이다. 저승사자를 잘 대접하면 죽은 이의 저승길이 편할 것이라는 생각에서 나온 것이다. 상에 올리는 것은 지역적으로 차이가 많이 나지만 대체로 밥과 짚신, 그리고 간장이나 된장 등을 3그릇씩 놓는다.

이 과정을 거치면서 상주(喪主)·주부(主婦)를 정하고, 호상(護喪)·사서(司書)·사화(司貨)를 정하게 된다. 즉 상례를 치르기 위하여 역할 분담을 하고 준비를 하는 것이다.

상주는 주로 장자(長子)를 말하며, 장자가 없으면 장손이 계승하여 제사를 받든다.

주부(主婦)는 안상주라고도 하는데, 죽은 이의 처(妻)를 원칙으로 하되 죽은 사람이 처가 없을 경우에는 상주의 처가 맡는다.

호상은 상례의 모든 일을 관장하는 자로, 상주의 가까운 일가 어른 가운데 상례에 밝고 덕망 있는 사람으로 선택한다.

사서는 상을 알리는 부고장을, 사화는 경비출납을 담당한다.

사자상을 차리는 것은 죽음을 인정한다는 절차로, 이후로 죽은 이의 몸을 주검으로서

초혼(招魂)하는 장면.
1905년 8월에 프랑스 여행주간지에 실린 삽화.

다루게 된다. 칠성판 위에 시체를 눕히고 홑이불을 얼굴까지 덮고서 그 앞에 병풍을 치고 향을 피우는 수시(收屍)를 한 때부터 상주는 부모를 죽게 한 죄인이라 하여 머리를 풀어헤치고 맨발에 흰옷을 입는다.

남자 상주는 두루마기를 입되 아버지 상을 당했을 때는 왼쪽 소매를, 어머니 상을 당했을 때는 오른쪽 소매를 꿰지 않고 입는다. 그리고 곡을 하여 초상이 났음을 이웃에 알린다.

초종의 단계가 끝나면 습(襲)과 염(殮)을 한다. 습은 시체를 목욕시키고 수의(壽衣)를 입히는 일이다. 습이 끝날 무렵에 시체의 입에 쌀·구슬·동전 3개를 넣어주는 반함(飯含)을 한다. 입관을 위해 습이 끝난 시체를 베로 감아서 매듭을 짓는 일을 소렴(小殮)이라 한다.

그리고 운명하고 난 3일 후에 소렴을 한 시체에 홑이불을 씌운 후 다시 베로 감아 매듭을 짓는 대렴(大殮)을 하게 된다. 대렴을 죽은 지 3일 후에 하는 것은 죽었다가 다시 살아날 수도 있기 때문에 3일 동안 기다린다는 의미가 있다. 매듭은 7개를 지으며 다시 살아날 수도 있기 때문에 될 수 있는 한 헐겁게 짓는다.

상청(喪廳).

염을 한 시체는 관에 넣게 되는데 이를 입관(入棺)이라 한다. 입관을 통해 산 자와 죽은 자의 세계가 다르다는 것을 인식하게 된다. 상주는 입관 전까지 아무 때나 곡을 하지만, 입관 뒤부터는 아침저녁으로만 곡을 하게 된다. 그리고 영혼을 모시는 혼백(魂魄)상자도 마련된다.

운명한 지 4일째 되는 날에는 반드시 성복(成服)을 해야 하는데, 성복은 살아 있는 사람의 죽은 사람에 대한 의무가 가장 잘 나타난 단계이다. 즉 대렴은 죽은 사람에 대하여, 성복은 살아 있는 사람에 대한 규정이 한 단계 끝난 상태라고 할 수 있다. 상주를 포함한 산 자들이 죽은 자와의 가족관계에 따라 5단계의 상복을 입게 되는데, 이를 성복이라 한다.

상복에는 참최(斬衰)·재최(齋衰)·대공(大功)·소공(小功)·시마(緦麻)의 다섯 종류가 있다. 참최는 부모상에 입는 상복이고, 재최는 아버지가 살아계신 상태에서 어머니가 돌아가신 경우나 아내의 상에 입는다. 대공은 사촌형제의 상에 입고, 소공은 증조부모의 상이나 6촌 형제의 상에 입고, 시마는 장인·장모의 상, 8촌 형제의 상에 입는다. 시마에서 참최로 갈수록 삼베가 거칠어진다.

상주가 짚는 지팡이도 상징성을 가지고 있다. 아버지의 상일 경우에는 대나무 지팡이를, 어머니의 상일 경우에는 오동나무 지팡이를 짚는다. 이는 상주와 죽은 이와의 관계를 쉽게 알리는 구실을 한다.

대나무는 죽본(竹本)이 밑으로 가도록 짚고, 오동나무는 위는 둥글게, 아래는 네모나게 깎는다. 죽본은 땅을, 죽순은 하늘을 상징하듯이, 오동나무 역시 위는 하늘을 상징하여 둥글게, 아래는 땅을 상징하여 네모나게 한다.

성복을 하고 나서 처음 올리는 제사가 성복제(成服祭)이고, 이후 빈소(殯所)를 실치하고 조문객을 받는다.

빈소에는 영좌(靈座)를 마련하고, 혼백상자를 영좌에 올려놓는다.

두 번째 단계—천구에서 반곡까지의 절차

이제 본격적인 장례 절차가 시작된다. 천구(遷柩)에서 반곡(反哭)까지의 과정인데, 이는 망자가 새로운 존재로 인식되어 가고 있는 의례절차로 망자가 맺고 있는 사회적 관계를 명확하게 보여주고 있다.

상여 행렬도의 일부.
장지로 떠나는 상여 행렬은 방상(方相)→명정(銘旌)→영여(靈輿)→만장(輓章)→공포(功布)→운아삽→상여→상주·상제·친척·조문객의 순으로 따른다.
방상은 악귀를 쫓기 위하여 상여 행렬의 맨 앞에 창과 방패를 들고 세운다. 명정은 죽은 사람의 품계·관직·성씨 등을 천에 쓴 것이고, 만장은 죽은 사람을 애도하여 친구나 친척들이 지은 글이다. 공포는 관을 묻을 때 관을 닦을 삼베 헝겊으로, 공포를 흔들어 장지(葬地)까지의 방향이나 길의 상황을 알려준다. 운아삽은 구름 모양과 아(亞)자 모양을 그린 부채 모양의 제구(祭具)이다. 영여는 죽은 이의 영혼을, 상여는 주검을 운반하는 가마이다.

    상여가 나가기 전날에는 상두꾼들이 빈 상여를 메고 놀이판을 벌인다. 이는 다음날 관을 옮기기 위한 준비를 미리 해두는 것이며, 상두꾼들의 동원력을 점검하여 다음날 운구하는 데 차질을 빚지 않도록 준비하는 것이다.
    이승에서의 죽음은 슬픔일 수 있지만 저승에서의 환생은 영원한 생명을 얻는 것으로 생각할 수도 있으므로 빈 상여 놀이는 죽은 이의 저승길을 축복해주는 의미도 있을 수 있다.
    드디어 주검이 집에서 나갈 때가 되면 마지막으로 제사를 지낸다. 이를 발인제(發靷祭 = 영결식)라고 한다. 발인 절차는 병풍을 편 다음 상을 펴고, 발인제 제수를 차린다. 분향한 뒤에 축관(祝官)이 잔을 올리고 절을 두 번 한 뒤 바깥상주들이 재배(再拜)하며, 안상주들은 4배한다.

　철상(撤床)을 하고 나면 상두꾼들은 그 음식으로 음복(飮福)을 한 뒤 출상을 준비한다. 영결식이 끝나면 상여가 집을 나서게 되는데, 상두꾼이 상여 앞쪽을 집으로 향하게 한 뒤 상여를 세 차례 올렸다 내렸다 하여 가족들에게 마지막 인사를 하고 상여 머리를 돌려 대문을 나선다.

　맨 앞쪽에 죽은 이의 이름을 쓴 명정을 든 이가 서고, 다음에 죽은 이의 영혼을 태운 영여(靈輿)가 나가고, 마지막으로 상여가 서는데, 상여 행렬에서 영여가 상여 앞에 서는 것은 육신에 비해 영혼을 우선하는 가치가 부여된 것이다. 영여와 상여가 구분되어 있는 것으로 영혼과 육신, 저승과 이승을 나누어 인식하는 이원적(二元的) 세계관이 상여 행렬에서도 나타나고 있다.

　상례 중에 묘지를 정하고 시신을 땅에 묻는 일을 치장(治葬)이라 하고 이에 따르는 의식을 장례라고 한다.

　묘지를 조성하기 위해 땅을 파기 전에 산신에게 고하는 산신제를 지낸다. 하관(下棺)에 이어 관 위에 흙을 덮고 땅을 다지는 실토(實土)를 하고, 흙이 평지와 같은 높이가 되면 평토제(平土祭)를 지내고 봉분을 짓는다.

소상제례.

    평토제를 마치면 상주가 영좌의 신주와 혼백상자를 모시고 돌아오는데, 이를 반혼(反魂)이라 한다. 이때 집에 도착할 때까지 곡을 해야 하는데, 이를 반곡(反哭)이라 한다. 곡이 끊어지면 혼백이 따라오지 못하므로 집에 올 때까지 해야 한다고 믿었다.
    반곡을 끝으로 장례 절차는 모두 끝이 나고 다음에는 상중제례 절차가 시작된다.

세 번째 단계-상중제례의 절차

    장례를 지내고 상주가 상복을 벗을 때까지 죽은 이를 제사 지내는 일을 상중제례(喪中祭禮)라고 한다. 상중제례는 일월년(日月年)을 기준으로 이루어지는데 '3의 주기'를 지킨다. 초우(初虞)·재우(再虞)·삼우(三虞)의 우제(虞祭)와 졸곡제(卒哭祭)·부제(祔祭)·소상(小祥)·대상(大祥)·담제(禫祭)·길제(吉祭) 등 아홉 번이나 된다.

우제(虞祭)는 날을 기준으로 지내는 제사로, 출상 당일부터 3일째 되는 날까지 지내는 3차례의 제사이다. 즉 출상 당일에 지내는 제사가 초우, 이틀째 되는 날에 지내는 제사가 재우, 3일째 되는 날에 지내는 제사가 삼우이다.

졸곡제(卒哭祭)는 우제를 마친 뒤 3개월 안에 지내는 제사이다. 부제는 망자의 영혼이 조상 곁에 가서 함께 있도록 하기 위해 올리는 제사이다. 즉 신위를 조상 곁에 모실 때 지내는 제사로 졸곡제를 지낸 다음날 지낸다.

초상 이듬해의 기일(忌日)에 지내는 제사가 소상(小祥)이고, 소상을 치르고 그 다음해 기일에 지내는 제사가 대상(大祥)이다. 대상을 지낸 후 3개월 만에 정일(丁日)이나 해일(亥日)을 택해 지내는 제사가 담제로, 탈상(脫喪)하게 된다.

담제를 지낸 다음날 사당에 봉안하고 있는 신주에 새롭게 죽은 이의 이름을 적어 넣기 위해 지내는 제사가 길제이다.

길제를 끝으로 우리가 흔히 부르는 '3년상'을 마치게 되는 것이다.

제례(祭禮)란

제례에는 두 가지의 뜻이 있다. 하나는 가문을 중심으로 조상을 섬기는 제사(祭祀)이고, 다른 하나는 공동의 안녕을 위해서 동일한 문화권에서 전통적으로 지내는 천제(天祭)·사직단제(社稷壇祭)·동제(洞祭)·기우제(祈雨祭) 등 공동제례이다.

조상은 일정한 계보관계로 맺어진 자손이 있이 죽은 자를 말한다. 조상숭배인 제사는 앞서 살다가 돌아가신 사람들을 후손이 받들어 모시는 종교적 신념과 의례로, 조상을 추모하고 은혜에 감사하면서 뿌리를 지키려는 의식이 강하다. 제사는 영혼 불멸 사상과 죽은 이에 대한 애정과 공포감, 조상으로부터 보호를 받고자 하는 욕망 등으로부터 발생했다.

삼국시대 이전의 제사는 자세한 기록이 없어 알기 어렵다. 다만 중국의 단편적인 기록에 의하면 주로 하늘과 땅·해와 달·별·산·하천 등 자연 숭배의 제사가 행해졌음을 알 수 있다. 이러한 자연신에 대한 제사가 자신의 조상을 제사지내는 의례로 발전하기 시작한 것은 삼국시대부터인 것으로 생각되며, 왕가에서 먼저 행해졌다.

삼국 모두 시조묘(始祖廟)를 세우고 시조를 제사지냈다. 삼국시대 사람들은 사람이 죽어도 이 세상에서와 똑같은 생활을 죽은 다음의 세상에서도 한다고 믿는 계세적 사후관(繼世的 死後觀)을 바탕으로 중국과의 문화적 접촉을 통해 세련된 제사 의례를 정착시켰다.

『삼국사기』에 의하면 687년(신문왕 7)에 처음으로 종묘의 제사 기록이 보인다. 신문왕 때는 신라가 삼국 통일을 이룩하고 당과 밀접한 관계를 맺어 그 영향을 받은 시대였던 만큼 중국의 5묘제(五廟制)가 전래되어 실시될 수 있었다. 고려시대에도 왕가의 종묘인 태묘(太廟)가 있었고, 그 뒤에 다시 별묘(別廟)를 설치하여 역대 왕의 신주를 모셨다.

고려 말에 이르면 성리학의 수용과 더불어 사대부들이 『주자가례』에 따라 가묘(家廟)를 설치하여 조상에 대한 제사를 사회적 관습으로 정착시키고자 노력하였다. 가묘는 양반 계층들이 자신의 선조를 모시기 위해 세운 사당(祠堂)으로, 살림집의 동북쪽에 짓는다.

제사는 사당에서 올리는 것이 원칙이었다. 집안에 사당을 세우는 것은 돌아가신 조상을 모시는 것을 살아 있는 어른을 모시는 것처럼 모시기 위해서였다. 그러나 당시에는 가묘가 널리 보급되지 못하였고, 성리학이 심화되기 시작한 조선 중기에 이르러서야 가묘가 설치되었다.

제사의 종류

『주자가례』를 비롯한 전통적인 가정 의례서에 명시된 제사와 전통적으로 우리나라에서 지던 제사 중 지금까지 행하고 있는 제사의 종류에는 시제(時祭)·기제(忌祭)·명절제사가 있다.

시제(時祭)는 사계절의 가운뎃달, 즉 음력 2·5·8·11월에 어떤 지역에 문중을 형성하고 있는 씨족마을 성원들이 그 문중의 중시조(中始祖)나 입향시조(入鄕始祖)를 시작으로 해서 5대조 이상의 조상을 위해 지내는 제사이다.

시제는 꼭 조상의 묘마다 찾아다니며 일일이 제사를 지내는데, 이는 자신이 훌륭한 조상의 자손임을 증명함으로써 향촌 사회의 지배 계층으로 인정받는 측면과 더불어 한곳에 대대로 뿌리 내리고 살고 있는 집단이라고 인정받을 수 있다는 점에서 양반층에서 중시하는 제사이다. 시제를 정제(正祭)라고 하여 제사의 으뜸으로 치는 것은 그만큼 시제가 갖는 사회적 기능이 크기 때문이다.

시제는 일 년에 네 번 지내는 것이 원칙이지만 제사 비용이 막대하므로 네 번씩이나 거행하기 어려워 성호 이익이나 다산 정약용 같은 학자들은 일 년에 봄과 가을 두 번만 시행하도록 권고하기도 하였다. 요즘은 일 년에 한 번 지낸다.

기제(忌祭)는 조상이 돌아가신 날에 올리는 제사이다. 기제는 다른 제사와 달리 돌아가신 당사자만을 제사하는 것이었으므로 신주나 지방도 당사자의 것만 모시고, 제수도 단설(單設)로 하여 행하게 되어 있다. 그러나 우리나라에서는 대부분의 가문에서 4대조 이하의 조상 중 제사 당사자와 그의 배우자를 합설(合設)하여 행하고 있다. 이는 인정으로 보아 당사자 한 분만을 제사하기 미안하다는 뜻에서 비롯된 것으로 알려진다.

명절제사는 설날과 추석에 종손 집에서 그 집의 4대조까지 해당하는 조상을 제사지내는 것이다. 원래 명절제사는 예법에 있는 제사가 아니어서 어떠한 의례서에도 수록되어 있지 않다. 즉, 명절 제사는 산 사람들만 즐겁게 지내기 미안하여 마련된 약식 제사라고 할 수 있다. 명절제사가 중시된 것은 근대 이후 시제가 쇠퇴하면서 이것이 시제의 기능을 갖게 된 사정과 관련이 있는 것으로 보인다.

제사의 준비와 진행

제사상 차리기

제사에 사용하는 음식을 제수(祭需)라 하고, 제사상에 음식을 배열하는 것을 진설(陳設)이라 한다. 제사상에 올리는 음식은 집집마다 달라 '남의 집 제사에 감 놔라 배 놔라 한다.'는 속담이 있기까지 하다. 그러나 일반적으로 보면 큰 차이가 없다.

제일 첫 줄에는 과일과 조과(造菓)를 놓는다. 과일의 종류는 밤·대추·곶감 등의 마른 과일과 계절에 따라 배·사과·귤·은행 등을 놓는다. 조과는 유과나 약과 등을 말한다. 첫째 줄은 홀수로 진설하며 홍동백서(紅東白西)로 놓는다.

둘째 줄은 짝수로 진설하며 나물을 놓는다. '좌포우혜(左脯右醯)'의 원칙에 따라 포는 왼쪽에, 식혜는 밥알만 건져 담아 오른쪽에 놓는다.

셋째 줄은 탕(湯)을 진설하는데, 3·5·7탕으로 홀수로 놓는다.

넷째 줄에는 불에 굽거나 찐 음식인 적(炙)과 기름에 튀기거나 부친 음식

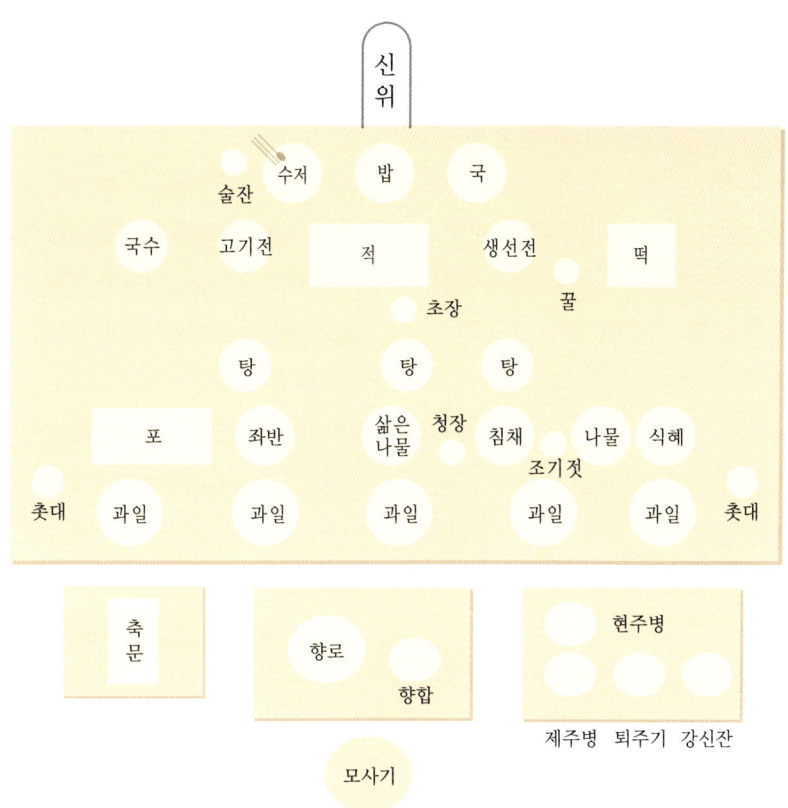

기제사 때의 제수 진설의 예.

인 전(煎)을 놓는다. '적전중앙(炙煎中央)'과 '어동육서(魚東肉西)'의 원칙에 따라 적과 전은 중앙에 놓으며, 어류는 동쪽에 육류는 서쪽에 놓는다. 또한 '동두서미(東頭西尾)'라 하여 머리는 동쪽에, 꼬리는 서쪽으로 향하게 한다.

다섯째 줄에는 밥과 국을 놓는다. 밥은 서쪽에 놓으며 흰쌀밥으로 하고, 국은 동쪽에 놓으며 쇠고기에 무를 넣어 끓인 것으로 한다. '고서비동(考西妣東)'이라 하여 아버지 것은 서쪽에, 어머니 것은 동쪽에 놓는다.

지방과 축문의 서식

전통적으로 지방은 깨끗한 한지를 폭 8cm, 길이 24cm 정도의 직사각형으로 절단하여 위쪽을 둥글게 오려서 만들었다. 위를 둥글게 하고 아래를 평평하게 하는 이유는 둥근 하늘과 평평한 땅을 상징한 것이다.

한 장의 지방에 한 분의 신위만을 쓸 때는 중앙에 적당한 간격으로 쓴다. 한 장의 지방에 남자와 여자 두 분 조상의 신위를 쓸 때는 중앙을 기준으로 왼쪽에 남자 조상인 고위(考位)를 쓰고, 오른쪽에 여자 조상인 비위(妣位)를 쓴다.

문안은 일반적으로 고위인 경우에는 '현○고(관작)부군신위(顯○考(官爵)府君神位)'로, 비위인 경우에는 '현○비(봉작·관향)성씨신위(顯○妣(奉爵·貫鄕)姓氏神位)'로 쓴다. '현(顯)'은 크고 높다는 뜻이다. 벼슬을 하지 못한 분의 경우에는 관작 대신에 '학생(學生)'이라고 쓰고, '학생'의 부인은 '유인(孺人)'이라고 적는다.

신주의 높이는 약 20cm 정도이며, 깊은 산 속의 밤나무로 만든다. 나무는 옹이가 없고 결이 좋은 것으로 써야 한다. 윗부분은 둥글

한자 서식

한글 서식

지방 서식의 예.

고, 아래는 모가 지게 한다.

축문은 제사를 받드는 자손이 제사를 받는 조상에게 제사의 연유와 정성스러운 마음, 그리고 간략하나마 마련한 제수를 권하는 글이다.

축문의 내용은 그 제사를 지내게 된 연유를 '언제·누가·누구에게·무슨 일로·무엇을'의 형식으로 고하고, 제사를 받으시라는 내용으로 이루어진다.

제사의 절차

제사상을 차리고 지방과 축문이 완성되면 본격적으로 제사를 지내게 된다. 옛날에는 제사의 절차를 홀기(笏記)에 적어 사회자가 크게 소리쳐 제사를 진행시켰다. 제사의 절차는 다음과 같다.

강신(降神) : 제사드릴 신을 제사상 앞으로 강림시키는 절차이다.
참신(參神) : 제사에 참여한 사람들이 합동으로 신에게 참배하는 절차로, 첫 문안인사와 같은 것이다. 남자는 재배(再拜), 여자는 4배한다. 이는 남녀를 차별하는 뜻이 아니라 음양의 원리에 따라 양의 수는 1, 음의 수는 2로 간주한 데서 연유한다. 산 사람에게는 양의 원리에 따라 1번씩 절하고, 죽은 사람에게는 음의 원리에 따라 2번 절하는 것이다. 그리고 여자는 음의 원리에 속하기 때문에 두 번씩 두 번 절하는 것이다.
진찬(進饌) : 더운 음식을 올리는 절차이다.
초헌(初獻)과 축문읽기 : 첫잔을 올리는 초헌은 신을 모시는 의식의 처음을 나타낸다. 초헌은 반드시 그 제사의 주인이 행하며, 이 첫잔을 올린 후에 축문을 읽는다.
아헌(亞獻) : 신위에 올리는 두 번째 잔이다. 제사의 안주인이 잔을 올리고 4배를 한다. 『주자가례』류의 예서에서 모두 두 번째 잔은 주부가 행하는 것으

제사 드리는 모습.

로 규정되어 있는데, 이는 '부부가 함께 제사를 모신다'는 정신에서 나온 예법이다. 조선시대에는 여자가 잔을 올리는 것을 꺼려 주로 형제들이 행하게 하여 제사에서 여성을 제외시키고 있다.

종헌(終獻) : 삼헌(三獻)이라고도 하며, 제사에서 마지막으로 올리는 잔이다. 종헌 후에는 술을 퇴줏그릇에 붓지 않고 그대로 둔다.

유식(侑食) : 귀신에게 식사를 권유하는 절차이다. 귀신이 술을 다 드시고 밥을 드실 차례인 것이다. 종헌으로 올린 잔에 술을 더 붓고, 숟가락을 밥그릇 한가운데 꽂고 젓가락을 바르게 놓고 재배한다.

합문(闔門) : 귀신이 안심하고 식사를 할 수 있게 후손들이 잠시 자리를 피하는 의식이다. 제사의 참여자가 모두 문 밖으로 나가서 문을 닫고 귀신이 식사를 끝마칠 때까지 기다린다. 밥을 9술 먹을 시간 정도를 기다리면 된다.

개문(開門)과 헌다(獻茶) : 닫았던 문을 다시 열고 차를 올리는 절차이다. 제사의 주인이 헛기침을 세 번 하고 나서 문을 열면 다시 모두 들어간다.

합문과 개문의 절차는 정확히 알기 어렵고, 오늘날에는 아파트와 같은 단순한 가옥구조가 많아지면서 생략하는 경우가 많다.

사신(辭神) : 귀신을 보내는 마지막 작별인사이다. 제사에 참여한 모든 사람들이 각자의 위치에서 일제히 두 번 절한다.

납주(納主) : 제사를 지내기 위해 사당에서 가지고 나왔던 신주를 다시 사당으로 들여보내던 절차이다. 지금은 지방을 사용하고 있으므로 지방과 축문을 소각하는 것으로 이 의식을 대신하고 있다.

철찬(撤饌) : 음식을 치우고 제사상을 정리하는 절차이다.

음복(飮福) : 제사에 쓴 음식을 자손이 나누어 먹는 것인데, 이는 제사를 지낸 사람이 귀신으로부터 반대로 복을 내려 받는 의식이다.

《참고 문헌》

1. 권광욱. 『육례이야기』. 해돋이, 1994.
2. 권오창. 『조선시대 우리옷』. 현암사, 1998.
3. 계명대학교 아카데미아 코레아나. 『한국인의 원류를 찾아서』. 2001.
4. 김용덕. 『한국의 풍속사 I』. 밀알, 1994.
5. 남민이. 『상장례 민속학』. 시그마프레스, 2002.
6. 송준호. 『조선사회사연구』. 일조각, 1987.
7. 안혜숙·주영애·김인옥. 『한국가정의 의례와 세시풍속』. 신정, 2002.
8. 이영춘. 『차례와 제사』. 대원사, 1994.
9. 임재해. 『전통 상례』. 내원사, 1990.
10. 임돈희. 『조상 제례』. 대원사, 1990.
11. 장철수. 『한국의 관혼상제』. 집문당, 1995.
12. 최길성. 『한국의 조상숭배』. 예전, 1991.
13. 한국고문서학회. 『조선시대 생활사』. 역사비평사, 1996.
14. 한국고문서학회. 『조선시대 생활사 2』. 역사비평사, 2000.
15. 한국정신문화연구원. 『조선시대 관혼상제(Ⅲ)-상례편(2)』. 2000.

한국인의 생활사

IV

의식주와 제도

의생활 문화

식생활 문화

주거생활 문화

가족제도

형벌(刑罰)제도

| 열세 번째 |

의생활 문화

옷은 식생활이나 주생활과 함께 인간의 생활 문화 중에서도 중요한 위치를 차지한다. 옷은 신체를 보호하는 1차적인 역할뿐만 아니라 내가 어떠한 사람인지를 겉으로 표현하여 다른 사람들과의 관계를 형성하게 하는 데 더 큰 의미가 있다. 옷은 당시의 정치적·경제적 상황과 미의식이나 생활방식 등을 반영하면서 끊임없이 변화하여 왔다. 특히 옷의 변화를 가장 뚜렷하게 보여주는 것은 여성의 옷차림이었다.

옛날에도 패션이 있었을까

고구려 고분벽화나 신라의 토우에서 살펴본 것처럼 우리나라 옷의 기본 양식은 저고리와 바지였고, 의례용으로 두루마기와 치마를 덧입었다.
이러한 옷의 기본형태는 고려시대에 이르기까지 별 차이가 없었다. 단지

바지와 두루마기 모양 그리고 옷감의 재질면에서 몇 가지 변화가 생겼다. 바지는 여전히 속옷과 겉옷으로 입었으며 어깨 끈이 달린 비단바지인 '배주고'가 발달했고, 두루마기는 모시가 일반화됨에 따라 흰모시로 짠 반소매의 '백저포(白紵袍)'를 남녀 모두 신분의 차이 없이 입었다.

귀족 여인의 치마는 길이가 대단히 길어 길을 걸을 때는 치맛자락을 옆에 끼고 다녔다고 한다. 부녀자들이 외출할 때는 '몽수'를 썼는데, 몽수는 넓이가 3폭이고 길이가 8척 정도인 검은 비단으로 만든 머리쓰개로, 정수리부터 아래로 내려 땅에 끌릴 정도였다고 한다. 몽수는 여성의 신비스러움을 상징하는 효과를 냈기 때문에 지배층의 여성들은 가격이 금 한 근이나 되는 몽수를 선호했다고 한다.

하연부인상. **조반부인상.**
고려시대 귀족 여인들의 복식을 알 수 있다. 모두 선을 댄 긴 포(두루마기)를 입었으며, 땅에 끌릴 정도로 긴 치마를 입었다. 하연부인이 머리에 쓰고 있는 것이 고려시대 여성들의 대표적 외출용 쓰개인 몽수이다.

문익점 영정.
경상남도 산청군 신안면 신안리 도천서원 소장.

목화와 물레.
물레는 솜을 둥글게 만 고치에서 실을 뽑아내는 데 쓰는 기구이다.

고려 중기 이후에는 원의 간섭을 받게 되면서 몽골의 풍속을 따르는 몽고풍(蒙古風)이 등장한다. 왕실이나 지배층을 중심으로 변발(辮髮)과 함께 댕기·동물의 털을 이용하여 만든 겨울 모자인 조바위, 무늬 있는 비단으로 만든 두루마기, 몽골에서 유부녀가 외출할 때 쓰는 모자인 족두리와 옷고름에 차는 은장도 등이 유행하였다.

고려 말이 되면 몽골의 영향으로 짧아지기 시작한 저고리의 길이가 더 짧아져서 허리선까지 올라오게 된다. 길이가 짧아지면서 저고리의 띠가 없어지고 실용적인 고름이나 매듭단추가 생겼다. 또한 이때부터 저고리의 소매통도 좁아졌고 동정을 달아서 입게 되었다.

특히 고려 말에 문익점에 의해 원에서 들어온 목면이 재배되기 시작하여 무명이 중요한 의복의 재료가 되었다. '의생활의 혁명'이라 할 정도로 목면은 우리나라 의생활에 큰 영향을 주었는데 일상복과 작업복에 주로 쓰였으며 솜으로 된 누비옷이 등장하여 서민들의 겨울나기에 큰 도움을 주었다.

　솜은 침구(寢具)에도 사용되어 솜이불이나 솜 요가 본격적으로 등장하면서 온돌의 발전과 더불어 좌식문화(坐式文化)가 발전하였다. 목면은 조선시대에 들어와 널리 보급되면서 삼베만 주로 입던 서민의 의복생활을 풍요롭게 해주었다.

　조선시대에 들어오면 상하존비귀천(上下尊卑貴賤)을 엄격히 규제하여 서민 여성은 황색·자색·홍색의 옷을 입지 못하였고, 삼회장저고리도 입을 수 없었다. 치마는 무늬가 없는 민치마를 입었으며 일하기에 편하도록 치마를 걷어올리고 허리띠를 맸다.

　천민은 폭이 좁고 속바지가 앞무릎까지 노출될 정도로 길이가 짧은 '두루치'를 입었다. 특히 백정 여성은 치맛단에 검정색 천을 대어 그 신분을 나타나게 하였다.

　양반여성의 치마는 폭이 넓고 길이도 땅에 닿을 정도로 길었으며 치마 아랫단에 금박을 찍거나 글자나 꽃무늬를 찍은 '스란' 단을 붙여 화려하게 입었다.

어물장수(신윤복).
천민층이 입었던 두루치는 속바지가 거의 앞무릎까지 노출될 정도로 길이가 짧았다. 이는 활동을 편하게 하기 위해 치마를 걷어입은 모양으로, 띠로 묶거나 돌려 접어 그 위에 행주치마를 두르기도 하였다.

| 열세 번째 | 의생활 문화

치마를 두르는 방향에 따라서도 양반과 평민을 구별하였다. 치마 빛깔은 출가해서 아기를 낳을 때까지는 다홍색을, 중년은 남치마를, 노년에는 옥색이나 회색을 입었다. 남편이 있으면 아무리 늙었어도 집안의 행사가 있을 때는 남치마를 입을 수 있었으나, 과부들은 평생 흰옷만 입어야 했다.

조선시대에는 남녀의 내외법(內外法)이 엄격하여 여성의 활동범위가 집안으로 국한되면서 활동적인 바지는 이제 속옷으로만 입게 되었다. 또 모든 여성들은 최하층을 제외하고는 겉옷 대신 얼굴가리개를 쓰고 다녔다. 그것도 신분에 따라 모양에 차이가 있어 양반여성들은 주로 장옷을, 평민여성은 쓰개치마를 썼다.

장옷은 남자 두루마기와 비슷한 모양으로 겉은 초록색 명주나 무명으로 만들고 안에는 자주색을 사용한다. 머리를 덮고 종아리까지 내려와 얼굴과 몸 전체를 가려 준다. 쓰개치마는 보통 치마와 같은 모양으로 흰색과 옥색으로 된 폭과 길이가 짧은 모시로 만들었다.

임진왜란과 병자호란을 겪으면서 국가의 재정이 어려워지면서 의복이 간소화되었다. 저고리의 길이는 점차 짧아지고 품도 좁아졌으며, 깃·섶·동정·끝동도 모두 좁아져 저고리가 전체적으로 작아졌다. 저고리의 길이가 파격

외출할 때 꼭 써야 되는 장옷(왼쪽)과 쓰개치마(오른쪽).

적으로 짧아지기 시작한 것은 영·정조대였으며, 1870년대에 이르면 그 길이는 더욱 짧아져 소매와 도련이 일직선을 이룬 14.5cm의 저고리가 등장한다.

조선 후기의 실학자 이덕무(李德懋, 1741~1793)는 비실용적인 여성의 복식에 대해서 '이 요사한 복장은 소매가 너무 짧아 팔꿈치를 한 번 구부리면 뜯어지고, 잠깐 입어도 어깨가 편치 못하며, 벗기가 어려워 소매를 뜯어내야 할 정도이다.'라고 비판하였다.

이처럼 짧은 저고리와 치마 사이에 드러난 겨드랑이 살을 가리기 위해 부드러운 목면이나 명주로 만든 가리개용 허리띠를 매는 새로운 풍속이 생겨났다. 또한 좁은 저고리 품에 맞추기 위해 앞가슴을 꽉 졸라매서 유방이 커지지 못하게 튼튼한

신윤복의 미인도.
조선 후기에 유행했던 짧고 품이 좁은 저고리와 풍성한 치마의 모습은 마치 종을 엎어 놓은 듯하여 서양 바로크 시대의 풍성한 복식미를 연상시킨다.
짧은 저고리 아래에는 흰색의 가리개용 허리띠를 매어 가는 허리를 강조했다.

베로 만든 '졸잇말'이 등장했다.

저고리가 작고 짧아진 것과 대조적으로 치마는 폭을 넓혀 엉덩이를 한껏 부풀리는 형태로 변했으며, 조선 후기로 갈수록 치마를 더욱 부풀리기 위해 치마 밑에 속옷을 7~8겹씩이나 껴입었다.

속옷 중 '무지기치마'는 12폭 모시를 사용하여 3층이나 5층·7층으로 길이가 다른 것을 한 허리에 달아 겉치마를 풍성하게 보이도록 한 것으로, 오늘날의 페티코트와 같은 것이다.

그 길이는 허리에서 무릎까지 내려오는데 젊은 사람은 5cm 간격의 단에 여러 가지 색으로 물감을 들여 마치 무지개와 같았다고 해서 '무지기치마'라고 불렀다고도 하고, 아무리 겹쳐 입어도 만족할 줄 모른다는 의미인 '무족이(無足伊)'에서 유래되어 '무지기치마'라고 불렀다고도 한다.

'대슘치마'는 주로 왕족이 입었는데, 모시로 만든 치마 위에다 창호지로 4cm 높이의 밑단을 대서 무지기 속에 입었다.

이렇게 해서 허리는 무지기가, 밑에는 대슘치마가 겉치마를 받쳐주어 서도 앉은 것 같고 앉아도 선 것 같은 모습이 연출되었다. 이렇게 옷을 입으면 치마꼬리를 치켜 올려 앞으로 끌어당길 경우 자연스럽게 속옷이 보였다.

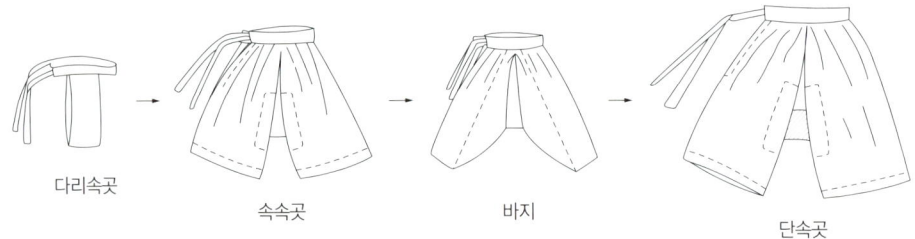

속옷 입는 순서.

이 때문에 조선 여인들은 속옷을 겉옷만큼이나 중요하게 여겼고, 양반 부녀자들은 속옷을 많이 입을수록 자랑으로 여겼다. 조선시대 여성들은 치마 밑에 다리속곳-속속곳-바지-단속곳을 순서대로 입었다.

머리장식도 매우 발달하여 부녀자들 사이에 얹은머리인 가체(加髢)가 성행했는데, 그 값이 중인(中人) 열 집의 재산을 넘을 정도였으므로 당시의 실학자들로부터 사치가 극에 달했다는 비판을 받기도 했다. 또 가체를 한 13살의

가체.
가체는 진짜 사람의 머리카락으로 만든 것이기 때문에 비쌀 수밖에 없었다. 이는 '신체발부는 수지부모(身體髮膚受之父母)'라는 유교사상에 의한 것이었다.

신부가 시집간 첫날에 시부모에게 문안인사하고 갑자기 일어서다 목뼈가 부러지는 일까지 생기면서 정조 대에는 정부에서 가체금지령을 내리고 족두리로 대신하게 하였다.

특이한 조선여인의 복장

미인도.
가슴을 드러낸 여성의 복장은 젖을 먹일 아들이 있다는 자랑스러운 표현이다(작자 미상).

조선 후기 초상화나 사진을 보면 간혹 자식을 낳은 부녀자들이 짧은 저고리 아래로 가슴을 거리낌 없이 노출하고 있는 모습을 볼 수 있다. 남녀가 유별하다는 보수적인 조선에서 여성들의 적나라한 가슴 노출 사실은 매우 이상하게 생각된다.

개방적인 오늘날에도 배꼽을 노출하는 경우는 있어도 가슴 노출은 하지 않는데, 어떻게 조선의 여성들은 이렇게 파격적인 노출을 할 수 있었을까?

여성들의 가슴 노출이 시작된 것은 대략 조선 중기부터였다. 아마도 이것은 아들 선호와 관련된 것으로 보인다.

조선 중기부터 결혼제도가 친영제(親迎制)로 변화하기 시작하고, 재산 상속 등에서 여성의 지위가 하락하면서 여성들은 그나마 자신들의 지위를 세워줄 수 있는 유일한 수단으로서 아들을 선호하게 되었다.

이에 따라 여성들은 아들을 낳으면 자랑스럽게 젖을 물리게 되었는데, 이러한 자랑스러움이 하나의 풍속으로 자리 잡게 되어 옷에도 반영되었던 것으로 보인다. 즉 아들을 낳아 여성으로서의 할 일을 다 한 떳떳하다는 의식이 바로 가슴을 드러내는 복식으로 나타난 것이었다.

패션의 선두주자, 그녀는 기녀(妓女)

저고리 길이가 줄어들고 치마가 풍성해지는 여성복의 형태는 조선시대 기녀(妓女)의 옷차림에서 비롯되었다. 남성들이 이것을 선호하면서 처와 첩에게 권하게 되고, 서로 전해져서 유행으로 번진 것으로 보인다. 즉 조선 후기 여인 복식의 변화는 남성의 시선이 가장 큰 영향을 끼쳤던 것이다.

조선 후기 남성 옷의 전반적인 추세가 평민들이 양반의 옷을 모방하는 상향적인 추세였던 것과 달리 여성의 옷은 양반 여성들까지 최하층 신분인 기녀의 의복을 모방하고 있다는 점에서 특이한 대조를 이룬다.

일반 여성들이 염료 부족으로 신분에 따라 의복에 제한을 받았던 것과는 다르게 기녀들은 이례적으로 양반 여성을 능가하는 사치를 누렸다. 기녀들은 신분이나 직업상 자신의 행위를 억제하거나 가식이 필요 없었고, 일반 부녀처럼 엄격한 유교적 윤리관의 제약을 받지 않았다. 더구나 천인계층이면서 채색 비단으로 된 의복을 입는 등 색채나 옷을 입는 방법에 구애받지 않았다.

본래 기녀는 의약이나 침선의 기술 또는 가무의 기예를 배우고 익혀서 나라의 필요한 일에 참여하던 여성들을 말한다. 즉 처음에는 특별한 기능을 가진 여성이라고 하여 기녀(妓女)라고 하였다. 제도적으로 관청에 소속되어 있었으며 신분상으로는 천인이었다. 이들은 대체로 젊고 아름다웠으며 기예를

신윤복의 청루소일(靑樓消日).
왼쪽의 기생은 생황을 들고 있고, 오른쪽의 기생은 전모를 쓰고 두루치를 입었다.
전모는 외출을 하거나 말을 탈 때 쓰던 모자이다. 대나무 테두리에 살을 대어 기본모양을 만들고 한지를 발라 만든다.

발휘하는 중에 성(性)을 매매(賣買)하는 경우가 있게 되자 그에 대한 부정적인 평가로 인해 그 가치가 전락하게 되었다고 할 수 있다.

대부분의 기녀들은 천인이긴 했지만 일반 여성과 비교해 볼 때 많은 교육을 받은 층이었다. 노래와 춤뿐 아니라 시(詩)도 지을 줄 알았으며 재치와 화술도 뛰어났다. 당시의 기녀들은 계속해서 자신들의 가치를 높이기 위해 자신들에게 투자를 할 줄 알았던 여성들이라 할 수 있으며, 이러한 노력에 따라 그들은 당시 사회에서 패션을 주도하게 되었다.

❈ 시대 최고의 미인상은

요즘은 그야말로 다이어트 시대다. 여성의 경우 다이어트를 해보지 않은 경우가 거의 없을 정도이고, 심지어 다이어트를 현대의 신흥종교라고 말하는 사람도 있다고 하니 그 심각성을 알 만하다. 이렇게 현대에는 깡마르고 부피감 있는 체형의 여성상이 최고의 미인으로 각광받고 있다. 그렇다면 옛날에는 어땠을까?

여성들의 색조화장은 삼국시대부터 시작된 것으로 보인다. 고구려 쌍영총의 세 여인상을 살펴보면 빨간 볼연지를 찍고 입술도 빨갛고 도톰하게 색칠하였으며 눈썹은 초생달 같이 동그스름하게 다듬어진 모습이다.

쌍영총의 세 여인.

지금의 눈으로 볼 때 우습게 보일지 모르지만 당시는 이러한 화장술로 치장한 둥근 얼굴의 여인이 미인이었을 것이다.

연지를 입술에 바르는 것은 천자(天子)와 제후의 첩들이 생리가 있어 모실 수 없게 되면 말로 하기가 곤란하여 입술에 빨갛게 연지를 발라 이를 나타냈다고 한다. 그 후 당나라 말에 이르러 여성들이 입술에 연지를 바르는 것이 보편화되었다. 우리나라에도 통일신라시대에 도입되어 여인들이 입술에 연지를 바르게 되었다.

고려시대의 경우에는 화장보다는 '향기 나는 여성'을 최고의 여성으로 여겼다. 송나라 사신인 서긍이 쓴 『고려도경(高麗圖經)』에 보면 '고려의 귀부인들은 허리띠에 채색을 한 금덩어리를 달고 금 향낭을 차는데, 이것이 많을수록 귀히 여겼다.'고 쓰고 있어 고려 귀부인들이 얼굴치장보다는 향수나 장식에 더욱 신경을 쓴 것을 보여준다. 이는 고려시대의 청자로 만든 작은 합(盒)이나 유병(油甁) 세트, 화장합을 보면 알 수 있다.

향은 신라 때부터 유행하였다. 신라인들이 몸을 씻기 위해 주로 사용한 것이 조두(澡豆)였다. 영육일치(靈肉一致) 사상에 따라 목욕을 즐긴 신라인들은 세정과 미백 효과가 뛰어난 고급 세정제인 조두를 즐겨 썼다.

조두는 팥·녹두·쌀겨 따위를 곱게 빻아 만든 것으로, 물로 몸을 씻고 나서 가루를 묻혀 문질렀다.

그런데 날곡식으로 만들었기 때문에 씻고 난 후에 날 비린내가 났다. 이를 가시게 하기 위해 향수를 바르고 향료(香料)를 몸에 차고 다니게 되었던 것이다.

향료는 향기가 진한 식물을 그늘에서 말린 후 가루로 만들거나, 향나무 조각·사향노루 같은 동물의 향료주머니 등으로 만들었다.

고려인들도 청결한 것을 좋아하여 하루에 여러 번 씻었으며, 역시 세정제로 조두를 사용하였기 때문에 항상 향료를 가지고 다녔다. 이에 비해 얼굴 화

둔마리 고분벽화의 주악천녀도(奏樂天女圖).
사적 제239호로 고려시대 여인의 얼굴을 엿볼 수 있다. 둥근 얼굴에 커다란 눈이 인상적이다.

장은 거의 하지 않았던 것으로 보인다. 즉 고려시대의 미인은 화장하지 않은 청결한 피부에 은은한 향을 풍기는 여성이었다.

조선시대에는 옥같이 흰 살결에 초승달 모양 눈썹과 분홍빛 뺨, 앵두 같은 입술, 숱 많고 윤기 흐르는 머리채를 소유한 여성이 최고의 미인이었다. 즉 '검은 머리에 흰 얼굴'과 같이 대조적인 조화의 미를 갖춘 여성의 아름다운 여성이었다.

단오 풍경.
빛나는 머릿결을 유지하기 위해 단옷날에 여인들이 냇가로 나가 창포물에 머리를 감았다(신윤복의 단오놀이).

　머리에 윤을 내기 위해 동백기름과 아주까리기름을 정성스럽게 골고루 바른 후 참빗으로 여러 번 빗질을 하면 머리 속을 자극하여 튼튼하고 윤기 흐르는 머릿결을 유지할 수 있었다. 음력 5월 5일 단옷날이 오면 창포물로 머리를 감는 등 빛나고 부드러운 머릿결을 유지하기 위해 노력했다.
　얼굴형은 계란과 같이 갸름한 형이 미인의 기준이었기 때문에 여인들은 넓고 반듯한 이마를 갖기 위해 이마의 잔머리를 뽑았으며, 초승달 모양 눈썹을 만들기 위해 눈썹도 뽑았다. 이를 위해 항상 명주실과 족집게를 가지고 다녔다고 한다.

한편 까만 머리와 대조를 이룰 하얀 피부를 만들기 위해 활석(滑石)·백토(白土)·황토(黃土) 등에서 납 성분이 가미된 물질을 추출하여 연분(鉛粉)으로 만들어 사용하였다.

즉 얼굴에 바르는 분은 먼저 아연을 녹여 엷은 판자처럼 만든 후 둥글게 말아 나무시루 밑에 깔고 초를 부어 화학작용을 일으키게 한다. 시루 표면은 진흙을 발라 공기를 차단하고 몇 군데 작은 구멍을 뚫고 불을 때면 시루 밖으로 하얀 가루가 나오는데, 이것을 받아서 물에 걸러 토기에 종이를 깔고 그 위에 놓고 수분을 말려 분가루로 사용하였다.

이 분가루는 이전에 사용하던 백분(白粉)이 쌀가루여서 접착력도 없고 날비린내가 나는 단점을 보완하기는 했지만, 만성 납 중독을 일으켜 오랫동안 바르면 납독이 올라 얼굴이 푸르게 되거나 심한 경우 구토와 빈혈, 위통을 일으키기도 한다고 하니 예나 지금이나 미인 되기는 참으로 힘든 일이다.

조선시대의 여인들은 자유로운 삶보다는 억제된 삶을 살아야만 했다. 여성에 대한 제약과 함께 화장금지법이 제정되어 여인들의 아름다워지고 싶은

화장용기.
조선 정조대왕의 후궁인 원빈 홍씨 묘에서 출토되었다(국립전주박물관 소장).

마음조차도 억압을 받게 되었다. 그러나 여인들의 아름다워지고 싶은 욕망을 법으로 막을 수 있었을까?

〈참고 문헌〉

1. 강명관. 『조선 사람들, 혜원의 그림 밖으로 걸어나오다』. 푸른역사, 2001.
2. 김기승·김인호·이정주 외. 『21세기에도 우리문화가 살아남을 수 있을까』. 지영사, 2003.
3. 박종성. 『조선천민사의 두얼굴 백정과 기생』. 서울대 출판부, 2003.
4. 백영자. 『한국의 복식』. 경춘사, 1993.
5. 유희경·김문자. 『한국복식문화사』. 교문사, 2000.
6. 이배용 외. 『우리나라 여성들은 어떻게 살았을까』 1. 청년사, 1999.
7. 임영미. 『한국의 복식문화』. 경춘사, 1994.
8. 장철수. 「목면이 생활문화에 미친 영향」 『한국민속문화의 탐구』. 국립민속박물관, 1996.
9. 정병모. 『조선의 풍속화』. 한길아트, 2000.
10. 정성희. 『조선의 성풍속』. 가람기획, 1998.
11. 한국역사연구회. 『고려시대 사람들은 어떻게 살았을까』. 청년사, 1996.
12. 한국역사연구회. 『조선시대 사람들은 어떻게 살았을까』. 청년사, 1996.

| 열네 번째 |

식생활 문화

계란이 먼저냐 닭이 먼저냐와 같은 유형의 질문으로 먹기 위해 사는가 살기 위해 먹는가라는 질문이 있다. 이에 대해 우리는 어떻게 생각할까. 사람이 죽었을 때 '밥숟갈을 놓았다'라는 표현을 한다든가, 어른을 뵙고 하는 인사말 중에 '진지 드셨어요?'라고 하는 등 먹는 일이 일상생활 중 빠뜨릴 수 없는 가장 중요하고 꼭 챙길 일인 것을 보면 우리는 먹는 것을 매우 중요시했다는 것을 알 수 있다.

우리 민족의 식사예절

조선 후기 내내 선비들이 갖추어야 하는 덕목 중 하나로 식사예절이 꼽혔을 정도로 밥 먹을 때의 예의가 강조되었다. 특히 아이들을 가르치는 도덕 교과서인 『소학(小學)』에는 밥 먹을 때의 예절을 성현들의 교훈을 통해 가르치고 있다.

'입에 맛있는 것과 몸에 좋다는 것만 골라 먹고 마셔서 배만 채우면 인욕(人慾)에 머물게 되니 이치에 어긋나지 않게 절도 있게 먹고 마시어 사람으로 하여금 천리(天理)에 이르게 해야 한다.'고 하였다. 곧 먹는 것에 욕심을 부리는 일은 성욕(性慾)과 같은 것이므로 최대한 절제된 식사를 하는 것이 군자의 도리라고 강조하였다.

우리나라의 상황에 맞도록 『소학』을 고친 이덕무는 『사소절(士小節)』에 다음과 같이 적었다.

> 너무 크게 싸서 입 안에 넣기가 어렵게 하지 마라. 볼이 크게 부르게 하는 것은 예절에 벗어난다. 무나 배나 밤을 먹을 때는 자주 씹어 사각사각 소리를 내지 말고 먹어야 하며, 국수와 국 그리고 죽을 먹을 때는 갑자기 들이마셔 후루룩 소리를 내면 안 되고, 물을 마실 때는 목구멍 속에서 꿀꺽꿀꺽 소리가 나지 않도록 해라. 또 부스러기를 혀로 핥지 말고, 국물을 손가락으로 찍어 먹지 말고, 음식을 입에 넣고서 웃음을 터뜨리지 마라. 음식을 먹을 때는 배에 알맞게 먹어서 남은 것이 없게 하고, 특히 밥을 다 먹고 난 후 그릇에 물을 부어 먹어 한 톨의 쌀이라도 버려서는 안 된다. 숟가락이 그릇에 닿아 소리 나게 하지 말 것이며, 밥알을 남겨 뜰이나 도랑, 혹은 더럽고 습한 곳에 흘리지 않게 하라.

이후 19세기에 나온 『규합총서(閨閤叢書)』에는 '식시오관(食時五觀)'이라 하여 사대부가 식사 때 지켜야 할 구체적인 내용이 적혀 있다.

> 첫째, 노력이 얼마나 있었는지를 살펴서 음식이 어디서 왔는가 생각하여 보라.
> 둘째, 충효와 입신의 뜻을 살펴서 음식의 맛을 너무 따지지 말라.

셋째, 마음을 다스려서 과하게 하지 말고 탐내지도 말라.
넷째, 음식을 좋은 약으로 생각하여 모양에 너무 치우쳐 먹지 말라.
다섯째, 군자(君子)로서의 도리를 다한 후에 음식을 받아먹어라.

한 그릇의 밥을 대하더라도 그것을 내려주신 신께 감사드리고 자신이 그 복을 받기에 부족함이 없는지 항상 반성하도록 하였다. 이를 보면 우리 선조들은 밥알 하나라도 소중히 여겼음을 알 수 있다. 음식찌꺼기가 새로운 환경 오염의 주범이 되고 있는 이 때 우리 선조들이 음식에 대해 항상 고마워하고 반성했던 생활철학을 되새겨야 할 것이다.

정말 많이 먹는 우리 민족

16세기 초 성현(成俔)은 『용재총화(慵齋叢話)』에서 '우리나라 사람들은 많이 먹을 뿐 아니라 한 끼라도 굶으면 배가 고파 어쩔 줄을 모르며, 가난뱅이들은 부잣집에서 꾸어서라도 많이 먹을 정도로 무절제하고, 군사들의 행렬에도 군량(軍糧)의 짐이 반이 넘는다.'고 하였다.

성종 때 흉년이 들어 전라도에 진휼사(賑恤使)로 다녀온 이극돈도 우리나라 사람들이 풍년에는 먹을 것을 아끼지 않아 중국 사람들 하루 먹을 양을 한 끼에 먹어치운다고 개탄하였다. 영조 때 중국에 다녀온 홍대용은 중국 사람들의 밥그릇이 꼭 찻잔만 하였다고 하였고, 인조 때 일본에 다녀온 김세렴은 일본인들의 한 끼가 쌀밥 두어 줌밖에 안 되더라고 하여, 다른 나라 사람들이 어떻게 저것만 먹고 살아가는지 신기해 했다는 기록들이 있다.

실제로 지금 남아 있는 고려시대나 조선시대의 식기들을 보면 모두 지금

경직도 병풍 중 새참.
새참으로 먹는 것인데도 밥주발이 성인의 얼굴만 하다(작자 미상. 독일 게르크루트 그라셴 소장).

의 것들보다 훨씬 크다는 것을 알 수 있다.

그렇다면 얼마나 많이 먹었을까. 조선 후기의 고문서 등의 기록에는 한 끼에 성인 남자는 7홉, 성인 여자는 5홉, 아이들은 3홉, 소아도 한끼에 2홉이나 먹었다고 전하고 있다. 비교적 적게 먹는 것으로 알려진 일본인들이 한 끼에 2홉을 약간 넘게 먹는다고 한 것으로 보면 우리나라 사람들이 많이 먹긴

한 모양이다. 요즈음 신혼부부를 대상으로 두 끼 밥을 지을 수 있게 내놓은 전기밥솥의 용량이 약 5홉이라고 한다. 그렇다면 조선시대 여인들은 한 끼의 식사로 전기밥솥 가득한 밥을 먹었던 것이다.

그렇다면 하루 세 끼를 그렇게 잘 챙겨 먹었을까. 지금 우리는 하루 세 끼를 먹는 것이 보편화되어 있지만 옛날에는 동서양을 막론하고 하루 두 끼를 먹었다고 한다. 식사를 '조석(朝夕)'으로 불렀던 것에서도 알 수 있듯이 우리 조상들은 아침·저녁으로 하루 두 끼를 먹었던 것이다.

'점심(點心)'은 무엇인가? '점심'이란 말은 중국 당나라 때부터 쓰기 시작한 말인데, 허기가 져서 침잠된 마음[心]에 점화(點火)하여 정신을 차릴 만큼만 간단하게 먹는 간식을 가리킨다. 즉 '뱃속에 점을 찍을 정도'로만 먹던 음식이었다. 그래서 새벽·오전·오후를 가리지 않고 간단하게 먹는 것을 점심이라 하고, 오늘날과 같은 점심은 '오반(午飯)'이라 해서 '낮밥'이라고 불렀다.

집에서 오후에 정식으로 차려먹는 밥인 낮밥은 대개 해가 긴 여름에 활동 시간이 많아 두 끼로는 부족할 때 아침밥과 저녁밥 사이에 먹는 것이 일반적이었다. 이렇게 구별해서 쓰던 것이 아침과 저녁 사이가 길어지면서 점심이 낮에 먹는 밥의 의미로 굳어지게 된 것이다. 이렇게 되면서 간단히 먹는 밥은 '요기(療飢)'라 부르게 되었다.

하루에 챙겨먹는 끼니 수는 계절에 따라서 달랐다. 19세기에 이규경(李圭景)은 『오주연문장전산고(五洲衍文長箋散稿)』에서 '민가(民家)에서 2월부터 8월까지는 점심을 너해 세 끼를 먹고, 9월부터 이듬해 1월까지는 두 끼를 먹는다.'고 기록하고 있다. 대략 밤과 낮의 길이가 같아지는 춘분(春分) 무렵부터 다시 같아지는 추분(秋分) 무렵까지는 세 끼를 먹었음을 알 수 있다.

또한 살림형편에 따라서도 끼니 수는 달라질 수밖에 없었다. 빈민들은 하루 두 끼도 먹지 못하기도 하고, 부유한 사람들은 다섯 끼를 먹기도 하였다고 한다.

이처럼 예전의 식사 횟수는 계절에 따라, 경제력에 따라 다르긴 했지만 대체로 아침과 저녁 두 끼가 일반적이었고, 간단한 간식 정도에 그치던 점심이 20세기 후반에 이르러 점차 정식 식사로 자리잡으면서 세 끼로 바뀌게 되었다.

최초의 요리책, 『음식디미방』

조선시대에 여성이 책을 쓴다는 것은 쉬운 일이 아니었다. 우리가 잘 아는 신사임당(申師任堂)이나 허난설헌(許蘭雪軒)도 많은 작품을 남기긴 했지만 책을 만들지는 못했다. 게다가 1670년경만 해도 요리책이 흔한 것이 아니었다.

그런데 안동의 정부인(貞夫人) 장씨(張氏, 1598~1680)가 쓴 『음식디미방(飮食知味方)』은 우리나라뿐 아니라 동아시아에서 여성이 쓴 최초의 요리책이다. 자신의 경험을 한글로 쉽게 기록해 놓은 이 책을 통해 지금으로부터 330년 전 조선시대 양반가의 음식문화를 엿볼 수 있다.

『음식디미방』은 각각의 음식에 대한 조리 과정이 구체적일 뿐 아니라 국수와 만두를 포함한 면병(麵餠)류 15종, 고기와 생선을 아우르는 어육(魚肉)류 46종, 채소와 과일을 모아 놓은 소과(蔬果)류 31종, 그리고 주류 53종 등 모두 146가지 음식을 체계적으로 정리·분류해 놓았다.

『음식디미방』에는 지금은 볼 수 없는 재료와 조리법들이 보이고 있다. 개장·개장국누르미·개장고지누르미·개장찜·누런 개 삶는 법·개장 고는 법 등 개고기 조리법이 많이 적혀 있어 개고기를 단백질의 주 공급원으로 많이 먹었던 것을 알 수 있다. 김치류로는 산갓김치·생치김치·나박김치·생치짠지·생치지 등을 적고 있다. 산갓김치와 나박김치를 빼면 특이하게도 모두 날 꿩고기인 '생치(生雉)'를 이용하고 있다. 꿩고기는 왕가나 상층 귀족층에서만 먹을 수 있었던 고급 고기였다고 하니 일반인들이 언제나 먹었던 김치는 아니었던 것 같다.

한편 고려 말에 등장한 발효 떡인 상화(霜花)의 구체적인 조리법이 문헌상 처음으로 설명되어 있다.

『음식디미방』에는 특히 술 종류가 유난히 많은데 146가지의 음식 중 3분의 1 정도나 되는 53가지가 술에 대한 것이다. 오늘날까지 유명한 안동소주, 청주(淸酒), 배꽃 피는 시기에 담는 이화주(梨花酒), 대나무 잎을 이용한 죽엽주(竹葉酒) 등이 기록되어 있다.

소주고리.
소주를 고아내는 증류기. 허리가 잘록한 형태로 위·아래·중간이 모두 뚫려 있으며, 허리 위에 길게 대롱이 달려 있다. 솥 안에 술의 재료를 넣고, 그 솥 위에 소주고리를 몰려놓고 끓이면 그 증기가 솥뚜껑이나 대야 밑에 서린다. 이 때 그 위에 찬물을 부으면 증류된 소주가 대롱을 통해 흘러내리게 된다.

예나 지금이나 손님을 접대한다는 것은 곧 집안의 품위를 유지하는 것이었다. 조선시대에도 양반가의 남자들은 손님을 접대하며 학문을 교류하고 당시 사회의 중요한 정보를 나누게 되니, 이 때 손님 접대를 잘하기 위해 접대음식으로 꼭 술을 내놓았다.

당시의 양반가에서는 손님에게 술을 접대하는 것이 일상사였던 것으로 보이며, 이러다 보니 손님에게 내놓는 술은 어느 정도 그 집의 가풍(家風)이나 격(格)을 상징하는 것이었다. 따라서 양반가의 주부들은 다른 집과 차별되는 술을 만들기 위해 고심했고, 결국 다양한 술을 만들어냈던 것이다.

『음식디미방』은 당시 양반가에서 즐겨 먹던 146가지의 음식들을 체계적으로 기록하고, 그것의 조리법과 보관법을 구체적으로 정리해 놓은 일종의 요리 백과사전으로 생활문화사적 가치가 크다.

우리나라의 대표적 식문화

밥

많은 먹을 거리가 늘어나고 있지만 여전히 우리의 주식(主食)은 밥이다. '밥이 보약(補藥)'임을 믿고 있을 만큼 한국인의 식생활을 대표하는 밥은 생활 자체를 표현하는 말로 사용되기도 했는데, '진지 잡수셨습니까?' 등의 인사는 단순히 식사했는지 여부를 묻는 데 그치지 않고 밥을 잘 먹고 잘 소화시키는 것이 안녕의 근본이라는 사상을 내포하고 있다.

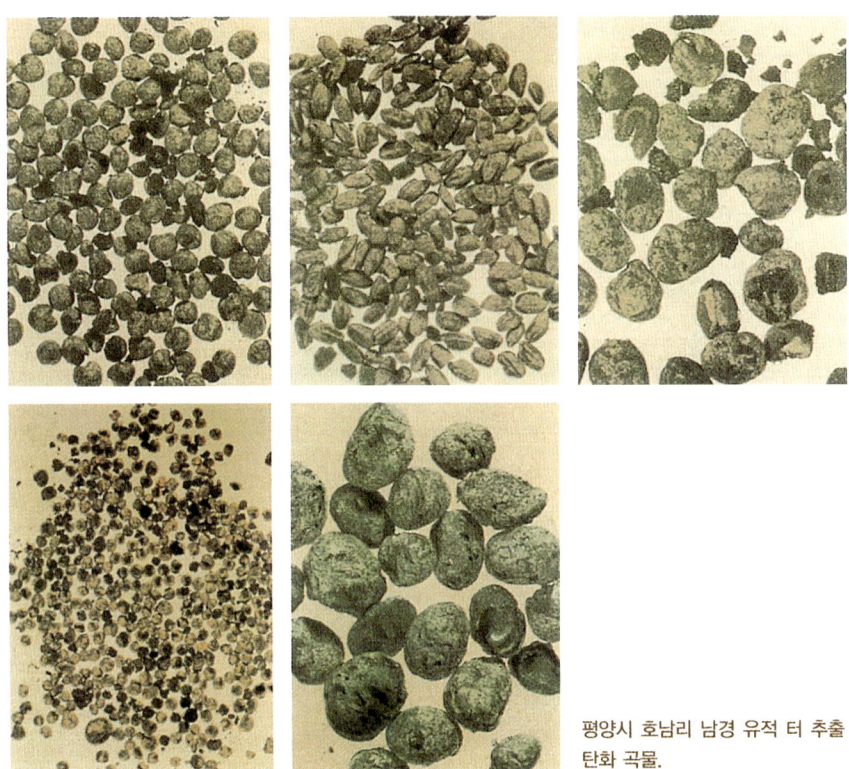

평양시 호남리 남경 유적 터 추출 탄화 곡물.

세계의 많은 민족이 쌀을 주식으로 삼는다. 전 인류의 35%가 주로 먹고, 쌀 외에 옥수수나 감자 따위를 함께 먹는 비율까지 더하면 38%가 된다. 우리의 생활에서 쌀이 차지하는 비중은 거의 절대적이었으며, 생존 그 자체이기도 하였다. 쌀이 워낙 드물고 소중한 것이기에 잡곡에도 '쌀'을 붙여서 쌀보리·쌀수수 따위로 부를 정도였다.

우리 민족이 언제부터 밥을 먹게 되었는지 정확한 연대는 알 수 없지만, 벼농사를 지으며 정착생활을 하고 철기를 사용하기 시작할 무렵이라고 생각한다.

쌀 이전에 유래된 보리나 조·수수 등은 낟알이 단단하여 쉽게 익지 않았고, 이 때문에 가루를 내어 토기에 물을 붓고 가열하여 죽을 만들어 먹는 방법이 사용되었다. 그런데 당시 토기는 물러서 장시간 열을 가하면 흙냄새가 음식에 배었다. 이후 이러한 토기의 단점을 보완한 시루가 발명되었고, 곡물을 찌는 방법이 고안되면서 오늘날과 같은 밥을 먹게 되었다.

아궁이 모양 토기와 시루.
부뚜막에 설치되는 아궁이를 본떠 만든 아궁이 모양의 토기와 시루이다. 시루가 발명되면서 오늘날과 같은 밥을 먹을 수 있게 되었다.

벼는 아열대 기후에 적합한 작물로, 그 원산지인 인도에서는 씨를 뿌린 뒤 특별한 노력을 기울이지 않더라도 다량 수확이 가능하고, 1년에 2번 이상의 수확도 가능하다. 그러나 우리나라에서는 모내기와 김매기는 물론 씨를 뿌려 거두기까지 60번 이상 손이 갈 정도로 수고를 들여야 하는 작물이다. 그렇기 때문에 쌀은 귀한 음식이었는데, 특히 기후가 차서 상대적으로 쌀 수확이 쉽지 않은 북부지방에서는 쌀밥은 임금이나 먹을 수 있는 음식으로 귀하게 여겼다.

이렇듯 평소에 보기조차 힘들었던 쌀에는 밥 이상의 의미가 깃들어 있는데, 곧 '신(神)'과 사람의 매개체 구실을 한다고 보았다. 우리는 쌀에 조상의 혼이 깃들어 있다고 믿어, 단지에 넣고 조상으로 섬겼다. 집안의 으뜸신인 성주(星主)는 물론이고 터주신[地神]의 신체(神體)도 쌀이었다.

쌀에 조상의 혼 뿐 아니라 신의 뜻이 깃들어 있다는 생각 또한 깊었다. 상위에 흩뿌린 낟알을 집어서 운수를 알아보는 쌀점은 이에서 나왔다. 또 성주단지의 쌀이 줄거나 빛이 바뀌면 좋지 않은 일의 징조로 여긴 것도 마찬가지이다.

쌀은 죽은 이에게도 요긴한 것으로 여겨졌다. 염(殮)과 습(襲)이 끝난 뒤 물에 불린 쌀을 버드나무 숟가락으로 세 번 떠서 입에 넣는 반함(飯含)은 조상들이 쌀을 죽은 사람이 저승까지 가는 동안의 중요한 식량으로 인식했음을 알려 준다.

쌀은 재운(財運)이나 복(福)의 상징이기도 했다. 따라서 정초나 식구 생일에는 쌀을 밖으로 내가지 않았다. 조상단지나 성주단지에서 꺼낸 쌀로 지은 밥을 머슴에게조차 주지 않고 식구끼리만 먹었던 것도 같은 이치에서이다.

김치

한국의 음식에 대해 생각할 때 제일 먼저 떠오르는 것은 김치이다. 그만큼 김치는 한국인과 떼어서 생각할 수 없을 정도로 한국인의 삶에 깊게 자리 잡고 있다. 현재 중국 등 아시아 여러 나라에서 한국 문화가 한창 인기를 누리는 이른바 한류(韓流) 현상에는 한국 대중음악이나 영화 외에 김치가 큰 몫을 했다.

우리나라의 독특한 발효 식품인 김치는 자연 환경과 조상의 슬기로운 음식솜씨에서 비롯되었다. 우리 민족은 농경민족으로서 곡물 위주의 식생활을 영위하면서 채소를 즐겨먹었다.

우리나라는 계절의 변화가 뚜렷하여 다양한 채소를 즐길 수 있지만 겨울철에는 생산되지 않고 저장도 어려워 건조 처리나 소금 절임 등 가공에 남다른 슬기가 필요하였다. 이처럼 채소가 나지 않는 겨울철에 저장성을 높이기 위한 방편으로 오랜 시간에 걸쳐 김치가 만들어지게 되었다.

김장 김치 담그는 장면.

김치의 한자는 '절인 채소'라는 뜻의 '저(菹)'인데, 우리나라 문헌에서는 고려시대 이규보(李奎報, 1168~1241)가 지은 『동국이상국집(東國李相國集)』의 「가포육영(家圃六詠)」에 처음으로 등장한다.

무·오이·가지 등 6가지 채소에 대해 읊은 이 시에서 이규보는 '무장아찌 여름에 먹기 좋고 소금에 절인 무는 겨울철에 반찬 되네.'라고 기록하여, 고려사람들이 소금에 절인 무김치를 겨우내 먹었음을 알 수 있다. 고려 사람들은 김치를 부를 때 물에 담근다는 뜻의 '지(漬)'나 절인다는 뜻의 '저(菹)'로 불렀다.

배추·무·오이·갓 등 소금에 절여 먹는 여러 종류의 김치는 조선시대에 들어오면서 대중화된다. 이때 김치를 '딤채'라 불렀는데, 이는 채소를 물속에 담가 적신다는 뜻의 '침지(沈漬)'에서 변형된 말로 보인다. 그 뒤 김채로 바뀌었다가 조선 후기에 김치로 정착되었다.

김치저장소.

김치가 일대 혁신을 일으킨 것은 임진왜란 직후 고추가 수입되면서부터이다.

김치에 고춧가루 양념이 들어간 것은 고추가 수입된 지 150여 년이 지난 18세기 중반쯤이었다. 1766년경 유중림이 펴낸 『증보산림경제(增補山林經濟)』는 당시의 김치에 고추와 고춧가루가 쓰였다는 사실을 알려주는 최초의 책이다.

백김치만 먹다가 고추 양념을 넣은 김치를 먹게 된 이유는 무엇일까. 이에 대해 가장 강력하게 받아들여지는 견해는 우리 조상들이 고추가 들어오기 전에도 이미 마늘이나 산초와 같은 매운 맛을 내는 향신료를 즐겨 먹었기 때문에 고추를 쉽게 수용했을 것이라는 설이다.

이러한 주장에 고추의 빨간 색깔이 전통적으로 귀신이 가장 싫어하는 색이기 때문에 벽사(辟邪)의 의미를 더욱 강하게 하기 위해 고추를 김치에 넣게 되었다는 주장도 나타났다. 또 김치에 젓갈을 넣으면서 그 비린내를 제거하기 위해서 향신료로 고추가 쓰였다는 주장도 있었다.

이와 더불어 잦은 전쟁과 기근에서 오는 백성들의 고통을 덜어주기 위해 구황식품 보급에 나선 실학자들의 노력이 크게 작용했다. 홍만선·서유구 등 실학자들은 김치를 비롯한 여러 가지 음식에 관한 조리법을 체계적으로 정리해 보급했다. 이러한 노력의 결과로 김장 김치는 19세기 초에 이르러 비로소 우리의 대표적인 반찬의 하나로 완전히 정착되었다.

고춧가루를 이용한 김장 김치의 역사는 200여 년 정도로 짧은 셈이다. 하지만 김장은 우리 전통 음식의 맛과 영양을 상징하는 대표적인 겨울철 발효 음식이자 세시풍속의 하나로 오늘날까지 전승되고 있다.

장(醬)

장은 음식의 간을 맞추는 양념이면서도 아주 독특한 특색을 지니고 있다. 본래 양념이란 음식의 맛을 더하는 부수적인 구실을 하는 것이지만 우리의 장은 그 자체만으로도 훌륭한 부식이 된다. '집안이 망하려면 장맛부터 변한다.'라는 속담이 있을 정도로 우리는 장맛을 중요시했다.

장을 만드는 과정을 살펴보면, 먼저 콩을 삶아 메주를 쑤고 이것을 약 3개월간 띄운다. 메주가 잘 떠서 곰팡이가 하얗게 슬면 항아리에 넣은 뒤 소금

장 담그기.

물을 부어 약 2개월간 숙성시킨다. 메주의 맛 성분이 소금물에 충분히 우러나면 용수를 박아 맑은 물을 떠내는데, 이것이 바로 간장이다.

잘 삭은 메주를 건져내어 소금을 더 넣고 잘 반죽해 항아리에 담은 후 40~50일간 숙성시키면 된장이 만들어진다. 고추장은 메주를 말려 가루를 낸 후 찹쌀밥과 고춧가루를 섞어 띄우면 된다.

우리가 콩으로 장을 담그기 시작한 것은 언제부터일까? 『삼국지(三國志)』 「위지동이전(魏志東夷傳)」에는 고구려 사람들이 장양(醬釀)을 잘한다고 기록되어 있어 발효식품을 잘 만드는 전통이 일찍부터 있었음을 보여준다. 된장은 적어도 신라 신문왕대 즈음해서는 쓰고 있었음을 확인할 수 있다.

『삼국사기』 신라본기(新羅本紀) 신문왕 3년조(683)를 보면 신문왕이 김흠운(金欽運)의 딸을 부인으로 맞이할 때의 납백(納帛) 품목에 술·기름·꿀·된장[豉]·말린고기·젓갈[醢] 등이 들어가 있었다. 장과 된장의 기록은 여기서 처음 보이는 것으로 술 만드는 법과 함께 일본에 전파되어 일본의 장인 미소가 된 것으로 알려진다.

『증보산림경제(增補山林經濟)』에는 '인가(人家)의 장맛이 좋지 않으면 비록 좋은 채소나 맛난 고기가 있어도 좋은 요리가 될 수 없다. 촌야(村野)의 사람이 고기는 쉽게 얻지 못해도 여러 가지 좋은 장이 있으면 반찬에 아무런 걱정이 없다.'라고 하여 장의 중요성에 대해 말하고 있다.

이렇듯 장은 일반 백성들에게 반찬으로 중요했던 만큼 장맛을 좋게 하기 위해 조상들은 길일(吉日)에 좋은 물을 사용하여 장을 담갔다. 특히 신일(申日)에는 장을 담그지 않았는데 이는 '신(申)'이라는 음이 '시다'라는 음과 같아 신일에 장을 담그면 장맛이 시어진다는 생각이 있었기 때문이다.

특히 장은 발효와 숙성의 과정을 거치므로 아무리 같은 과정을 거치도록 노력해도 미묘한 맛의 차이가 생기게 되는데 조상들은 이러한 미묘한 맛의 차이를 신비한 힘이 개입되었기 때문인 것으로 믿었다. 이에 장을 담글 때 이 신비한 힘이 부정적 요인에 의해 사라지지 않도록 많은 금기를 지켜왔다.

장독에 거꾸로 붙인 버선본. 한국 민속촌.

처마 밑에 달아놓은 메주.

장을 담그기 전에 고사를 올리기도 했고 장독대에 금줄을 치거나 버선본을 거꾸로 붙여놓기도 했다. 이는 장맛을 망치는 잡신(雜神)이 집 안으로 들어오다가 거꾸로 붙은 버선본을 보고 놀라서 도망친다는 속설에 의한 것이다.

장을 담그는 동안 주부는 사흘간 부정을 타거나 외출을 하면 안 되고 개를 꾸짖어도 안 되었다. 또 그 기간 내에는 집안에 생리중인 여자가 없어야 했는데, 이는 여성의 음기(陰氣)가 장에 좋지 않다고 생각했기 때문이었다.

입맛이 바뀌면 사람의 성품도 바뀌게 마련이다. 젊은 세대들이 서양 음식을 즐겨먹으면 성품뿐만 아니라 인생관과 세계관까지 서양의 것을 따르게 되는 것이다. 그리고 끝내 사람 자체도 서양인으로 바뀌게 된다. 한 민족의 심성 가운데 끝까지 남는 것이 입맛이라고 하는데, 우리가 이것을 잃으면 민족 그 자체도 사라져 버릴 위험이 뒤따르는 것이다.

《참고 문헌》

1. 김광언. 「바로잡아야 할 우리 음식문화」. 『교육마당』 2l, 2000.
2. 김상보. 『한국의 음식생활문화사』. 광문각, 1997.
3. 정종목. 「330년 전 여성 군자(君子)가 쓴 요리 백과, 음식디미방」 『역사스페셜』 3. 효형출판, 2001.
4. 조흥윤. 「한국 음식문화의 형성과 특징」. 『민족과 문화』 6. 한양대, 1997.
5. 주영하. 『김치의 문화인류학적 연구』. 한양대학교 석사학위논문, 1993.
6. 주영하. 『음식전쟁 문화전쟁』. 사계절, 2000.
7. 유애령. 『식(食)문화의 뿌리를 찾아서』. 교보문고, 1997.
8. 이춘자·김귀영·박혜원. 『김치』. 대원사, 1998.

| 열다섯 번째 |

주거생활 문화

집은 인간의 가장 기본적인 생활공간이기 때문에 집을 통하여 사회를 이해할 수 있다. 집 그 자체는 물질로 이루어진 조형물이지만 그것이 만들어지기까지는 그 사회의 총체적인 환경과 그것을 인식하는 사회구성원들의 태도와 가치, 그들의 생활과 이념·제도 등 모든 영역의 문화와 관계되어 있기 때문이다.

❁ 우리나라의 대표적인 주택

우리나라의 기후와 자연 환경에 가장 잘 어울리는 것이 바로 초가(草家)이다. 가장 대표적인 서민 주택인 초가는 추수를 마친 후 벼의 짚을 이용해 지붕을 만들고 진흙으로 두껍게 벽을 만들고 창호지 문을 설치했다.

짚으로 만든 지붕은 가벼워서 기둥에 거의 압력을 주지 않으며 비가 오거나 눈이 녹아도 짚의 결에 따라 흘러내려 잘 새지 않는다. 또 지붕 위에 얹는

초가.

볏짚은 단열재의 역할을 한다. 단열재란 열을 전달하지 않는 재료로서 그 원리는 재료가 비어 있는 공간을 많이 갖도록 한 것이다.

짚을 받쳐주는 것이 소나무이다. 소나무의 겉은 연질(軟質)이지만 그 속심에는 송진이라는 썩지 않는 성분이 있어 겉은 썩더라도 속은 멀쩡하다. 오래된 집의 지붕이 기우뚱해도 넘어지지 않는 것은 바로 이 때문이다.

게다가 진흙으로 된 두꺼운 벽도 초가집의 중요한 요소이다. 일반적으로 흙을 갤 때 짚을 넣거나 수수깡, 대나무를 심재로 넣어 흙이 무너지는 것을 막는데, 두꺼운 벽은 낮에 비치는 태양열을 흠뻑 받아들여 차가운 저녁에 실내로 열을 방출하는 역할을 한다.

우리 조상들은 초가집으로 에너지를 절약할 수 있는 방법을 강구한 한편 보다 합리적인 난방법도 개발했는데, 그것이 바로 온돌이다.

우리 민족이 온돌을 사용한 것은 매우 오래 전부터였다. 『신당서』나 『구당서』에 나와 있는 고구려에 대한 기록을 보면 '가난한 사람들이 겨울을 보내기 위해 장갱(長坑)을 만들어 따뜻하게 난방한다.'고 되어 있다. 즉 온돌은 고구려의 장갱(長坑)으로부터 유래된 것이 발전하여 오늘날까지 우리 고유의 난방방법으로 사용되어 왔다.

온돌은 아궁이에 불을 때서 방바닥 밑의 구들장을 데워 그 열이 인체에 직접 전달되거나 또는 실내의 공기를 데우는 장치로서, 데워진 구들돌이 오랫동안 열을 간직할 수 있기 때문에 적은 연료로 많은 시간을 따뜻하게 지낼 수 있다.

온돌(Ondol)은 『옥스퍼드사전』에 김치(Kimchi)와 함께 실려 있을 정도로 국제적으로 공인받고 있다.

온돌은 고려시대를 거쳐 조선 전기에 들어와서야 전국으로 퍼지기 시작하였다. 온돌이라는 용어도 조선 전기부터 사용되기 시작했는데, 구들을 놓은 방 전체를 온돌방이라 한다.

주택의 변화

자연과 집과 인간의 어우러짐을 추구하였던 우리 옛집의 특성은 자연지형을 이용할 줄 아는 마을의 구성과 집의 배치, 생활기물의 구성과 문양, 실내 공간 구성이나 가구의 배치 등에서 찾아볼 수 있다.

고려시대의 주택

고려시대 주거의 특징은 귀족의 집은 중국의 영향을 받았으나 백성들의 집은 삼국 시대 이래의 주택형을 고수하고 있다는 점이다.

고려 중기 송나라 사신을 수행해 온 서긍(徐兢)이 고려에 머물렀던 기간에 느낀 점을 기록한 『고려도경(高麗圖經)』에 의하면 '송악(松嶽)의 지세는 평평하지 못하고 산 두둑이 많았다. 왕성(王城)은 크고 화려하였지만 일반 백성들의 집은 열두어 집씩 모여 하나의 마을을 이루는데 멀리서 보면 벌집이나 개미구멍 같았으며 부잣집은 기와를 덮었다.'고 한다.

또한 '백성들의 집은 풀을 베어 지붕을 덮어 겨우 비바람을 막는데, 집의 크기는 서까래를 양쪽으로 잇대어 놓은 것에 불과하고, 부유한 집은 기와를 덮었으나 겨우 열에 한두 집뿐.'이라고 하였다.

이 기록으로 보아 고려시대 서민주택은 고구려와 비슷하게 온돌바닥을 한 초가집이 대부분이었으며, 상류주택은 많지는 않지만 기와집이었던 것으로 보인다.

한편 고려 말에 정몽주는 향교를 신설하고 주자가례(朱子家禮)에 따라 가묘(家廟)를 세울 것을 주장하였는데, 이때부터 사당(祠堂)이라는 새로운 공간이 만들어졌다.

조선시대의 주택

조선시대의 주택은 자연환경뿐만 아니라 거주하는 사람의 정치·경제적 지위에 따라 규모나 구조양식 등에 차이를 보이고 있으며, 또 같은 계층의 주택에서도 지역에 따라 평면 배치에 많은 차이를 보이고 있다.

양반들의 주택

조선은 유교 국가로서 유교가 가정과 사회생활의 기준이었다. 유교의 덕목을 익히고, 이를 실천하는 일을 일생의 과업으로 삼았던 양반들은 유교적인 틀에 맞추어 집을 지으려고 애썼다. 즉 이들에게 있어서 집은 한 가족의 주거 공간으로서보다 유교적인 이념과 생활양식을 실천할 수 있는 장소여야 했으며, 상류계층의 신분에 걸맞은 권위가 표현된 곳이어야 했다.

양반주택은 비교적 지방색이 적었으며, 전체적인 배치나 평면은 좋은 글자 모양인 일(日)·월(月)·구(口)자로 하였다. 일(日)과 월(月)은 해와 달을 의미하기 때문에 좋은 형태라 여겼으며, 구(口)는 먹을 것이 끊이지 않음을 의미한다고 하여 선호하였다.

조선시대 유교적 생활을 실천하기 위해 지어진 양반주택은 다음과 같은 특징을 가지고 있었다.

사당.
사당은 사랑채의 뒤쪽인 동북쪽에 세우며, 4대 조상의 위패를 모신다.

첫째, 효(孝)의 실천 공간으로서의 개념을 들 수 있다.

조선시대 생활 문화에 가장 큰 영향을 끼친 유교 덕목은 조상 숭배였다. 이에 따라 부모가 살아 있을 때 효도를 다하는 것은 물론이고 죽은 뒤에도 제사를 정성껏 받들었는데, 사당(祠堂)은 이를 위한 공간이다. 집을 지을 때도 사당 터를 먼저 잡았다.

또한 다른 건물보다 높은 곳에 자리잡게 했고, 한 번 세우면 헐지 않는 것이 철칙이었다.

사당이 차지하는 구역은 집의 절반을 더 차지하여 살아 있는 사람의 집이라기보다는 죽은 조상을 받들기 위한 공간처럼 꾸며졌다.

둘째, 조선시대 양반의 주택은 '남녀유별(男女有別)', '남녀칠세부동석(男女七歲不同席)'이라는 유교적 덕목에 의해 남녀의 공간이 구분되어 있었다. 이에 따라 부부조차도 평생을 별거상태나 다름없이 지내야 했다.

남자가 기거하는 사랑채와 여자가 생활하는 안채의 두 건물 사이에 담을 치고 문을 달아서 완전히 떼어놓아 안채의 중문을 닫아걸면 아무도 안채로 드나들 수 없었다.

끼니는 아랫사람들이 사랑채로 날랐고, 의복 또한 안채에서 내다가 입었다. 따라서 아내와 남편은 함께 있는 경우가 거의 없었다. 사랑채의 남편이 안채로 들어갈 때에는 의관(衣冠)을 잘 갖추어 입고, 헛기침을 서너 번이나 한 다음에야 중문 안으로 발을 내디뎠다.

안채에 사는 부인은 중문 밖으로 나서지 않았다. 부인들이 공식적으로 대문을 나서는 기회는 평생에 서너 번뿐이었다. 시집와서 처음으로 친정에 인사드리러 갈 때, 친정 부모가 상(喪)을 당했을 경우 참석하기 위해, 마지막으로 죽어서 관에 담겨 나오는 경우 이 세 번을 제외하고는 거의 없었다.

청장년기의 남편과 아내가 따로 지내면 자연히 성생활이 문제이다. 더구나 조선시대의 여성은 아들을 낳아 대를 잇는 것이 가장 중요한 임무 중의 하나

솟을 대문.
양반들은 대문을 높게 하여 자신들의 일상생활이 밖으로 노출되지 않게 하였으며, 대청의 높이도 높게 하여 양반의 권위를 표현하였다. 특히 대청의 경우 거의 노비들의 머리가 보일 정도로 높게 하여 신분적 우위를 보였다.

였다. 집집마다 이 문제를 해결하기 위한 비밀통로를 마련하였는데 남편은 깊은 밤중에 비밀통로를 이용해 아내의 방에 들어갔다가 이른 새벽에 자기 방으로 돌아왔다.

부부의 생활이 이러했던 만큼, 외간 남자가 안채로 들어가지 못하는 것은 물론이다. 주인의 허락이 없이 안마당에 들어선 사람은 법을 동원하지 않더라도 사형을 당하였다.

남향집에서는 남자가 기거하는 사랑채는 동쪽에, 여성의 안채는 서쪽에 둔다. 그리고 사당은 사랑채의 뒤, 곧 동북쪽에 세우는 것이 원칙이다. 사랑채와 사당을 동쪽에 두는 것은 동쪽이 밝음·부활·생명을 상징하기 때문이다. 대문이 동쪽에 있어야 좋다는 생각도 이에서 나왔다.

셋째, 양반주택의 특징으로 또 강한 폐쇄성을 들 수 있다. 신분의 구별이 엄격한 사회에서 양반의 권위를 지키기 위해서는 가족의 일상생활이 밖으로 노출되는 것을 꺼렸기 때문에 주거 내의 건물과 공간들은 높은 담장이나 건물 자체로 철저하게 가렸으며, 솟을 대문이나 화려한 담장을 사용하여 그들의 권위를 표현하려 하였다.

백성들의 주택

　백성들의 주택에는 유교적 가르침에 따르는 의례적 생활보다 생산 활동에 도움이 되는 실용성이 우선되었다. 또한 백성의 주택은 지역의 자연환경에도 적응해야 했기 때문에 그 지역의 기후나 토지, 취락구조 등과 같은 주변 여건에 대응하여 독특한 주택형식으로 발전해 나갔다.

　이들의 주택을 지역에 따라 유형화하면 집중형·분산형·절충형 주거로 나눌 수 있다.

집중형 주거 구조.

분산형 주거 구조.

절충형 주거 구조.

집중형 주거란 모든 주거 공간을 하나의 건물에 모아서 만든 집으로, 혹독한 추위에 잘 견디도록 열효율을 높이고 외부의 적으로부터 보호할 수 있게 폐쇄적인 형태로 지은 집이다. 북부 지방의 주택 양식으로서 전(田) 자형이 일반적이다. 부속 건물이 없이 살림채 하나에 거의 모든 주거 공간이 들어가고, 살림채의 규모가 크며 내부에서 모든 공간이 연결된다.

분산형 주거는 남부 지방의 주택 양식이다. 남부 지방은 여름이 길고 무더우며 농업이 발달했으므로 이러한 특징에 알맞게 지어졌다. 부엌·안방·마루방·건넌방이 모두 한 줄로 배열되어 바람이 잘 통하게 하였으며, 창고·외양간 등 부속 건물도 모두 분리되어 있다. 또 각 방 앞에는 쪽마루를 놓아 가장 중요한 작업 공간인 마당으로 쉽게 나갈 수 있게 하였다.

절충형 주거는 중부 지방의 주거 양식으로서 북부와 남부 지역의 특징을 골고루 지니고 있다. 절충형 주거 중 서울 지역은 주택 대지에 제약을 많이 받았으므로 대지 주변을 둘러 방을 배치하게 되어 ㄱ·ㄷ·ㅁ 자형의 건물이 되게 하고 그 가운데 마당이 생기게 하였다. 공간을 최대한 이용하면서 보온과 통풍을 적절히 고려한 것이다.

집에는 사람만 살까

집에 대한 당시 사람들의 생각을 알아볼 수 있는 민간신앙으로는 가택신(家宅神)에 대한 의례를 들 수 있다. 가택신에 대한 의례는 집안에서 이루어지는 굿이나 안택고사(安宅告祀), 집짓는 과정에서 치러지는 건축의례에서 흔히 볼 수 있다.

사람들은 집에 사람뿐만 아니라 사람을 지키는 신들도 함께 살고 있다고 믿어 왔다. 대청의 '성주신(星主神)'을 우두머리로 하여, 안방의 '삼신(三神)', 부엌의 '조왕신(竈王神)', 변소의 '측신(廁神)', 대문에는 '수문신(守門神)', 마당에는 '터주', 장독대에는 '장독지신', 우물에는 '용왕신' 등이 존재한다고 믿었던 것이다.

이들은 각각 일정한 건물이나 공간에 거처하며 일정한 역할을 하고 있다고 보았다. 대체로 이들의 역할은 가족과 가문을 보호하고 그들의 길흉화복을 관장한다고 믿어져서 주기적으로 의례의 대상이 되어 왔다.

집안 최고의 신은 성주(星主)

성주는 집을 지키는 신이다. 성주풀이에 '와가(기와집)에도 성주요, 초가에도 성주요, 가지막에도 성주'라는 말대로, 사람이 사는 집에는 반드시 성주가 있다고 믿었다. 성주는 인간에게 집을 짓고 연장을 만드는 법을 가르쳤다고 한다.

여러 가택신 중에서 우두머리로, 집 전체를 관장하는 신이 성주신(星主神)이다. 『동국세시기(東國歲時記)』에 '10월을 상달이라 하여 무당을 데려다가 성조신(成造神)을 맞이하여 떡과 과일을 베풀어 놓고 집이 편안하기를 기도한다.'라고 기록되어 있는 것으로 보아 성조의 음이 변형되어 성주가 된 것 같다.

성주는 집에 있는 모든 신을 다스리는 최고의 신인만큼 가장(家長)인 호주(戶主)를 보호한다고 믿었다. 다른 가택신들이 특정 공간에서 이루어지는 행위나 사람과 관련하여 영향력을 끼치고 있는 반면, 성주는 가장의 역할처럼 어느 특정한 부분적 역할이 아니라 가족과 가문 전체의 길흉화복을 관장한다고 믿었던 것이다.

성주신의 신체(身體)는 백지에 돈과 실을 묶은 형태, 여러 겹으로 접은 한

들보 위의 성주.

지, 쌀이 담겨진 단지 등의 형태로 조사되었다. 주로 살림채의 대청이나 안방에 설치되었는데, 이는 성주신이 집의 가장 중요한 건물에 위치하며 그 집안 전체를 관장하는 신이라고 믿어 왔음을 알려준다.

안방의 삼신(三神)

어린 생명을 점지하고 지켜주는 삼신은 삼신할매 · 삼승할망 · 세존할머니 · 지앙할매라고도 불린다.

삼신은 산신(産神)이 음운변화하여 삼신이 되었다는 견해도 있지만 태(台)

의 우리말인 '삼'에서 파생된 생(生)을 나타내는 '삼기다'로부터 유래되었다는 설이 유력하다.

주로 안방 시렁 위에 모시며 며느리가 기거하는 방에 두기도 한다. 쌀을 바가지나 단지 등에 넣은 후 한지 등으로 덮어 놓고 섬기는 것이 보통이다.

아기가 태어나서 사흘째 되는 날과 이레 되는 날에 삼신이 온다고 믿어 이때는 삼신에게 고마움을 표시하기 위해 삼신상을 차리게 된다. 주로 밥, 미역국, 정화수 한 그릇과 떡시루 등을 올리며 수저는 놓지 않는다.

부엌의 조왕신(竈王神)

부엌의 부뚜막 신인 조왕신은 현재까지도 그 잔재가 많이 남아 있는 신 중의 하나이다. 조왕신은 여자신이며, 조왕각시 또는 조왕할매라고도 부른다. 조왕은 아궁이를 맡아 불을 주관하는 신으로, 그 역할은 주로 풍부한 식량의 공급, 좋은 취사도구 설비, 왕성한 화력 공급 등으로 볼 수 있다.

아궁이에 불을 땐다는 것은 밥을 짓고 난방을 할 수 있는 경제력을 나타내는 것이므로, 조왕신은 재산을 부풀려주는 재산신의 성격을 갖는다. 요새도 이사 간 집에 갈 때 성냥을 선물하는데, 이는 불을 신성시하여 숭배하던 신앙에서 유래한다.

부엌은 물과 불을 다루는 곳이므로 조왕신에게는 물을 바치게 된다. 이에 따라 부뚜막 뒷벽 한가운데의 작은 턱에 올려놓은 종지의 물이 조왕신의 신체이다. 주부는 새벽에 길어 온 가장 깨끗한 물로 매일 갈아 놓으며, 가족의 평안과 건강을 기원한다. 새벽에 남보다 먼저 물을 길어 와서 조왕을 섬기면 집안의 운세가 좋아진다고 믿었는데, 이는 주부가 부지런해야 집이 부유해진다는 생각에서 나온 것이다.

사람들은 조왕이 음력 12월 23일에 하늘로 올라가 한 해 동안 그 집에서 일어난 일을 옥황상제에게 낱낱이 보고하고 설 새벽에 돌아온다고 믿었다. 그래서 나쁜 일을 저지른 사람은 조왕이 승천하는 전날 밤 아궁이에 엿을 발라두어 조왕이 하늘로 올라가지 못하게 하거나 올라가더라도 엿을 먹어 입이 붙어 잘못을 말하지 못하게 빌었다고 한다.

뒷간의 측신(廁神)

한편 변소에도 귀신이 있다고 믿었다. 뒷간귀신·부출각시·측도부인·측신각시·정낭귀신 등의 이름으로 불렀다. 측신은 대체로 늙지 않는 젊은 각시귀신이며, 성격이 못된 악귀(惡鬼)여서 노여움을 잘 타고 성질이 매우 고약하다고 믿었다. 이는 변소가 더럽고 악취가 나는 곳인 만큼 이 곳을 맡고 있는 신 역시 성격이 못된 것으로 생각했기 때문이다. 측신은 성주신의 지시에 따라 형벌 집행을 책임진다.

양반가 뒷간의 모습.

터주의 신체.
단지 안에 쌀을 넣은 후 눈비가 스며들지 않도록 그 위에 짚을 엮어서 원추형으로 만든다.

마당의 지신(地神)

지신(地神)은 터주·지주(地主)·터줏대감 등으로 부르기도 한다. 토지에는 제각기 토지신이 있는데, 특히 집터에 있는 신을 터주라고 하였다. 한곳에 오랫동안 살아온 사람을 흔히 '터줏대감'이라고 부르는 것은 집터를 지키는 지신의 명칭인 터주에서 유래한 것이다.

터주는 집안의 액운을 막아주고 재복(財福)을 점지해 주는 신이다. 터주의 신체(神體)는 옹기나 질그릇 단지에 벼를 담고 뚜껑을 덮은 다음 그 위에 짚으로 엮어서 원추형으로 만들어 집의 뒤뜰 장독대 옆에 모신다. 이를 '터줏가리' 라고 하는데, 햇벼로 갈아준다.

이때 갈아준 묵은 벼로 지은 밥은 남을 주지 않고 반드시 가족들끼리만 먹었는데, 이는 터주가 재복을 주는 신이므로 남과 나누어 먹으면 그만큼 복을 덜어 주는 것이라 믿었기 때문이다.

대문의 수문신(守門神)

우리 조상들은 액운이 사람처럼 문으로 침입한다고 여겼다. 따라서 문에 지킴이를 두면 잡귀를 쫓을 수 있다고 믿었다. 대문에 있으면서 악귀의 침범을 막고 출입을 단속하는 수문신(守門神)을 수문장(守門將)·수문장군신(守門將軍神)이라고도 불렀다.

용(龍)자와 호(虎)자를 붙인 대문.

수문신의 신체(神體)는 대문간 윗벽에 큰 헝겊 또는 삼베를 매달아 놓기도 하고, 무장(武將)의 무서운 얼굴을 그려 붙이기도 하며, 용(龍)·호(虎) 등의 글자를 크게 써서 붙이기도 한다.

대체로 붉은 색으로 그렸는데 귀신 쫓는 글이나 부적을 붉은 물감으로 쓰는 것은 붉은 빛이 귀신을 쫓는다고 여겼기 때문이다.

집터잡기

중국에서 전국시대 말기(기원전 5~4세기)에 싹튼 풍수사상이 언제 우리나라에 들어왔는지는 자세히 알 수 없다. 풍수사상(風水思想)은 땅을 만물의 어머니로 간주하는 데에서 출발하는 것으로서, 풍수상의 좋은 땅이란 만물을 길러내는 생명력이 넘치는 곳을 의미한다.

풍수설은 고대부터 믿어왔던 지모신(地母神) 관념에 입각하여 수립된 것으로, 여성인 땅의 생산력에 의지하며 땅의 보육력에서 생활의 발전을 도모하려는 데 그 목적이 있다.

우리나라에 풍수사상이 적용된 것으로 보이는 최초의 기록은 『삼국유사』이다.

신라의 4대 왕인 석탈해(昔脫解)가 왕이 되기 전에 토함산에 올라가 살 만한 곳을 찾았는데, 호공(瓠公)이라는 사람의 집터가 초승달을 닮은 땅에 있었다.

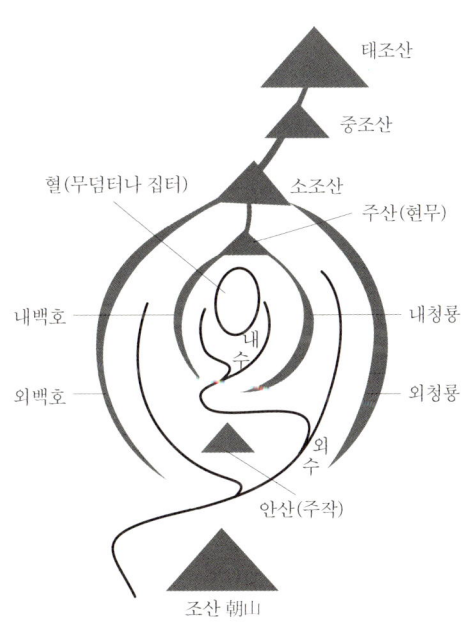

풍수지리상의 명당.
풍수지리설의 가장 기초적이며 영향력을 갖는 것이 사신사(四神砂)이다. 사신사란 풍수의 대상이 되는 땅의 전·후·좌·우에 있는 산을 말한다. 이 산에는 각기 방위에 따라 보호해주는 동물이 있는데 주작·현무·청룡·백호가 그것들이다. 명당은 이 사신이 고루 갖추어져 있어 균형을 이루고, 이 사신이 그 대상이 되는 땅을 사방에서 보호해 주는 모양인 감씨의 형을 하고 있다고 한다.

석탈해는 호공의 집터가 풍수상 좋은 터임을 알고 남몰래 그 집 뜰에 숯을 묻어 놓고 재판을 하여 대대로 대장장이였던 자신의 조상 집이라고 주장하여 그 집을 차지하였다.

초승달은 날이 지남에 따라 점점 커져 가게 마련이므로 이 터에 사는 사람 역시 크게 될 것이라는 풍수와 관련된 설화이다. 이를 보아 풍수사상이 이미 삼국시대 초기에 널리 퍼져 있었음을 알 수 있다.

풍수사상은 신라 말의 스님인 도선(道詵, 827~898)에 의해서 크게 유행하였다. 도선은 중국의 풍수사상을 배워 와『도선비기(道詵秘記)』를 지어 고려를 거쳐 조선에 이르기까지 풍수사상을 발전시켰다. 도선은 고려 태조 왕건(王建)의 아버지 대에 좋은 터를 정해 주어 왕건이 고려를 건국할 수 있게 하였으며, 이에 따라 왕건도 도선의 풍수사상을 따르게 되어 국가의 발전과 쇠퇴를 풍수사상에 의한 것으로 이해하였다.

조선시대에 들어와 풍수사상은 더욱 발전된 체계를 갖추고 민간에까지 널리 전파되어 백성들까지 풍수전문가를 고용해 집터와 집 모양을 결정하였다. 이에 따라 좋은 터를 찾아내기 위해 재산을 탕진한다든지, 한 터를 두고 서로 차지하기 위해 싸움이 끊이지 않는 등 풍수사상으로 인한 폐해도 많았다.

조선 후기에 이르러서는 일반인이 이해하기 어려웠던 풍수의 이론과 민간에 널리 퍼져 있던 풍수에 대한 민간신앙을 결합하여 좋은 주택을 지을 수 있는 방법을 설명한 책들이 실학자들에 의해 만들어졌다. 홍만선(洪萬善, 1643~1715)의『산림경제(山林經濟)』, 서유구의『임원경제지(林園經濟志)』, 이중환(李重煥)의『택리지(擇里志)』등이 대표적인 것들이다.

풍수에서는 땅 속에 살아 꿈틀대는 정기가 있으며, 우리 몸의 피처럼 일정한 길을 따라 움직인다고 한다. 따라서 이를 타고난 사람은 복을 받아 부귀영화를 누리고, 정기가 뭉친 곳에 집을 지으면 기운이 뻗쳐서 대를 이어 번성한다는 것이다. 이곳을 도읍지로 잡으면 나라가 오래도록 번성하며, 조상의 무덤을 쓰면 큰 인물이 될 후손이 줄줄이 태어난다고 한다. 즉 집터·마을터·무덤터의 좋고 나쁨이 사람의 길흉화복에 절대적 영향을 끼친다는 주장이다.

『택리지』에는 '대저 집터 잡는 데 으뜸은 지리(地利)이고, 다음이 생리(生利)이며, 셋째가 인심(人心), 그 다음이 산수(山水)인데, 이 중에 한 가지라도 처지면 좋은 터전이라고 할 수 없다.'고 하여 4가지의 이익을 얻을 수 있는 곳에 집을 지어야 한다고 했다.

지리(地利)란 지형적 조건을 의미하는 것으로서 생기(生氣) 있는 지형이어서 토지의 생산성이 좋아야 하며, 음료의 위생적 측면까지도 포함한 것이다.

생리(生利)는 경제적 조건으로서 경제적 이득을 취할 수 있는 지리적 여건을 말한 것이다.

인심(人心)은 이웃과의 관계를 말하는 것으로 사회적 조건인 것이다. 마지막으로 산수(山水)란 집 주변의 자연경관이 사람의 심성에 영향을 줄 수 있는 만큼 좋은 경관을 가져야 한다는 것이다.

조선시대에 발달한 풍수지리설에 의해 당시 사람들이 집터를 정하는 데 조심했던 것으로는 다음과 같은 것들이 있다.

- 동쪽이 높고 서쪽이 낮은 터를 으뜸으로 삼는다.
- 북쪽이 길고 동서쪽이 좁거나, 오른쪽이 길고 넓은 터도 좋다.
- 앞이 높고 뒤가 낮으면 망하고, 주위가 높고 가운데가 낮으면 처음에는 잘 살지만 뒤에 가난해진다.
- 사다리처럼 앞이 좁고 뒤가 너르면 가난하고, 세모꼴이면 모서리 귀신을

잘 받들어야 한다. 오른쪽 모서리에 장독대를 만들어 장독귀신을, 왼쪽에 뒷간을 짓고 뒷간귀신을, 위쪽에 삼신단을 쌓고 삼신을 받든다.

그러나 명당(明堂)이라고 하는 것은 단순히 그 터가 풍수지리적으로 명당이라는 점뿐만 아니라 자연과 인간의 조화가 이루어진 곳을 말할 것이다.

〈참고 문헌〉

1. 강영환. 『한국 주거문화의 역사』. 기문당, 1991.
2. 강영환. 『집의 사회사』. 웅진출판, 1992.
3. 김광언. 『한국의 주거민속지』. 민음사, 1988.
4. 김광언. 『우리 생활 100년 · 집』. 현암사, 2000.
5. 김광언. 『한국의 부엌』. 대원사, 2000.
6. 김광언. 『한국의 집지킴이』. 다락방, 2000.
7. 문정옥. 「韓國家神의 분류」『한국민속학』 15. 민속학회, 1982.
8. 박영순 외. 『우리 옛집 이야기』. 열화당, 1998.
9. 백영흠 · 안옥희. 『한국 주거역사와 문화』. 지문당, 2003.
10. 시공테크. 『그림과 명칭으로 보는 한국의 문화유산』. 시공테크, 1999.
11. 신영훈. 『한국의 살림집』. 열화당, 1986.
12. 신영훈. 『우리가 정말 알아야 할 우리 한옥』. 현암사, 2000.
13. 이규태. 『재미있는 우리의 집 이야기』. 기린원, 1991.
14. 이종호. 『세계 최고의 우리 문화유산』. 컬처라인, 2001.
15. 장주근. 「가신신앙」『한국민속대관』 3. 고려대 민족문화연구소, 1982.
16. 주거학연구회. 『새로 쓰는 주거문화』. 교문사, 1999.
17. 최상수. 『한국의 의식주와 民具의 연구』. 성문각, 1988.
18. 한국역사연구회. 『고려의 황도 개경』. 창작과 비평사, 2002.

| 열여섯 번째 |

가족제도

가족과 가족제도

　남녀가 결혼을 하게 되면 하나의 가족이 탄생한다. 가족은 인간생활의 기본 단위이다. 특히 전근대사회에서는 생산 활동의 단위가 되어 더욱 중시되었다. 가족은 혼인관계로 이루어지는 부부와 혈연관계로 이루어지는 자녀로 구성된다.
　결혼 후 동거를 계속하는 자식에게 부모를 봉양하는 일을 맡기며, 분가한 자식을 구별하여 이들에게 생활수단인 재산을 분배하여 주며 생활의 터전을 마련하여 줌으로써 부모의 의무를 다하게 된다. 이와 같이 재산을 분배하고 분가를 시키는 일정한 규칙을 상속제도와 분가(分家)제노라 힌다. 또한 집을 계승할 자식이 없을 경우 양자를 정하여 집을 계승시키는데 이런 양자의 규정을 양자(養子)제도라 한다.
　즉, 자녀의 성장과 부모 노후라는 가족구성원의 변경과 이에 따르는 제반 절차, 각 절차에 따르는 여러 제도들을 합하여 가족제도라 한다.

가족제도는 부계우위(父系優位)의 양계적(兩系的) 계승에서 18세기에 들어 부계중심 사회로 변화하였다.

가족의 규모

가족의 규모가 어느 정도인지 살필 수 있는 자료로 호구단자(戶口單子)가 있다. 호구단자는 국가에서 호적을 작성할 때, 해당 집안에서 자신들의 가족 구성을 적어 관에 보고했던 문서이며, 준호구(準戶口)란 각 집안에서 바친 호구단자를 이용해서 호적 작성이 완료된 이후 그 호적기록을 근거로 국가로부터 재발급받은 문서를 가리킨다. 즉, 준호구는 오늘날로 보면 호적등본과 같은 것이다.

국가에서 호적을 작성하는 목적은 나라에 역(役)을 지는 남자를 파악하려는 데 중점이 있었기 때문에, 호적은 자연히 역을 담당하는 남자들에 대한 기록에 충실하다.

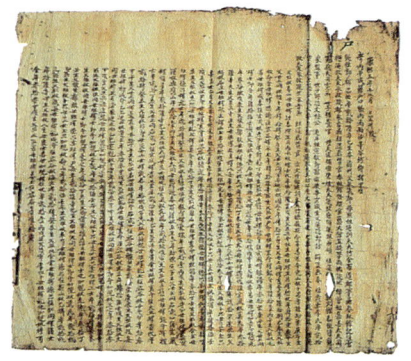

준호구.
관청에서 개인의 호적 사항을 증명해 지급한 문서.

고려 말 이태조 호적(李太祖戶籍).
국보 제23호. 이성계가 조선을 건국하기 2년 전에 작성한 호적. 당시 이성계의 관직 등이 명기되어 있고, 호주 이성계를 중심으로 한 세계(世系), 동거하는 자식·형제·조카·사위뿐만 아니라 노비까지 기록되어 있다.

이를 통해 살펴보면 고려 전기에는 한 쌍의 부부로만 이루어진 가족이나 어느 한 쪽의 노부모를 모시는 단위로 되어 있는 소가족 구성이 많았다.

고려 중기 이후의 남아 있는 호적자료 34호 가운데 약 4분의 3 정도가 둘 이상의 부부 가족으로 구성되어 있어 차차 대가족 구성으로 바뀌었음을 알 수 있다.

이후 조선시대에 들어와서는 대가족 구성이 중심적이었다. 대가족제도를 지향하는 것은 유교덕목 가운데 하나인 부모에 대한 효도를 권장하는 한편, 대가족제를 유지하여 각 호(戶)마다 농사에 필요한 최소한의 노동력을 확보·유지시켜서 경제적인 안정을 꾀하기 위한 것이었다.

가족제도의 변화

가족제도는 그 집안의 계통인 가계(家系)를 이어나가기 위한 제도로서, 상속(相續)·분가(分家)·양자(養子) 등에 관련된 제도이다.

상속제도에 있어 우리의 독특한 관습은 '균분(均分)'이었다. 고려시대에 자녀 균분 상속은 고종 때 손변(孫抃)이라는 사람이 경상도에 안찰부사(按察副使)로 내려갔을 때 해결한 소송사건을 통해 알 수 있다.

당시의 사건은 남동생과 누나가 부모가 남긴 재산을 놓고 벌인 것이었다. 부모는 죽으면서 누나에게 모든 재산을 주고 남동생에게는 검은 옷과 검은 모자 한 벌, 짚신 한 켤레, 종이 한 두루마리 뿐이었고, 이를 문서로 작성하여 놓았다. 동생이 장성하자 이의 부당함을 관가에 호소하였던 것이다.

유산 상속에 대한 문서대로 누나가 전 재산을 갖는다는 것은 법적으로 당연한 것이었지만, 아들에게 전혀 재산을 나누어주지 않는 것은 인정상 좋아 보이지 않았기 때문에 이 소송은 몇 년에 걸쳐 진행된 골치아픈 사건이었다.

그러나 손변은 부임하자 두 사람을 불러 놓고 '부모의 마음은 자녀에게 똑같다. 어찌 장성하여 시집간 딸에게만 후하겠느냐? 아이가 의지할 곳은 누나뿐인데, 만약 누나와 재산을 똑같이 남겨주면 누나와 동생의 사이가 나빠질 수도 있을까 걱정하여, 장성하면 이 종이로 소장을 만들고 검은 옷과 검은 모자를 쓰고 짚신을 신고 관청에 고소하면 장차 잘 판결해 줄 자가 있을 것이라 생각하신 것이다.' 하며 재산을 반씩 나누어 주었다.

이를 통해 볼 때 고려시대에는 아들과 딸, 그리고 결혼 여부와 상관없이 재산을 똑같이 나누어주는 방식이 일반적이었음을 알 수 있다. 재산은 토지와 노비를 포함한 모든 재산을 의미한다.

이처럼 자녀 균분 상속이 가능했던 것은 친가·외가·처가가 유기적으로 결합된 친족형태로 인해 딸 차별이나 장남 우대라는 사고방식이 고려사회에는 자리 잡지 않았던 것과 관련이 있다.

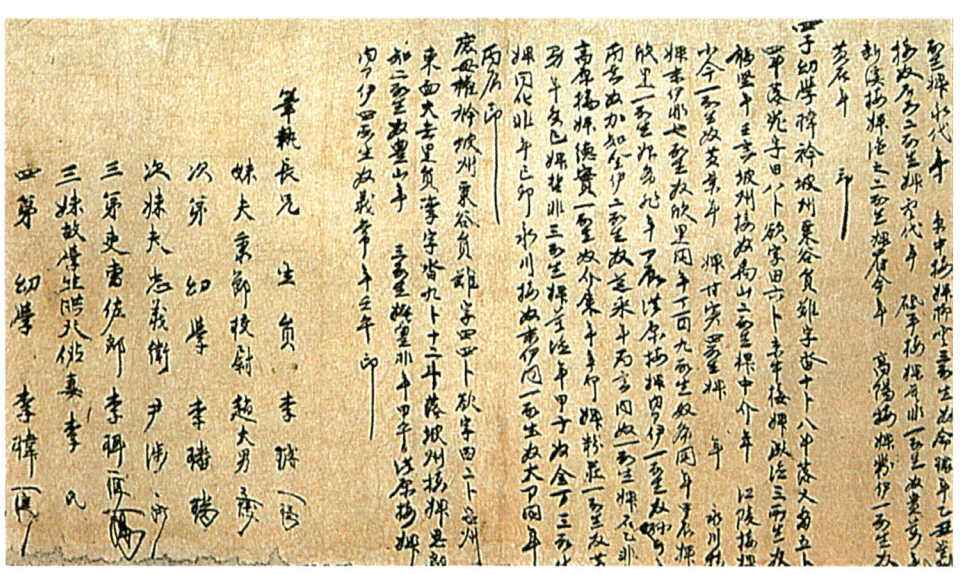

율곡 선생 남매분재기.

그러므로 장자와 장손으로 가계가 계승되어야 한다는 의식이 적었으며, 대가 끊길 것을 걱정하여 양자(養子)를 들이는 경우도 거의 없었다.

또한 남성이 여성의 집으로 장가가는 서류부가형의 혼인형태도 균분 상속의 성립에 영향을 주었다. 자녀가 재산을 똑같이 상속받게 되므로 그에 따른 의무도 균등하였다. 이에 따라 제사도 자녀가 동등하게 지냈는데 이를 윤회봉사(輪廻奉事)라 한다.

재산 관리는 철저하게 자신의 몫별로 관리되고 기록되었다. 즉 결혼을 통해 한 가족을 이룰 경우, 여자가 친정에서 가져온 재산은 장부상 그 몫을 달리했으며, 그 처분권도 전적으로 여자에게 있었다.

이렇게 자녀에게 재산을 똑같이 나눠주는 균분(均分) 상속은 조선 중기까지 계속되었다. 「율곡 선생 남매분재기(男妹分財記)」는 율곡 이이가 41세 때 아버지로부터 물려받은 재산 상속의 내용을 기록한 고문서이다. 이 문서를 보면 율곡 이이의 형제·자매 7명과 서모(庶母) 권씨 등이 모두 균등하게 재산을 물려받고 있었으며, 그에 따라 각자가 책임져야 할 제사를 기록하고 있어 16세기까지도 자녀 균분 상속과 윤회봉사가 지속되었음을 알 수 있다.

그러나 유교사회의 제반 문물과 제도가 지방 곳곳의 개인에게 침투하던 17세기 중엽 무렵 남녀차별·장남우대가 서서히 나타나기 시작해 18세기에 이르러 균분 상속은 거의 사라지고 장남과 아들이 우대되는 상속제가 정착하였다. 이렇게 되면서 사위가 제사에서 제외되었고, 재산관리에서도 재산의 유래를 밝히는 경우가 거의 없어지면서, 시집올 때 가져온 여자의 재산은 남편의 재산으로 간주되었다.

이러한 상속제의 변화와 더불어 제사 상속도 18세기에 이르러서는 장남 단독 봉사로 정착하였다. 상속제가 부계 혈연 중심으로 변화하면서 양자(養子)제도도 발달하게 된다. 이에 따라 가족유형도 부계 직계 가족이 본격적으로 형성되었다.

가족제도 변화에 따른 사회적 영향

고려시대의 남녀 균분 상속은 조상의 유산을 분산시키는 효과가 있어 가족 간에 큰 빈부의 차가 발생하지 않았다. 그러나 조선 후기에 유산이 적장자에게 독점적으로 상속되면서 족세(族勢)·가세(家勢)에 따른 빈부 차가 발생하게 되었다.

우리가 잘 아는 흥부·놀부전은 조선 후기 장자에게 독점적으로 재산 상속을 하게 되면서 나타난 형과 동생 간의 빈부 격차에 대한 내용을 담고 있다.

또한 조선시대에 들어와 효(孝)가 사회적 윤리로 승화되었다. 단순히 부모의 은혜에 보답하는 행위인 효가 부계 가족이 본격적으로 발달하면서 사회적 이데올로기로 철학적 의미를 갖게 되었다. 조선을 가족주의 사회라고 하는 것도 이러한 가족원리로서의 효가 사회적 이데올로기로 발전하였기 때문이다.

성(姓)은 언제부터 사용하였을까

성(姓)이란 흔히 개인에 대한 호칭으로 사용되나, 원래 가족(family) 혹은 혈족(clan)을 표시하는 명칭이다. 따라서 성씨를 갖는다거나 계보를 잇는다는 것은 그 가족·혈족에 소속하는 성원권(成員權)을 갖는다는 것을 의미한다.

역사상 성을 제일 먼저 쓰기 시작한 사람은 왕이다. 『삼국사기』 『삼국유사』에는 삼국의 건국시조들의 성씨가 기록되어 있다. 기록상 성씨가 나타나는 가장 오래된 사례는 신라 진흥왕이다. 중국의 사서 『북제서(北齊書)』에는 진흥왕이 '김진흥(金眞興)'으로 기록되어 있다. 삼국시대에는 성씨를 신분에 따라 순차적으로 가질 수 있었으며, 일반인들은 사용할 수 없었던 일부 특권층의 전유물이었다.

성이 전국적으로 확대된 것은 신라 말 고려 초이다. 10세기 전반에 각 지방에는 독자적인 세력들인 호족들이 등장하여, 자신들 성의 독자성을 확대하기 위해 성씨를 칭하기 시작하였다. 오늘날 각 가문에서 시조로 모시고 있는 인물들은 대부분 이 무렵의 인물이다.

고려는 통일 후 지방호족들이 마음대로 사용하던 성씨를 국가 차원에서 정리하였다. 우선 왕건(王建)은 지방의 세력가나 자신에게 협조한 인물에게 자신의 성인 '왕(王)씨' 성을 하사한 것을 시작으로 이들 호족에게 각 지역의 지배자임을 인정한다는 의미에서 토성(土姓)을 나누어 주었다. 이로써 본관제(本貫制)가 성립되었다.

고려 중엽에는 대부분의 일반 양민까지 성씨를 보유할 수 있었고, 조선 전기에 이르면 약 250~270여 개의 성씨가 있게 되었으며, 전 인구의 약 40%가 성을 가진 것으로 보인다. 천민층에까지 성씨 사용이 보편화된 것은 조선 후기에 들어와서이며, 이 때는 총 496개의 성씨가 보인다.

1985년에 이루어진 국세조사에서는 총 274개의 성씨가 나타났다. 이 중 김씨(金氏)가 전체 인구의 21.9%로 가장 많고, 그 다음으로 이씨(李氏)가 14.9%, 박씨(朴氏)가 8.5%, 최씨(崔氏)가 4.8%, 정씨(鄭氏)가 4.4%를 차지한다. 이 5개의 성씨가 전체 성씨의 54.4% 이상을 차지한다.

본관(本貫)이란

본관이란 어떤 개인의 시조(始祖)가 난 곳, 또는 성(姓)의 출자지(出自地)로서 관적(貫籍)·본적(本籍)·성관(姓貫)·본·관향(貫鄉)·적관(籍貫)이라고도 한다. 보통 성과 함께 사용되면서 개인의 부계 친족의 범위를 나타내는 데 쓰인다. 중국에서는 당나라 이전부터 본관을 사용한 것으로 알려져 있다. 우리나라에서는 나말려초의 사회 변동을 정리하는 과정에서 성립되었다.

왕건은 호족들을 통합하기 위해 각 지역의 호족들에게 그들이 차지하고 있던 지역에서의 특권을 인정해 주었고, 이에 토성(土姓)을 나누어 정하였다. 본관과 성씨의 제도가 성립되기 전까지는 친족이라고 분류가 되긴 했어도 가문의식으로까지 확대되었다고는 볼 수 없다.

고려 후기 이후 향촌사회에서 농민층 분해가 심화되고, 유망(流亡)이 극심하게 일어나면서 본관과 거주지의 분리현상이 확대되어 갔다. 이에 본관 지역을 이탈한 농민들을 원래의 본관으로 되돌리는 것이 현실적으로 불가능했다. 차라리 현재의 거주지에 문서를 붙여서 수취를 하는 편이 보다 편리했다. 이에 따라 본관이 점차 관념적인 혈연의식을 의미하는 것으로 변화했다.

조선시대에 와서는 동성은 처음에는 동본이었다는 관념에서 성관의 통합이 진행되었다. 즉 군소 성관(姓貫)들이 같은 성의 유력 본관을 따라 바꾸는 현상이 나타났.

본관은 이제 성관으로서 '동성동본(同姓同本)은 백대지친(百代之親)', 즉 '같은 본 같은 성은 영원토록 친척간이다'라는 보다 혈연적인 의식이 강하게 되었고, 개인이 속한 부계친족 집단의 계급적 우월성과 신분을 상징하게 되었다.

같은 성씨라 하더라도 오랜 세월이 흐르는 동안 후손들이 널리 퍼지면서 중시조의 출신지나 세거지(世居地)를 근거로 관향(貫鄕)을 정하게 되었다. 예를 들면 경순왕의 제3자 명종의 자손들은 다 같은 경주 김씨이지만 화순김씨니, 영천 김씨니, 영암 김씨니 하여 성의 근본을 가리기 위해 다른 본관을 쓰고 있다. 안동 권씨나 광산 이씨와 같은 경우에는 근본은 경주 김씨지만, 임금으로부터 받은 사성(賜姓)으로 본래의 성과 본관을 달리하였다.

우리나라 성씨에 나타난 본관의 수는 김씨가 85본, 이씨가 103본, 박씨가 34본, 최씨가 34본, 정씨가 35본으로 나타난다.

근대적인 호적제도가 시행되어 모든 사람들이 성과 본관을 가지게 되면서, 본관의 사회적 기능은 점차 약화되었지만 2000년 10월 국무회의에서 〈민법 809조 동성동본간 혼인 금지 규정〉을 폐지하고 친·외가 양가의 8촌까지만 불혼(不婚)이라는 규정이 생길 정도로 최근까지 동성동본간의 혼인을 금지하는 등 법률적으로 본관제의 혈연적 유대 기능은 잔존했다.

족보(族譜)의 발달

족보란 성씨의 시조부터 편찬 당대인에 이르기까지의 세보를 기록한 것이다. 족보에는 시조에서부터 세대순으로 이름과 자(字)·호(號), 시호(諡號), 과거와 관직, 저술과 문집, 특기할 만한 업적, 그리고 출생과 사망연월일, 묘지의 위치 등 개인의 모든 경력과 이력이 기록되어 있다.

고려에서는 왕실의 보첩(譜牒)을 맡아보는 전중성(殿中省)을 두었는데, 전중성은 그 후 목종 때에 전중시(殿中寺)로 개칭됐고, 충렬왕 때는 종정시(宗正寺)로, 공민왕 때는 종부시(宗簿寺)로 이름이 바뀌었다.

고려 의종 때에 김관의(金寬毅)가 『왕대종록(王代宗錄)』이라는 종실의 족보를 작성하였는데, 이것이 우리나라 족보의 효시라 할 수 있다. 고려시대의 족보를 본 후 과거와 벼슬을 하지 않은 사이의 자신의 가계와 신분을 증빙하는 근거로 삼기 위해 작성하기 시작했는데, 조선시대에 유교가 보편화되면서 족보가 본격적으로 출현하게 되었다.

조선 태조 때에 왕실족보 사무와 왕족을 규찰하는 일을 맡아보는 전중시를 두었다가 태종이 즉위한 해에 종부시로 이름을 바꾸었고, 고종 때에 이를 종친부(宗親府)로 통합하였다.

숙종 때에 왕실관계의 『선원보략(璿源譜略)』이 나오기 전에 민간에서 족보가 먼저 발간되었는데, 1476년(성종 7년) 안동 권씨(安東權氏)가 편찬한 『안동권씨 성화보(安東權氏 成化譜)』가 그것이다.

이 성화보는 민간족보로서는 가장 오래된 것으로 자녀를 출생순으로 기록하고 있다. 딸이 결혼하였을 경우 여부(女夫)라고 쓴 다음에 사위의 이름을 썼다. 재혼했을 경우에는 후부(後夫)라고 하며 재혼한 남편의 이름까지도 함께 적고 있다. 이는 조선 전기까지 여성의 재혼이 가능했으며, 전 남편과 나중 남편을 족보에 나란히 기록할 만큼 여성의 주체성이 인정되었음을 알려준다.

특히 외손(外孫)도 친손(親孫)과 마찬가지로 편찬 당시까지 대를 이어 모두 기록하고 있다. 사위만 성과 이름을 다 기록하여 다른 성(姓)임을 구분하였고, 외손들은 성은 빼고 이름만 기재하여 외손, 친손을 동일한 체계와 비중으로 기록하였다.

조선조 중엽에 이르러 권문들이 서로 족보를 만들었고, 그 후 명문이 아니더라도 여유가 있는 사람은 뿌리를 밝히고 가문을 장식하기 위해 족보를 간행하였다.

『안동권씨 성화보』보다 약 90년 정도 후에 편찬된『문화유씨보(文化柳氏譜)』(1565, 명종 7년)는 조선 중기에 간행된 대표적인 족보로, 혈족 전부를 망라한 것이었다.『문화유씨보』도 여전히 자녀를 출생순으로 기재하였고, 외손들에 대해서도 상세히 기재하고 있다.

다만, 사위의 경우 여부(女夫) 대신 서(壻)라고 적고 있는 점이 다르지만, 여전히 전 남편과 나중 남편을 나란히 적고 있어 여성의 재가가 이때까지도 가능했음을 알 수 있다.

이러한 초기 족보와 달리 조선 후기에 들면서 엄격한 남성 중심, 종가(宗家) 중심의 족보로 변하게 된다. 이에 따라 족보 기재 방식에도 큰 변화가 나타났다.

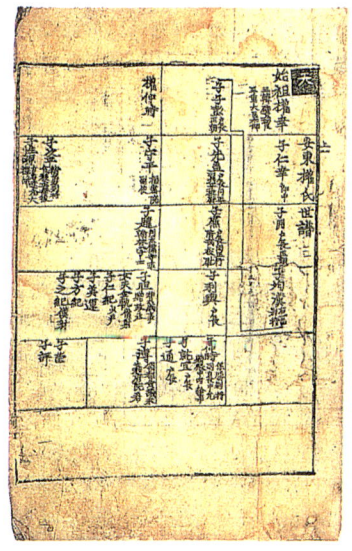

안동권씨성화보.
1476년 간행된 현존하는 가장 오래된 족보.
규장각 소장.

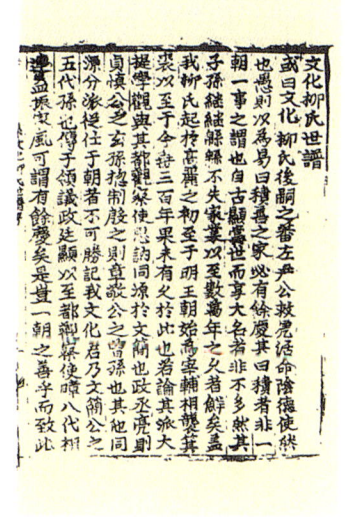

문화유씨보.
1562년 간행. 국립중앙박물관 소장.

우선 자녀를 기재할 때 출생순서가 아니라 아들을 먼저 기재하는 선남후녀(先男後女)의 방식을 취했다. 시집간 딸은 사위 이름만 기재하고 외손은 족보에서 제외되었다.

이렇게 18세기를 전후하여 족보의 기재 방식에 큰 변화가 나타난 것은 성리학적인 사회윤리에 기초하는 부계 위주의 가계 계승 의식이 확고해지면서 여성들의 입지가 그만큼 좁아진 것을 반영한 것이다.

《참고 문헌》

1. 김두헌. 『한국가족제도연구』. 서울대학교 출판부, 1969.
2. 김득황·김도경. 『우리민족 우리역사』. 삶과 꿈, 1999.
3. 김인호. 『우리가 정말 몰랐던 고려 이야기』. 자작, 2001.
4. 김창현·김철웅·이정란. 『고려 500년, 의문과 진실』. 김영사, 2001.
5. 박용운 외. 『고려시대 사람들 이야기 2』. 신서원, 2002.
6. 박종기. 『5백년 고려사』. 푸른역사, 1999.
7. 한국고문서학회. 『조선시대 생활사』. 역사비평사, 1996.
8. 한국역사연구회. 『고려시대 사람들은 어떻게 살았을까』. 청년사, 1996.

| 열일곱 번째 |

형벌(刑罰)제도

사극을 보면 어김없이 한번은 형벌에 관련된 것을 접할 수 있다. 가장 흔하게 들어본 것이 '주리를 틀라.'든가 '매우 쳐라.' 등이다. 얼마 전 사극 열풍을 몰고 왔던 드라마 '여인천하'에서 경빈을 죽일 때는 억지로 몇 사발씩이나 사약을 들이부었던 것도 볼 수 있었다. 지금의 입장에서는 합리적이지 못한 형벌제도로 보이지만 당시 나름대로는 엄격한 법 집행과 형벌제도를 갖추고 있었다.

❋ 법은 어디서 집행하나

조선시대 사법기관으로는 의금부(義禁府)·형조(刑曹)·한성부(漢城府)·사헌부(司憲府)·장예원(掌隷院)·승정원(承政院)·종부시(宗簿司) 등이 있다.

의금부는 국왕의 명령에 의해 진행되는 기관으로, 왕족이나 관원의 범죄,

사헌부가 탄핵한 관리에 대한 사건, 삼강오륜에 관한 범죄를 다스리는 최고 사법기관이었다. 의금부에서 내려지는 판결은 일심이면서 종심으로 오늘날의 대법원이 가지는 권한을 행사하였다.

재판을 주로 취급하는 중앙의 일반 재판기관은 형조와 사헌부, 한성부이며 이 기관들을 3법사라고 한다. 형조는 민·형사 사건을 맡아 판결을 내리거나 수령이 관장하는 일반 사건의 상소심(上訴審)을 맡았다. 형조는 재판권과 사법 감독권 모두를 가지고 있었다.

이 밖에 일반 백성을 잡아 가둘 수 있는 준 사법기관으로 사헌부와 한성부가 있다. 사헌부는 관료의 기강을 잡는 감찰기관으로 왕명에 따라 관리의 잘못을 다스렸다. 한성부는 일반 행정 이외에 사법과 치안까지 맡고 있었다. 사람을 잡아 가둘 수 있는 기관으로는 병조·승정원·종부시·포도청·사간원 등이 있었는데, 장예원은 노비소송 문제를 처리하는 기관이다.

모든 관청에서 죄인을 마음대로 처리한 것은 아니었다. 사형에 대한 최종 결정권은 오직 국왕만이 가지고 있었고, 관청별로 죄인을 처벌할 수 있는 범위도 제한되어 있었다.

✿ 죄를 지으면 가는 곳

범죄자가 잡히면 일단 옥에 갇힌다. 조선시대에는 범죄자에 대한 판결이 나면 바로 형이 집행되었기 때문에 감옥에 있는 사람들은 미결수였다. 당시에는 감옥을 '원옥(圓獄)'이라고 하였다. '원(圓)'이란 '둥글다'는 뜻인데 감옥이 둥근 담으로 둘러쳐져 있었기 때문에 생겨난 이름이다. 그런데 대체로 원옥에는 부유하고 권력 있는 사람들보다는 가난하고 힘없는 백성들이 억울하게 갇히는 경우가 많았으므로 '원옥(怨獄)' 혹은 '원옥(冤獄)'으로 불리기도 하였다.

　서울인 한성에는 전옥서와 의금부 감옥, 7개 관청의 감옥이 있었고, 지방에는 군현에 모두 감옥이 있었다. 감옥은 대개 관아 입구에 있었다. 죄인을 가두는 감방은 부채꼴로 배치되어 있어 부채의 손잡이 쪽에 앉아 있으면 일일이 돌아다니지 않아도 한눈에 칸칸이 갇혀 있는 모든 죄수를 감시할 수 있었다. 또한 감방은 남자 죄인과 여자 죄인의 옥이 동쪽 칸과 서쪽 칸으로 각각 나누어 설치되어 있었고, 높은 담이 둘러져 있었다. 감방은 매 칸마다 버팀목을 설치하고 밑에는 판자를 깔았으며, 판문을 달아 큰 자물통을 채웠다. 그리고 판벽에는 구멍을 뚫어 물이나 음식을 통하게 하였다.

원옥(圓獄)의 모습.
감옥에 갇힌 친구를 면회 가는 것을 그린 것인데, 그림에 보이듯이 감옥이 둥근 담으로 둘러싸여 있다(김준근의 『기산풍속도첩』).

고통스러운 감옥생활

다산 정약용은 감옥은 '이승의 지옥'이라고 하면서 옥중의 고통에서 가장 큰 고통을 다섯 가지 들었다.

첫째, 형틀의 고통이다. 특히 목에 씌우는 칼[枷]에 대해 '칼을 씌우면 죄인은 감히 고개를 들어 쳐다 볼 수도 없고 숨통이 막혀 잠깐 동안이라도 견딜 수가 없게 된다.'고 하였다.

둘째, 토색질 당하는 고통이다. 옥졸이나 관아에서 옥중에 갇힌 자들의 재물을 뜯어내려고 혹독하고 포학한 형벌을 가하는 경우가 많았기 때문이다.

셋째, 병들어 아픈 고통이다. 병에 걸린 죄인들을 옥졸(獄卒)이나 형리(刑吏)들이 돌보아주기는 하지만, 이도 부유한 죄인들에게만 해당되고 가난한 백성들은 약도 제대로 써보지 못하는 것이 현실이었다.

넷째, 추위와 굶주림의 고통이다.

다섯째, 재판이 오래 지체되어 감옥에서 나가는 날을 기약 없이 기다리는 고통이다.

죄를 지은 죄인만 고통스러운 것은 아니었다. 죄인의 가족들 역시 고통스러운 생활을 해야 했다. 감옥에 갇히게 된 죄수들은 제대로 끼니를 챙겨서 먹을 수가 없었으며, 나라에서도 죽지 않을 정도의 식량만을 지급했다. 그러므로 실제로는 죄수의 가족들이 넉넉하지 않은 살림에서도 식량을 대어야만 했다. 죄수의 가

옥바라지.
김윤보의 『형정도첩』. 나라에서 죄수들에게 죽지 않을 정도의 식량만을 지급했기 때문에 죄수들은 굶주림의 고통을 겪어야 했다. 이에 죄인의 가족들은 그들의 식량을 마련하기 위해 어려운 생활을 해야 했다.

족들은 감옥 부근의 식당이나 음식을 파는 사람들에게 돈을 주고 때마다 죄수들의 식사를 마련하도록 뒷바라지를 했다.

가족이 없는 죄수들은 동료 죄수나 옥리(獄吏)들이 먹다가 남긴 찌꺼기 음식들로 연명하다가 굶어 죽을 수밖에 없었다. 더구나 관아에서 지급하는 식량도 공짜가 아니었다. 죄수들에게 짚신과 돗자리, 미투리 등을 짜게 하여 이를 내다 팔아 밥값을 댔다.

형벌의 절차

자백받기 - 고신(拷訊)

형벌이 집행되기 전에 반드시 죄인의 자백을 받아야 했다. 자백을 받기 위해 수사와 신문(訊問) 과정에서 여러 가지 고문이 가해지는데, 이를 '고신(拷訊)'이라고 한다. 고신에는 일정한 제한이 있었는데, 사흘 안에 고신을 연속해서 두 번 당하지 않게 한다거나 한 차례에 30대가 넘는 형문을 당하지 않게 한다는 등이 그것이다. 만약 지나친 형을 가하여 피의자가 목숨을 잃게 되면 고문을 담당한 수령(守令)은 장(杖) 100대와 함께 파직(罷職)을 면치 못하게 된다. 이는 용의자 상태에 있는 자들이기 때문에 지나친 형을 자제한다는 의미에서 합리적인 제도라고 할 수 있다.

그러나 이처럼 합리적인 요소를 가지고 있다고 하더라도 고문이 여전히 가혹하고 비인간적인 행위인 것은 분명하다. 우리가 역사드라마 등에서 보듯이 실제로 고문은 용의자의 자백을 받아내기 위해 필요한 수단일 뿐이지 용의자의 범죄 유무를 판단할 수 있는 장치는 아니다.

다음은 우리가 흔히 알고 있는 고문의 종류이다.

압슬(壓膝)

무거운 판을 죄인의 양쪽 무릎 위에 올려놓고 내리누르거나 정강이를 막대기로 찍어 누르는 형벌이다. 이 형벌에 대한 기록은 『태종실록』에 전하는데, '죄인을 신문할 때 압슬형을 시행하는데 1차 시행에는 2명이, 2차 시행에는 4명이, 3차 시행에는 6명이 하고, 그 범죄가 10악(惡)이나 강도·살인과 같은 중죄가 아니면 시행하지 못한다.'라고 하였다. 이처럼 압슬형은 무릎 위에 판을 놓고 그 위에 사람이 올라서는 식으로 행하여졌으며, 강도나 살인 같은 중죄가 아닌 경우에는 함부로 압슬형을 쓰지 못했다.

낙형(烙刑)

쇠를 불에 달구어 몸을 지지는 단근질을 말한다. 역적을 심문할 때나 무고 사건 때 시행되었으며, 양반집에서는 노비의 죄를 벌할 때 행해지기도 하였다. 중국 은나라 주왕이 기름칠한 구리기둥을 숯불 위에 걸쳐놓고 죄인을 그 위로 걸어가게 하다가 떨어지면 타죽게 하였는데, 낙형은 여기에서 유래하였다.

우리나라에서는 원래 발바닥만 지지도록 되어 있었으나 넓적다리에서 대퇴골에 이르는 부분까지 지지기도 하였다. 낙형은 매우 가혹한 형벌이므로 세종 26년(1444)에 이를 금하는 명을 내렸으나 숙종때 낙형을 행한 기록이 있는 것으로 보아 완전히 없어진 것은 아니었던 것으로 보인다. 이후 영조 9년(1733)에 명을 내려 압슬형과 낙형을 폐지하였다.

주리

'가위주리'라고도 하며, '주리 틀기'로 많이 알려져 있다. 형리들은 주리를 틀 때 죄인의 두 다리를 결박하고 두 개의 막대기를 죄인의 발목 사이에 끼워 넣어 정강이뼈가 활등처럼 휠 때까지 비틀었다. 마치 주릿대가 더 단단한지 사람의 뼈가 더 견고한지 비교라도 하듯이 하였는데, 주리 틀기를 당하게 되면 대부분 정강이가 부러져 불구가 되거나 평생 고통 속에서 지내야 했다.

학춤

죄인을 발가벗겨 팔을 등 뒤로 잡아 묶고 팔 안쪽에 막대를 넣어 공중에 매단다. 그리고 아래로 내려뻗는 다리를 회초리로 치는 고문이다. 학 날개의 모양으로 공중에 매달려 조금이라도 덜 맞기 위해 다리를 파닥거린다 하여 학춤이라 불렸다.

이 밖에도 크고 둥근 몽둥이로 고문하는 원장형(圓杖刑), 죽기까지 발을 때리는 족장형(足杖刑), 여러 명이 몽둥이로 마구 매질하는 난장형(亂杖刑) 등의 무서운 고문들이 행해지고 있었다.

형벌(刑罰)의 집행

이렇게 고신(拷訊)을 통해 범죄사실이 밝혀지게 되면 죄질에 따라 형벌이 가해지게 된다.

학춤.
김준근의 『기산풍속도첩』.

형벌의 종류는 일정한 기준이나 규칙도 없이 형벌 집행자의 임의대로 행해지던 것이 중세를 기점으로 표준화·규격화되었다. 가장 기본적이고 잘 알려진 태형(笞刑)·장형(杖刑)·도형(徒刑)·유형(流刑)·사형(死刑)의 5형은 중국 수나라 때 채택되었고, 당나라 때 완성되었다.

우리나라에서는 통일신라시대에 장형·유형·사형의 3형이 시행되다가 고려시대에 당나라의 법률을 채용하여 5형이 확립되었다.

태형(笞刑)

태형(笞刑)은 주로 경범죄를 다스리는 데 쓰였다. 가느다란 회초리[笞]로 볼기를 치던 형벌로, 10대에서 50대까지 5등급으로 나뉜다. 태형의 집행은 죄

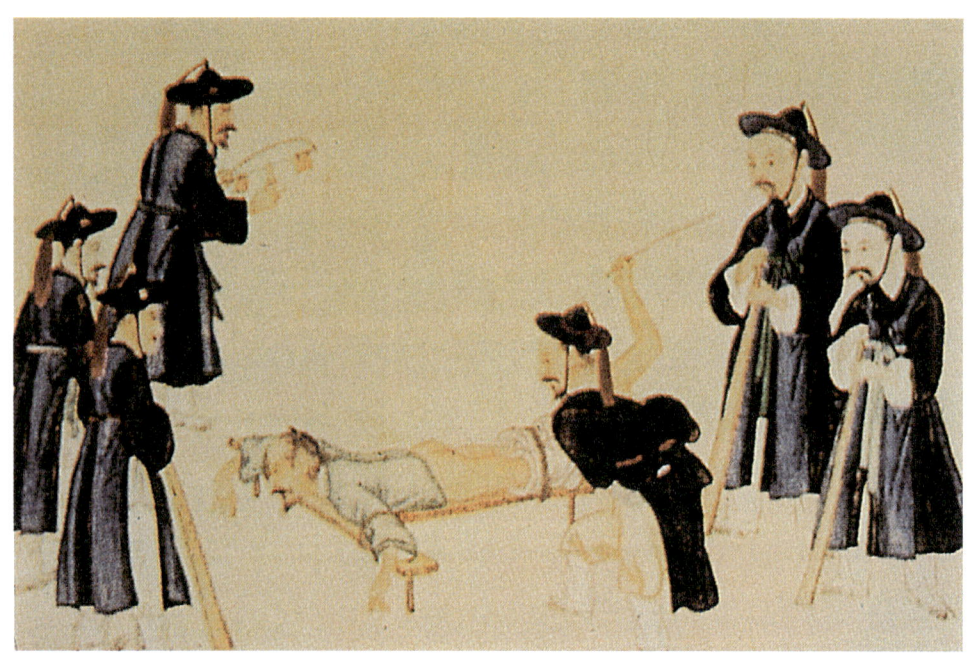

태형,
김준근의 『기산풍속도첩』.

수를 형틀에 묶고 하의를 내리고 엉덩이 부분을 노출시켜 수를 큰소리로 세어가며 때린다. 부녀자는 옷을 벗기지 않는 것이 원칙이나 간음한 여자는 예외적으로 옷을 벗기고 집행한다.

조선시대에는 『대명률(大明律)』에 따라 태형제도를 규정하였는데, 면포(綿布)나 돈을 속전(贖錢)으로 바치고 형의 집행을 면제받을 수도 있었다. 일제시기에 제정된 '신태형령(新笞刑令)'에서 태형은 징역·구류·벌금 대신에 집행할 수 있는 대용형(代用刑)이 되었고, 1920년에 완전히 폐지되었다.

장형(杖刑)

태형보다 무거운 형벌인 장형(杖刑)은 약간 넓적하고 두툼한 매[杖]로 볼기를 치는데 60대에서 100대까지 5등급으로 나뉜다. 강도나 절도, 군율(軍律) 위반을 했을 경우에 장형을 집행했는데 죄질 및 경중에 따라 중곤(重棍)·대곤(大棍)·중곤(中棍)·소곤(小棍)과 치도곤(治盜棍)으로 형구(形具)와 도수에 차이를 두었다.

형구는 상부관서에서 내린 교판에 맞게 제작하여 사용하였으나 점점 정해진 형구 이외의 것을 사용하여 형벌이 가혹해져 갔다. 따라서 태형처럼 면포나 돈으로 환산하여 형벌을 면해주기도 하였으나 여전히 폐단이 자행되었다. 집행방법은 태형과 같으며, 1895년에 폐지되었다.

태형과 장형에 사용되는 매.
태형이나 장형에 쓰이는 매는 대체로 길이 약 1.1m에 매 치는 부분의 지름은 태의 경우 8mm, 장의 경우는 1cm 정도였다. 몽둥이라고 하기에는 너무 가늘고 회초리라기엔 약간 굵은 매였다.

도형(徒刑)

도형(徒刑)은 1년에서 3년 사이의 기간 동안에 강제 노역에 종사시키는 것으로 역시 5등급이 있었다. 중국 한나라 때부터 시작되었으며, 우리나라에서는 삼국시대부터 시작되었다. 죄인이 도형의 판결을 받으면 해당 관아에서 10일 이내에 유배지로 보내야 하며, 호송할 때에는 목에 나무칼을 씌우고 손에 나무로 만든 수갑을 채워서 압송한다.

조선시대의 경우를 보면, 비교적 중한 죄를 진 사람을 구속하여 지방의 역참(驛站)이나 관청, 소금·철(鐵)·종이·기와·석탄의 생산이 이루어지는 수공업장에 종사시켰다. 역을 져야 하는 장소가 자신의 거주지와는 떨어져 있으므로 다음에 살펴볼 유형(流刑)의 한 형태라고 할 수도 있다. 그러나 3년 이하라고 하는 기간이 정확히 정해져 있고 유형지보다 가까운 곳에 배치되며 종신형이 아니라는 점에서 유형과는 구별된다.

유형(流刑)

호송할 때 사용하던 나무칼과 수갑.
김윤보의 『형정도첩』.

유형(流刑)은 먼 섬이나 벽지로 보내어 일정한 장소에 거주를 제한하는 것으로 거리에 따라 2,000리·2,500리·3,000리의 3등급으로 나뉜다. 또한 죄상을 참조하여 부처(付處)·안치(安置)·천사(遷徙)의 3가지로 형태로 분류할 수 있다.

부처(付處)는 유배는 가지만 강제노역은 지지 않는다. 주로 관리들에게 적용되었으며, 깊은 산간벽지나 외딴섬으로 보내 지방관의 감시를 받게 했다. 사면령(赦免令)이 내려지지 않는 한 그 곳에서 풀려날 수 없는 무기형이다.

안치(安置)는 변방이나 외딴 섬으로 보내 주거를 제한하는 것이다. 이것은 유배자의 거처를 가시나무로 둘러싸서 일체 외부와 접촉을 못하게 하는 연금(軟禁)이었다. 부처나 안치 모두 무기 금고형(禁錮刑)이며, 반드시 곤장을 쳐서 먼 변방으로 쫓아 버렸다.

천사(遷徙)는 죄인을 비롯한 온 가족을 평안도나 함경도의 변경 지역으로 옮기는 것이다. 이들이 떠나고 난 집은 관아에서 몰수하여 나중에 돌아올 근거를 없앴다.

죄인은 유배지에서의 생활비를 스스로 부담하는 것이 원칙이었으나 정치범에게는 관에서 식량과 생활필수품을 공급해 주기도 하였고, 또한 세종 대에는 가족들이 함께 모여 살 수 있도록 하였다. 천사(遷徙)는 1909년에 폐지되었다.

사형(死刑)

가장 무거운 형벌인 사형(死刑)은 극형(極刑)이라고도 하며, 생명을 박탈하는 것이므로 생명형(生命刑)이라고도 한다. 보통은 죄질이 아주 극악무도한 살인죄의 경우에만 사형을 집행하게 되는데, 전근대시기에는 모반(謀叛)·반역죄(反逆罪)를 범한 자에게도 사형이 집행되었다.

사형(死刑)도 죄질에 따라 등급이 있었는데, 죄인의 두 손과 두 발목을 묶고 높은 데에 매달아 목을 졸라 죽이는 교형(絞刑), 칼로 목을 베는 참형(斬刑), 그리고 능지처사(陵遲處死)로 나뉜다. 그 중 교수형과 참수형은 대개 도성 밖에서 행해지는데, 참수형장으로는 서소문 밖 네거리가 주로 이용되었다.

처형의 시기는 사람의 목숨을 끊는 것이 자연의 운행을 거스르는 일이라 하여 되도록 춘분(春分)과 추분(秋分) 사이에는 삼가고, 찬바람이 나는 추분 이후에 시행했다. 즉, 봄과 여름에는 만물이 소생하여 열매를 맺는 하늘의 순

1. 교형.
김윤보의 『형정도첩』.

2. 참형.
김윤보의 『형정도첩』.

리에 따라 사람을 죽이지 않으려 했던 것이다.

교형(絞刑)은 신체를 온전하게 보존할 수 있다는 점에서 참형(斬刑)보다는 한 등급 가벼운 형벌이라고 할 수 있다.

참형은 사형수를 형장에 엎드리게 하고서는 턱 밑에 나무토막을 괴고 망나니가 기다란 자루가 달린 월도(月刀)로 목을 베게 하였다. 때로는 상투에 줄을 매어놓고 목을 베기도 하였는데, 이는 목을 벨 때 움직이지 못하게 하기 위해서이기도 했지만 베어진 머리를 줄을 잡아당겨 걸어놓기 위해서였다. 이를 효수(梟首)라고 한다.

대체로 참형을 받아 잘려진 머리는 형장에 나뒹굴도록 내버려두기도 하였지만 반란의 주모자인 경우는 목을 벤 후 많은 사람들이 볼 수 있도록 그 목을 성문 위나 시장터에 내걸었다. 효수는 머리만 베어내는 데 그치지 않고 팔다리도 잘라 팔도(八道)에 보내 전국의 백성들이 두루 보게 하였다.

'오살(五殺)' 할 놈이란 욕은 바로 효수를 말하는 것이다.

능지처사(陵遲處死)는 원나라 때부터 시작된 형벌로서, 교형이나 참형보다 훨씬 더 참혹한 사형이다. 국왕을 배반하여 사직(社稷)을 전복(顚覆)하는 반역범, 부모나 남편을 죽인 자, 일가족 3인 이상을 죽인 자 등을 처형하는 방법으로, 죄인을 산채로 묶어 놓고 살을 모두 저며서 뼈만 남긴 후에 심장을 찌르거나 사지를 토막 내어 죽이는 형벌이다.

이는 단번에 목숨을 끊는 참형과는 달리 아주 천천히 고통 속에서 죽음을 맛보게 하는 지극히 잔혹한 형벌이었다. 또한 능지처사된 자의 주검은 매장이 허락되지 않았는데, 이는 저승으로 편히 가지 못하고 이승에서 영원히 떠도는 혼이 되도록 한 것이다.

조선에서는 능지처사를 대개는 환형(轘刑)으로 대신했던 것으로 보인다. 환형(轘刑)은 수레를 이용하여 몸을 찢어 죽이는 혹형으로, 거열(車裂)이라고도 한다. 죄인의 팔다리를 4대 혹은 5대의 마차에 묶어 말을 각 방향으로 몰아서 몸뚱이를 찢는 형벌이다. 거란의 역사책인 『요사(遼史)』에는 음란하여 법도에서 벗어난 자를 다섯 대의 수레에 묶어 팔다리와 몸뚱이를 분해하였다고 한다. 조선에서도 태종 대에 외간 남자와 간통한 여인이 지아비를 죽였을 때 환형을 실행한 기록이 있다.

교형·참형·능지처사 외의 사형방법으로 사약(賜藥)과 팽형(烹刑)이 있었다. 사약(賜藥)은 주로 왕족이나 양반 등의 지배자 층에 내려진 사형방식이었다. 즉, 반란을 획책한 경우를 제외하고 지배자 층을 대접한다는 의미에서 교형이나 참형 대신 약을 내려주었다. 사약(賜藥)이란 마시면 죽는 약이 아니라 임금이 내리신 약이라는 뜻으로, 마시면 죽게 되는 약이지만 죄인은 약을 받으면 왕이 계신 곳을 향해 사배(四拜)를 하고 정중히 받아 마셔야 했다.

팽형(烹刑)은 죄인을 살아 있는 채로 솥에 넣고 삶아서 죽이는 극형으로 중국 한나라 때 생겼다. 몽골군의 군법(軍法)에도 솥에 넣고 불을 지펴 죽이는 형벌이 있었는데, 팽형은 원나라의 영향을 받은 고려시대에 도입된 것으로 보인다. 팽형은 형법에 나와 있지는 않지만 조선에서도 실행되었던 형벌이다. 그러나 실제로 사람을 솥에 넣고 불을 지펴 삶아 죽였다는 기록은 없다. 다만 구리 방에 죄인을 가두고 불을 지펴 죽였다는 기록은 있다. 이처럼 팽형은 의례적이고 상징적으로 시행되었던 처형방식이다.

❋ 죽어서도 받는 육시(戮屍)와 부관참시(副棺斬屍)

형벌은 살아있을 때만 받는 것이 아니었다. 죽어서도 받을 수 있었으니 큰 죄를 지으면 두 번 죽을 수도 있는 것이다.

대역죄인이 취조 중에 죽은 경우에는 그 시신이라도 찢어 죽이는 환형(轘刑)에 처했는데, 이를 육시(戮屍)라 한다. 세조 때 사육신들 중 고문을 당하다가 죽은 사람들을 모두 군기감(軍器監) 앞에서 거열(車裂)했다는 기록이 있다.

부관참시(副棺斬屍)도 이미 죽은 자를 처형하는 형벌로, 대죄를 짓고 죽은 자의 무덤을 파고 관을 꺼내어 시체의 목을 치는 것이다. 지금도 그렇지만, 무덤은 한 번 쓰고 나면 천재지변이 일어나지 않는 한 어떠한 경우에도 옮기거나 열지 않았다. 그러므로 부관참시는 죽은 자의 마지막 존엄성조차도 짓밟는다는 점에서 가장 잔혹하고 비인도적인 혹형이다.

신분제에 기초한 형벌제도와 고문은 18세기 영·정조시대에 들어와 많은 변화가 이루어진다. 신체에 대한 가혹한 고문이 금지되고 백성들을 불법으로 처벌하는 것도 통제된다. 또한 형벌제도도 정비·보완되고 법전의 편찬도 활발해진다. 그러나 여전히 신체에 대한 가혹한 형벌은 없어지지 않았다. 형벌을 부과하는 방식이 보다 합리적으로 변한 것은 근대 사회에 들어온 이후였다.

〈참고 문헌〉

1. 국사편찬위원회. 『한국사론 33-고려시대의 형법과 형정』. 국사편찬위원회, 2002.
2. 김기춘. 『조선시대 형전』. 삼영사, 1990.
3. 민족문제연구소. 『한국인의 생활과 풍속』. 아세아문화사, 1996.
4. 안길정. 『관아를 통해서 본 조선시대 생활사』. 사계절, 2000.
5. 이기선. 『지옥도』. 대원사, 1992.
6. 장국종. 『조선정치제도사』. 한국문화사, 1998.
7. 정연식. 『일상으로 본 조선시대 이야기』 1. 청년사, 2001.
8. 전재경. 『복수와 형벌의 사회사』. 웅진출판, 1996.
9. 한국역사연구회. 『조선시대 사람들은 어떻게 살았을까』 1. 청년사, 1996.

한국인의 생활사

부록

역대 왕실 세계표

친족 체계표

역대 왕실 세계표 - 신라

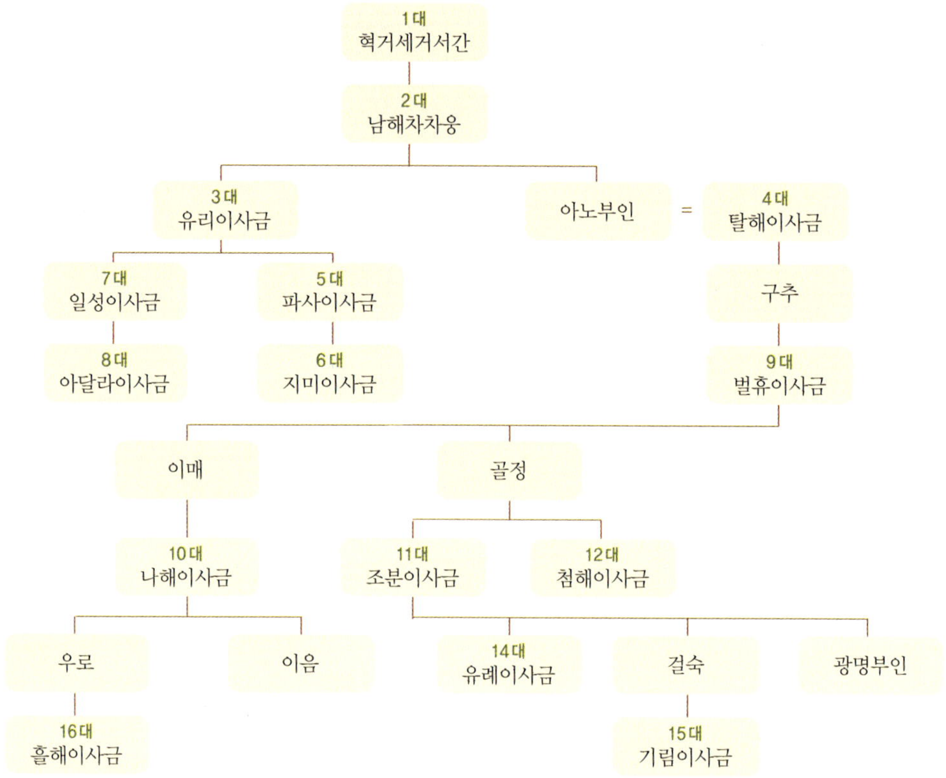

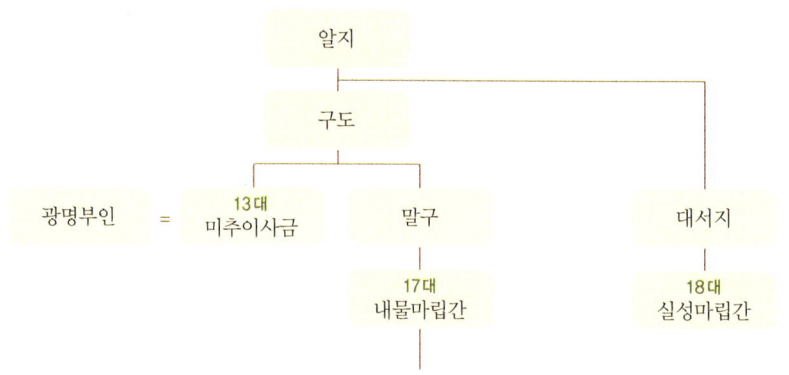

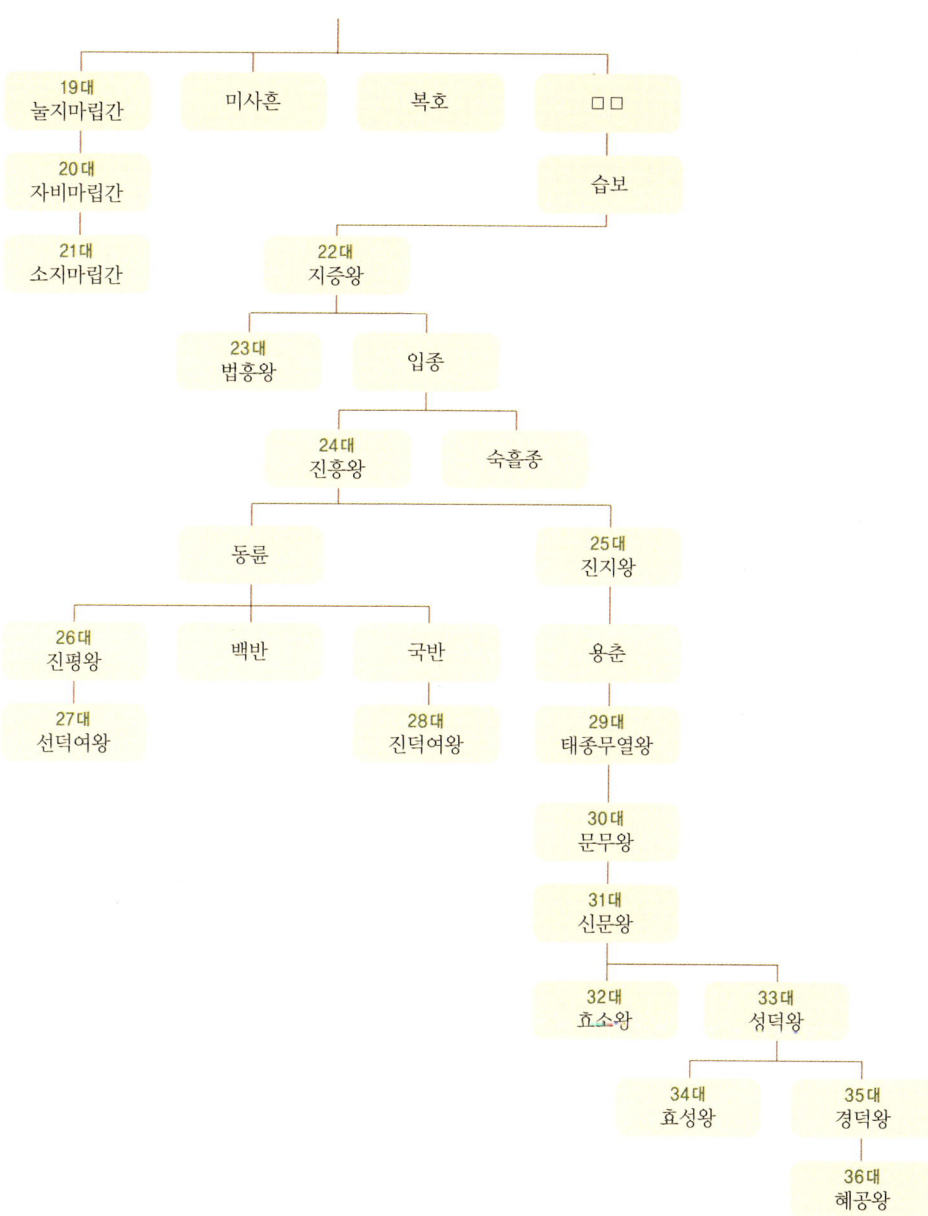

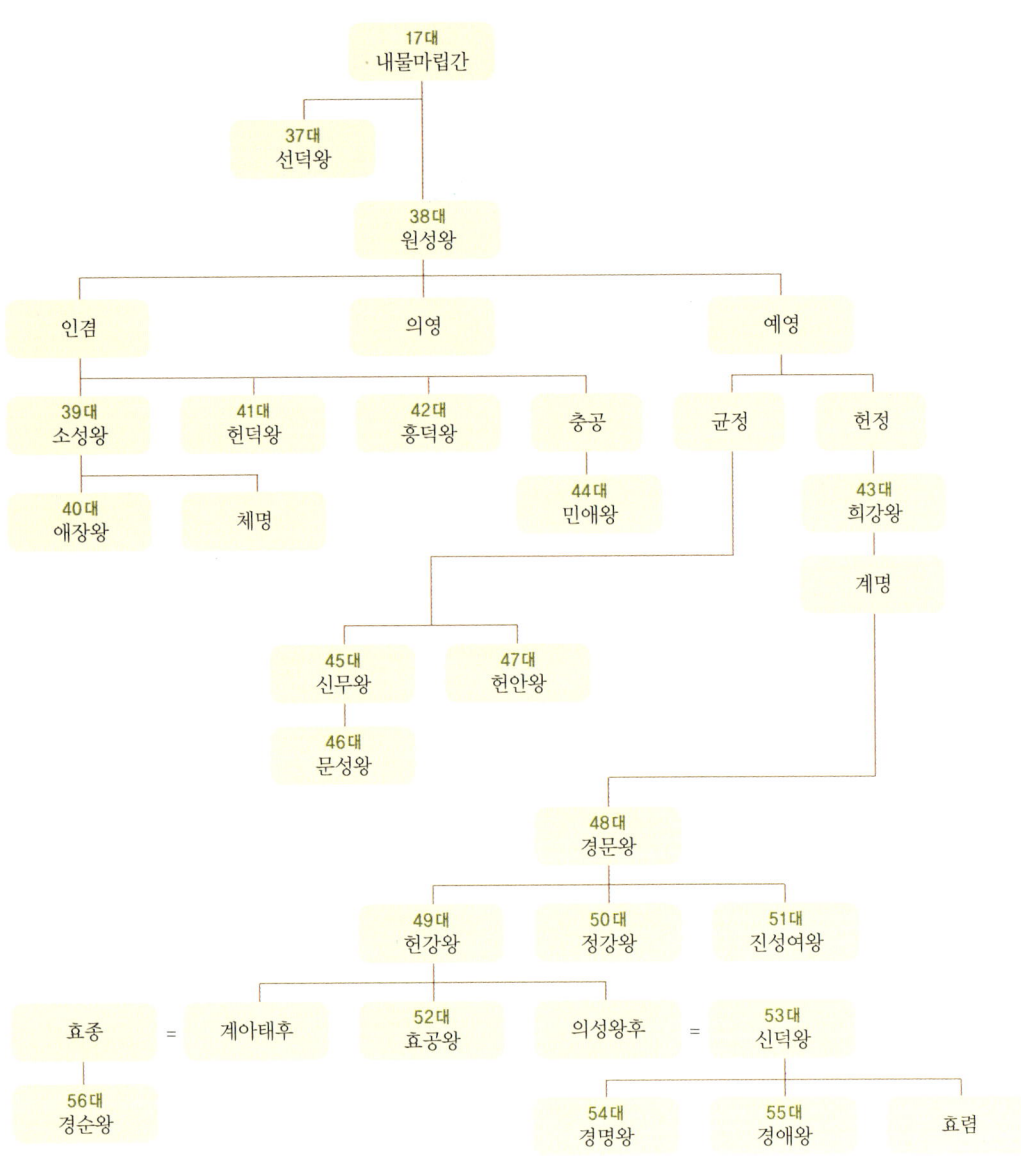

역대 왕실 세계표 - 고구려

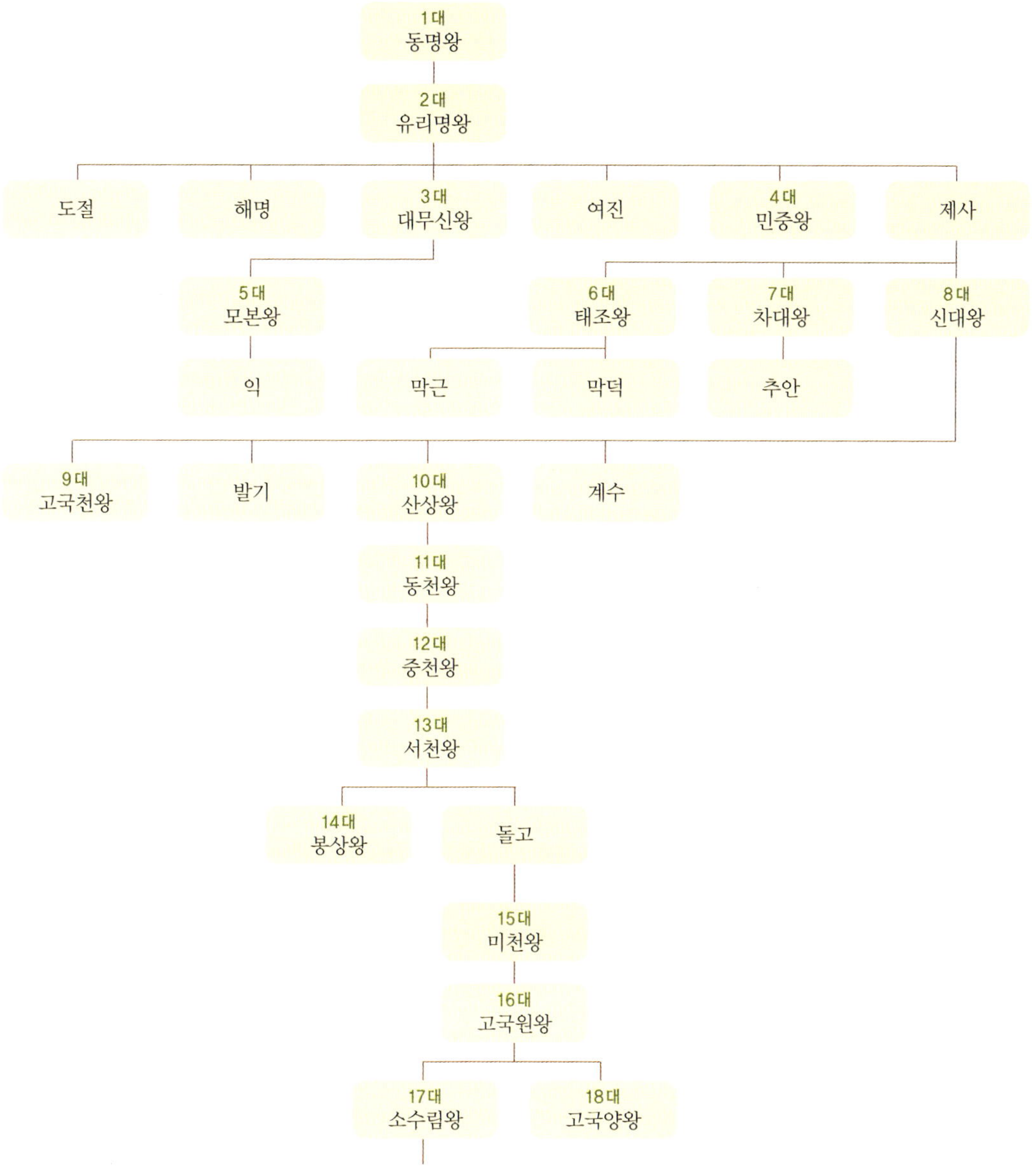

- 1대 동명왕
  - 2대 유리명왕
    - 도절
    - 해명
    - 3대 대무신왕
      - 5대 모본왕
        - 익
      - 막근
      - 막덕
    - 여진
    - 4대 민중왕
    - 제사
      - 6대 태조왕
      - 7대 차대왕
        - 추안
      - 8대 신대왕
        - 9대 고국천왕
        - 발기
        - 10대 산상왕
          - 11대 동천왕
            - 12대 중천왕
              - 13대 서천왕
                - 14대 봉상왕
                - 돌고
                  - 15대 미천왕
                    - 16대 고국원왕
                      - 17대 소수림왕
                      - 18대 고국양왕
        - 계수

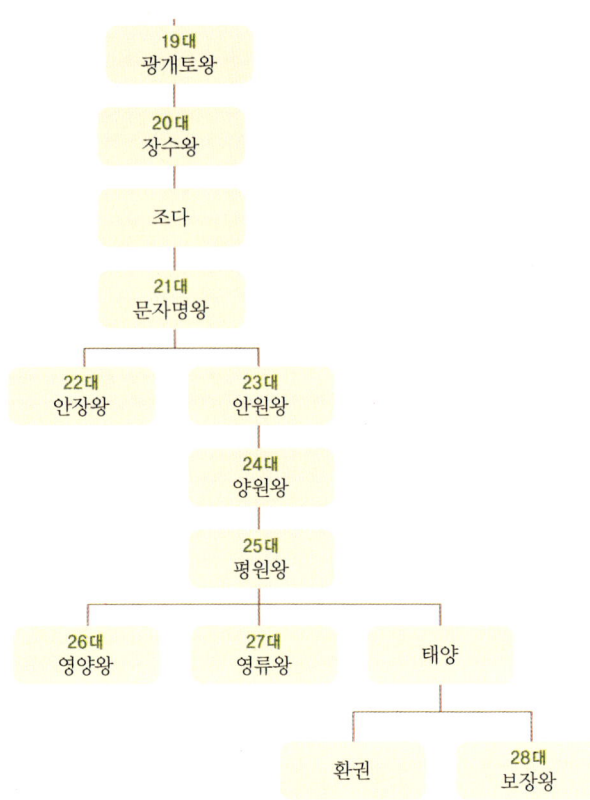

역대 왕실 세계표 - 백제

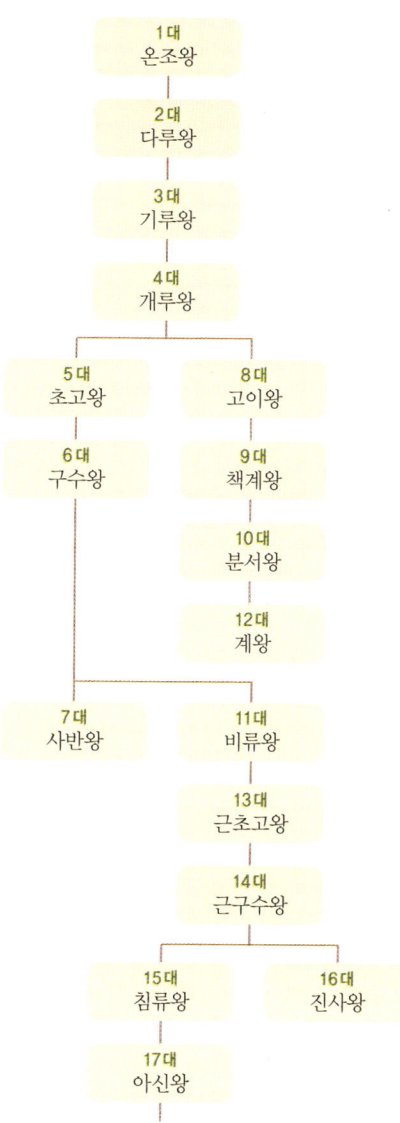

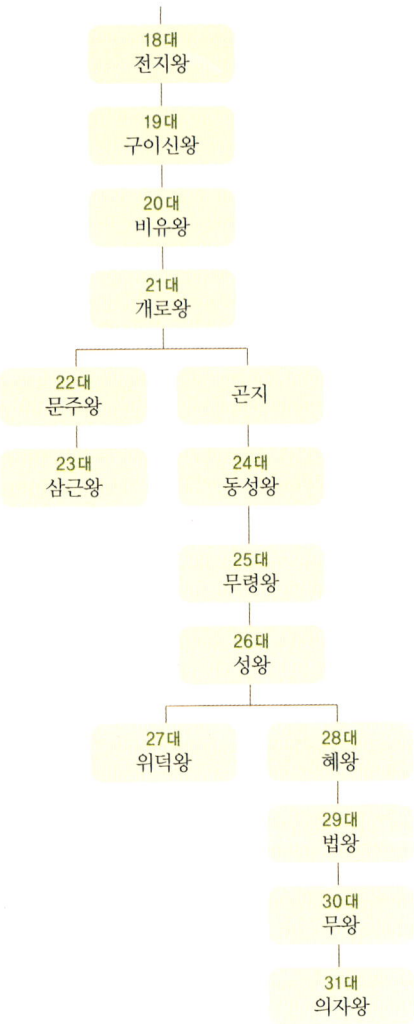

역대 왕실 세계표 – 발해

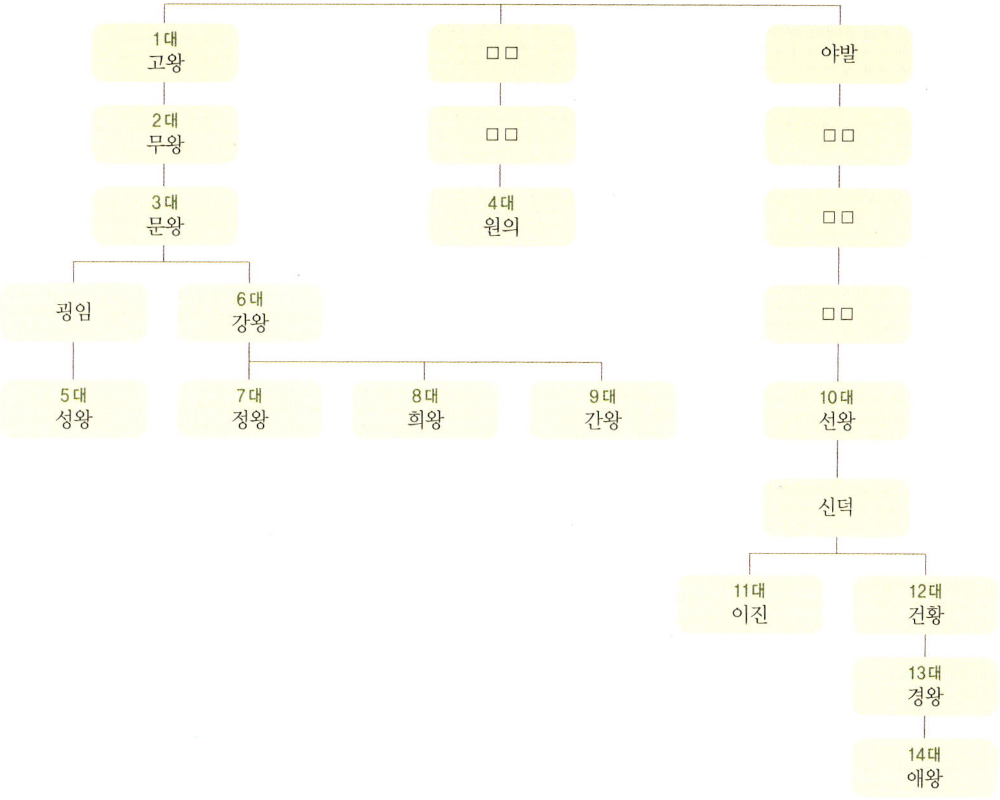

- 1대 고왕
  - 2대 무왕
    - 3대 문왕
      - 굉임
        - 5대 성왕
      - 6대 강왕
        - 7대 정왕
        - 8대 희왕
        - 9대 간왕
- □□
  - □□
    - 4대 원의
- 야발
  - □□
    - □□
      - □□
        - 10대 선왕
          - 신덕
            - 11대 이진
            - 12대 건황
              - 13대 경왕
                - 14대 애왕

역대 왕실 세계표 - 고려

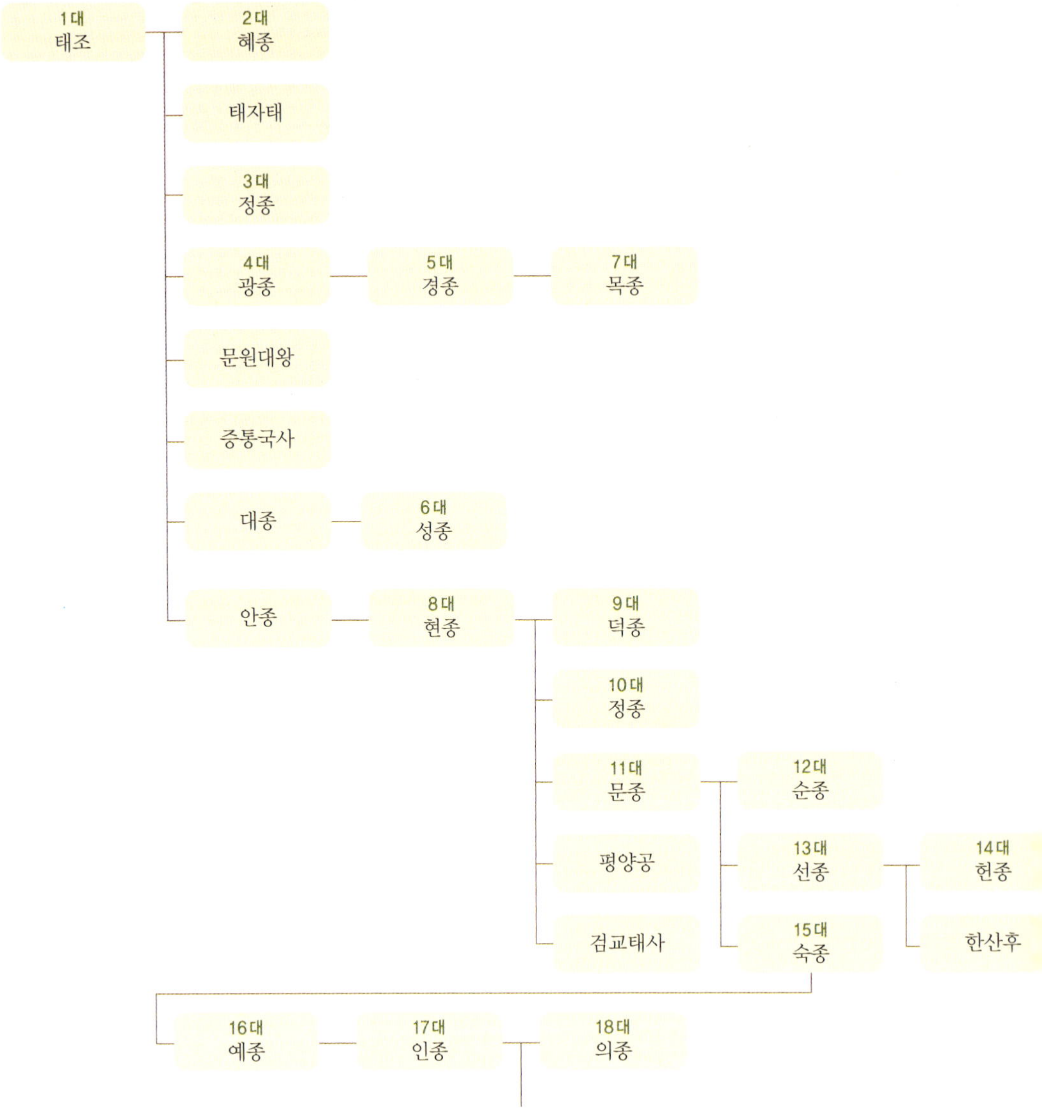

- 1대 태조
  - 2대 혜종
  - 태자태
  - 3대 정종
  - 4대 광종
    - 5대 경종
      - 7대 목종
  - 문원대왕
  - 증통국사
  - 대종
    - 6대 성종
  - 안종
    - 8대 현종
      - 9대 덕종
      - 10대 정종
      - 11대 문종
        - 12대 순종
        - 13대 선종
          - 14대 헌종
          - 한산후
        - 15대 숙종
          - 16대 예종 — 17대 인종 — 18대 의종
      - 평양공
      - 검교태사

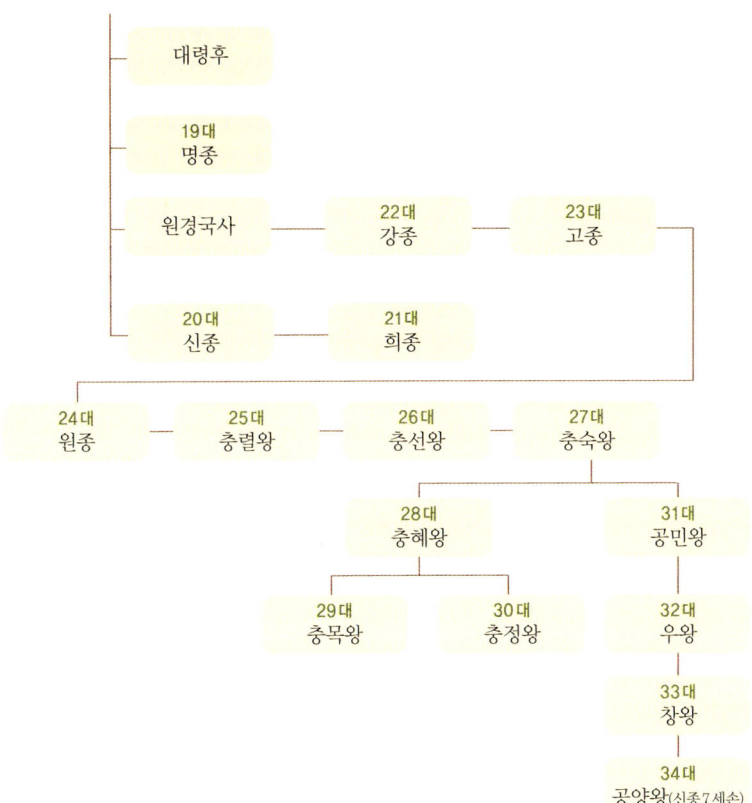

역대 왕실 세계표 – 조선

- 1대 태조
  - 진안대군(방우)
  - 2대 정종
  - 익안대군(방의)
  - 회안대군(방간)
  - 3대 태종(방원)
    - 양녕대군
    - 효령대군
    - 4대 세종
      - 5대 문종
        - 6대 단종
      - 성녕대군
      - 7대 세조
        - 덕종
        - 8대 예종
          - 월산대군
          - 9대 성종
            - 10대 연산군
            - 11대 중종
              - 12대 인종
              - 13대 명종
                - 순회세자
              - 덕흥대원군
                - 14대 선조
            - 계성군
  - 덕안대군(방연)
  - 무안대군(방번)
  - 의안대군(방석)

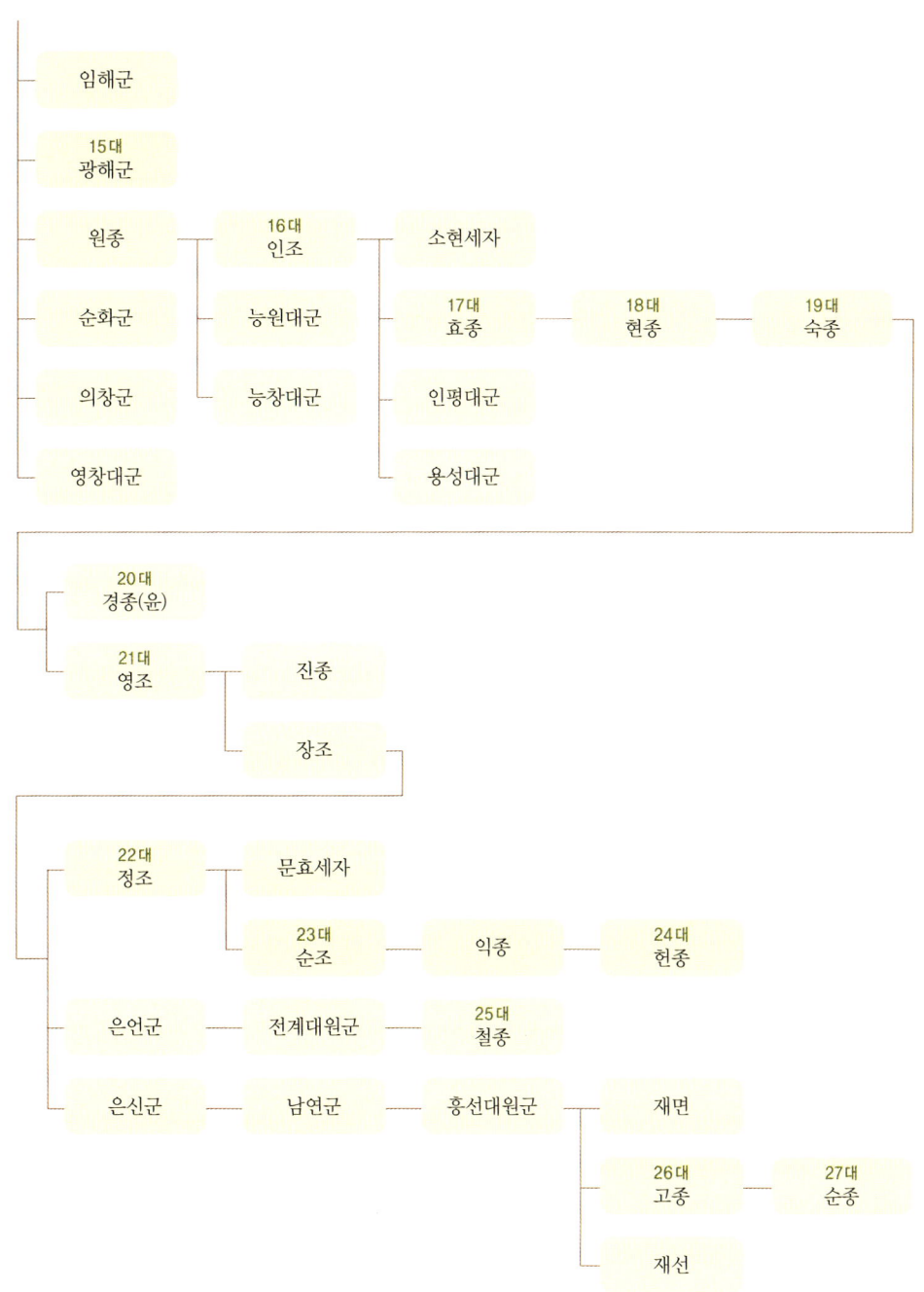

친족 체계표 – 친족 계보와 촌수

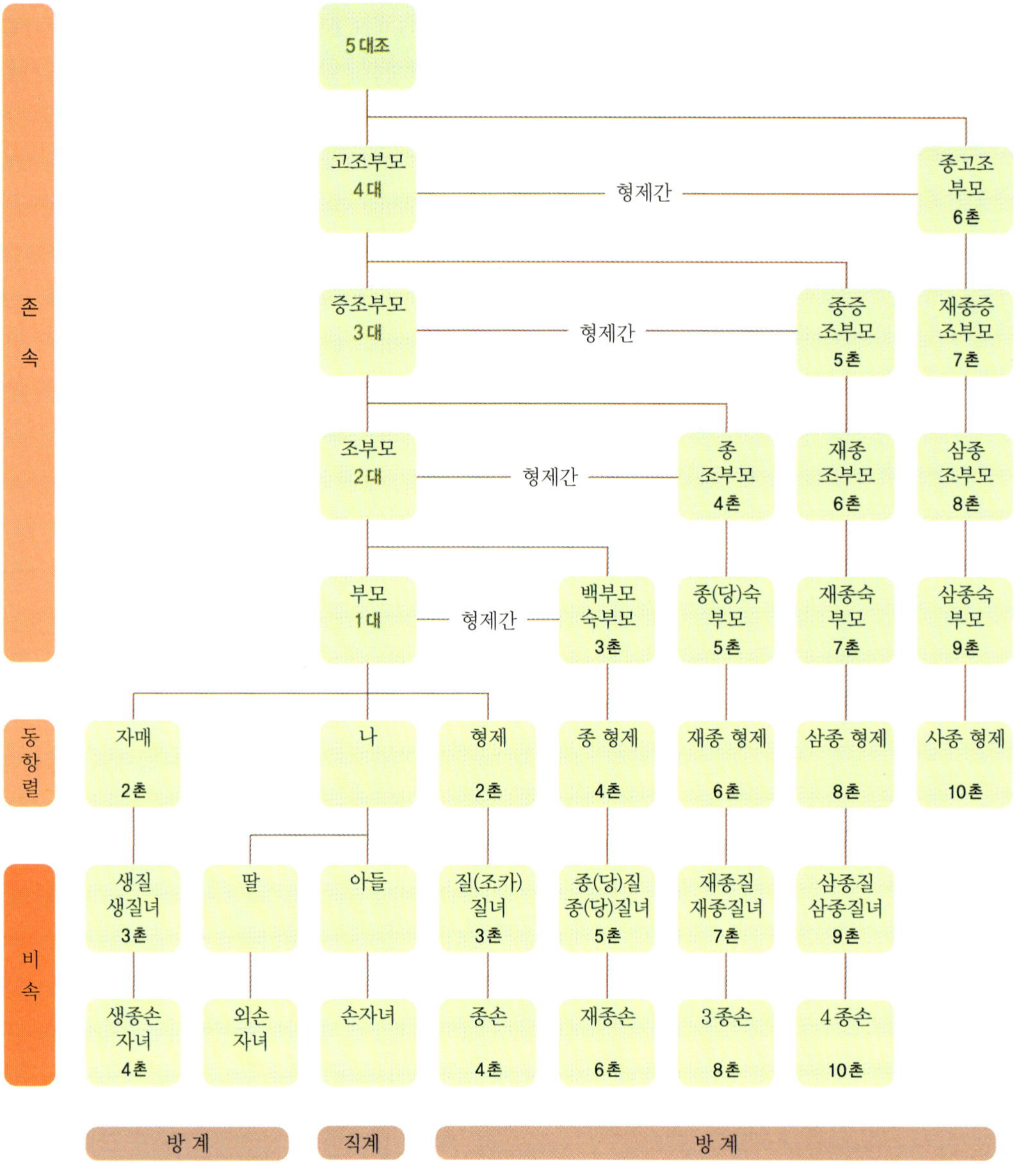

존속

- 5대조
- 고조부모 4대 —형제간— 종고조부모 6촌
- 증조부모 3대 —형제간— 종증조부모 5촌 / 재종증조부모 7촌
- 조부모 2대 —형제간— 종조부모 4촌 / 재종조부모 6촌 / 삼종조부모 8촌
- 부모 1대 —형제간— 백부모 숙부모 3촌 / 종(당)숙부모 5촌 / 재종숙부모 7촌 / 삼종숙부모 9촌

동항렬

- 자매 2촌 | 나 | 형제 2촌 | 종 형제 4촌 | 재종 형제 6촌 | 삼종 형제 8촌 | 사종 형제 10촌

비속

- 생질·생질녀 3촌 | 딸 | 아들 | 질(조카)·질녀 3촌 | 종(당)질·종(당)질녀 5촌 | 재종질·재종질녀 7촌 | 삼종질·삼종질녀 9촌
- 생종손자녀 4촌 | 외손자녀 | 손자녀 | 종손 4촌 | 재종손 6촌 | 3종손 8촌 | 4종손 10촌

방계 | 직계 | 방계

친족 체계표 – 외가 계보와 촌수

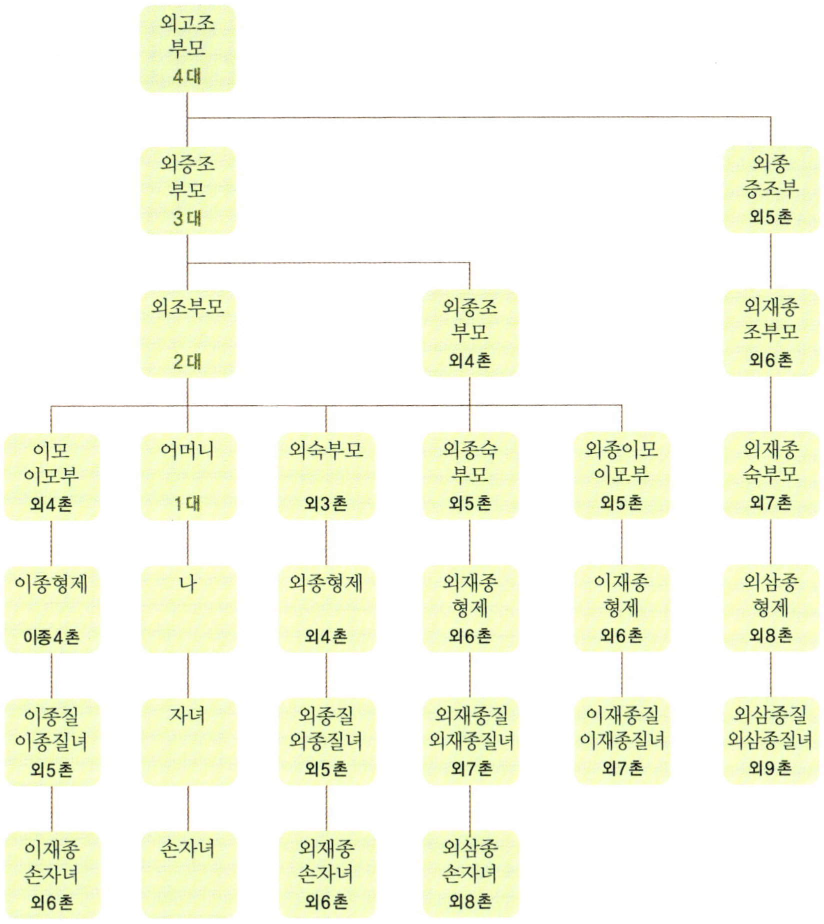

```
                        외고조
                         부모
                         4대
                    ┌──────┴──────────────────┐
                   외증조                    외종
                    부모                    증조부
                    3대                    외5촌
              ┌─────┴─────┐                  │
            외조부모    외종조              외재종
             2대         부모              조부모
                        외4촌              외6촌
        ┌────┬─────┬─────┼─────┬─────┐       │
       이모  어머니 외숙부모 외종숙 외종이모  외재종
       이모부  1대         부모    이모부   숙부모
       외4촌              외3촌   외5촌    외5촌   외7촌
        │     │          │       │       │       │
       이종   나       외종형제  외재종   이재종  외삼종
       형제                     형제     형제    형제
       이종4촌           외4촌   외6촌   외6촌   외8촌
        │     │          │       │       │       │
       이종질 자녀      외종질  외재종질  이재종질 외삼종질
       이종질녀         외종질녀 외재종질녀 이재종질녀 외삼종질녀
       외5촌            외5촌   외7촌   외7촌   외9촌
        │     │          │       │
       이재종 손자녀    외재종  외삼종
       손자녀           손자녀  손자녀
       외6촌            외6촌   외8촌
```

찾아보기

숫자

24 절기	113
3세	156
5묘제(五廟制)	204
6두품	58

ㄱ

가례(家禮)	164
가리개용 허리띠	219
가마	139
가반(枷半)	72
가배(嘉俳)	48
가신신앙(家神信仰)	125
가야금(伽倻琴)	71
가옥	67
가위주리	285
가족	267
가족제도	267
가체(假髢)	221
가택신(家宅神)	256
간장	243
갈포	48
갑오경장	156
강사포	87
갓바치	158
개천절	24
거북이	31
거서간(居西干)	80
거열(車裂)	291
건(巾)	51
건국신화	19
검은모루 동굴	15
견우	48
겸포	48
경국대전	98
경연(經筵)	84
경제	11
경제육전	138
계(笄)	183
계례(笄禮)	180
계세적 내세관	43
고래	31
고려도경(高麗圖經)	226
고려사	107
고리백정	158
고복(皐復)	197
고분벽화	41
고서비동(考西妣東)	207
고신(告身)	107
고신(拷訊)	283
고인돌	19
고조선	10
고추	53
곡령신(穀靈神)	127
곡식	110
곤룡포	88
골품제(骨品制)	133
공녀(貢女)	134
공노비(公奴婢)	148
공명첩(空名帖)	112
공물(貢物)	118
공법(公法)	118
공수래 공수거	44
공역노비(公役奴婢)	149
공음(功蔭)	99
공음전(功蔭田)	134
공자(孔子)	101
공주 석장리	15
공포(功布)	201
과거	94
과전(科田)	110
과전법(科田法)	118
관례(冠禮)	180
관료(官僚)	93
관모	47
관복(官服)	182
관음보살(觀音菩薩)	133
관적(貫籍)	274
관향(貫鄕)	274
관혼상제(冠婚喪祭)	164
교배상	191
교형(絞刑)	289
구장복	86
국자감(國子監)	99
국학	96
군기감(軍器監)	292
군역(軍役)	119
군정(軍政)	120
궁고	50
귀족	93
규합총서(閨閤叢書)	232
균역법(均役法)	120
극형(極刑)	289
근친(覲親)	193
금(琴)	71
금고형(禁錮刑)	289
금기(禁忌)	170
금령총	69
금줄	174
기녀(妓女)	223
기러기	189
기자신앙(祈子信仰)	165
기제(忌祭)	205
길쌈	48
길제(吉祭)	203
김매기	115
김치	53, 241

310

까치두루마기		178

ㄴ

나경(裸耕)		126
나관(羅冠)		51
낙형(烙刑)		284
난장형(亂杖刑)		285
남귀여가혼(男歸女家婚)		186
남근(男根)		167
남녀유별(男女有別)		253
남녀칠세부동석(男女七歲不同席)		253
남방계		20
남주작		47
납길(納吉)		188
납징(納徵)		188
납채(納采)		188
납폐(納幣)		188
낮밥		235
내외법(內外法)		138
내훈(內訓)		171
네안데르탈인		13
노비		60
노비문서(奴婢文書)		149
녹봉(祿俸)		109
녹패(祿牌)		109
농가월령(農家月令)		113
농가월령가(農家月令歌)		113
농경문 청동기(農耕文靑銅器)		132
농경의례		34
농기구		70
농악		125
누에		150
능지처사(陵遲處死)		289

ㄷ

다산신		32
다처제(多妻制)		135
단군 왕검		22
단군신화		22
단기(檀紀)		10
단령(團領)		73
단발령(斷髮令)		184
단의(短衣)		74
단일민족(單一民族)		10
담제(禫祭)		203
당상관(當上官)		105
당하관(堂下官)		105
대(帶)		73
대가족		269
대공(大功)		199
대구고		50
대동법(大同法)		120
대렴(大斂)		198
대례상		191
대명률(大明律)		287
대상(大祥)		203
대슘치마		220
댕기		216
덕천인		14
도관(都官)		153
도교		47
도끼		78
도선(道詵)		263
도선비기(道詵秘記)		263
도축업(屠畜業)		157
도형(徒刑)		286
독서삼품과(讀書三品科)		94
돌		176
돌빔		176

돌잡히기		176
동국세시기(東國歲時記)		257
동국이상국집(東國李相國集)		242
동국통감(東國通鑑)		24
동두서미(東頭西尾)		207
동반(東班)		93
동의보감(東醫寶鑑)		172
동중서(董仲舒)		79
된장		54
두레		113, 123
두루마기(포)		47
두루치		217
뒷간귀신		260
딤채		242

ㅁ

마립간(麻立干)		80
마제석기		39
만과(萬科)		96
만달인		15
만장(輓章)		201
망건		159
망나니		158
맞배지붕		68
매(杖)		287
맥적(貊炙)		53
면류관		86
면포(綿布)		287
명경업(明經業)		94
명기(明器)		75
명당(明堂)		265
명절제사		206
명정		201
명주		219
모내기		115, 122

찾아보기 | 311

Index
_찾아보기

모화관	96	
목면	216	
목화	116	
몽수	215	
묘호(廟號)	80	
무과(武科)	95	
무당	22	
무명	175	
무문토기	17	
무신	93	
무인정권(武人政權)	134	
무지기치마	220	
무학재(武學齋)	96	
문과(文科)	94	
문명(問名)	188	
문무과 방방의(文武科 放榜儀)	96	
문신	93	
문익점	216	
문화(文化)	11	
문화유씨보(文化柳氏譜)	277	
미륵(彌勒)	123	
민(民)	111	
민족(民族)	10	

ㅂ

바지(고)	47
박지원	93
박혁거세	80
반곡(反哭)	202
반달형 돌칼	18
반친영(半親迎)	187
반친영제(半親迎制)	142
반함(飯含)	198
반혼(反魂)	202
발인제(發靷祭)	200

밥	238
방상(方相)	201
배냇저고리	175
배자(背子)	183
배주고	215
백분(白粉)	229
백설기	176
백성	111
백운동서원(白雲洞書院)	103
백자(白磁)	75
백저포(白紵袍)	215
백정(白丁)	156
베	48
벼	116
변발(辮髮)	216
별사(別賜)	149
병자호란	136
복건	178
복두(幞頭)	73
본관(本貫)	274
본관제(本貫制)	273
본적(本籍)	274
봉치떡	189
봉토분	43
부경(桴京)	57
부계 직계 가족	271
부관참시(副棺斬屍)	292
부제(祔祭)	203
부처(付處)	288
부출각시	260
북경원인	13
북방계	20
북제서(北齊書)	272
북현무	47
분가(分家)제도	267
분산형 주거 구조	255

붕(前)	194	
비너스	132	
비파(琵琶)	71	
비파형 동검	18	
빗살무늬토기	17	

ㅅ

사노비(私奴婢)		148
사당(祠堂)	181, 204,	253
사대부(士大夫)		180
사랑채	139,	253
사례(四禮)		164
사소절(士小節)		232
사슴		32
사신도		47
사약(賜藥)		291
사자상(使者床)		197
사제(司祭)		132
사주단자(四柱單子)		189
사헌부(司憲府)		279
사형(死刑)		286
사환권(仕宦權)		155
산수(山水)		264
산신		46
산신제		201
삼강오륜		280
삼강행실도(三綱行實圖)		141
삼국사기		68
삼국유사		21
삼국지(三國志)		244
삼승할망		258
삼신(三神)		258
삼신상		173
삼신할매		258
삼종지도(三從之道)		144

삼회장저고리	217
상두꾼	200
상례(喪禮)	194
상속제도	267
상여	201
상중제례(喪中祭禮)	202
상참(常參)	83
상화(霜花)	237
새참	125
생과방(生果房)	90
생리(生利)	264
생명형(生命刑)	289
생사여탈권(生死與奪權)	79
생원	95
생치(生雉)	237
생활풍속도	47
샤머니즘	17
서거정	24
서경(署經)	107
서당	99
서류부가혼(壻留婦家婚)	134
서반(西班)	93
서옥(壻屋)	57, 185
서옥제(西屋制)	185
서원(書院)	102
석검	39
석곽묘(石槨墓)	64
석전(石戰)	128
석전제(釋奠祭)	102
석촉	39
석탈해	80
선	49
선비	93
선원보략(璿源譜略)	276
설문해자(說文解字)	79
성(姓)	272
성관(姓貫)	274
성균관(成均館)	103
성기	27
성리학	165
성복(成服)	199
성복제(成服祭)	199
성주(星主)	127, 257
성현(成俔)	233
세시풍속(歲時風俗)	125
세존단지	127
세존할머니	258
세형 동검	18
소가족	269
소공(小功)	199
소렴(小殮)	198
소상(小祥)	203
소주방(燒廚房)	90
소학(小學)	231
소혜왕후	171
속옷	139
속전(贖錢)	287
손변(孫抃)	269
솔거노비(率居奴婢)	148
솔잎	175
솟대	126
솟을 대문	254
솥	53
수라간	90
수라상	89
수문신(守門神)	262
수문장(守門將)	262
수문장군신(守門將軍神)	262
수수경단	176
수시(收屍)	198
순장(殉葬)	43
숯	175
습(襲)	198
승리산 동굴	15
승리산인	14
승정원(承政院)	279
시루	53, 239
시마(緦麻)	199
시비법(施肥法)	122
시제(時祭)	205
시조묘(始祖廟)	204
시집살이	186
신백정(新白丁)	158
신상(神像)	38
신석기시대	16
신석기혁명	16
심의(深衣)	181
쌍영총	225
쓰개치마	218

ㅇ

아들바위	167
아연	229
안동권씨 성화보	276
안동소주	237
안채	139, 253
안치(安置)	288
안택고사(安宅告祀)	256
암각화	26
압량위천(壓良爲賤)	148
압슬(壓膝)	284
애니미즘	17
양반(兩班)	93
양인(良人)	111
양자(養子)제도	267
양천교혼(良賤交婚)	155
양천제(良賤制)	92

찾아보기 | 313

Index _찾아보기

어동육서(魚東肉西)	207
어모장군(禦侮將軍)	105
언어	11
여신(女神)	132
역포인	14
연금(軟禁)	289
연길단자(涓吉單子)	189
연꽃	44
열녀문(烈女門)	141
염(殮)	198
영여(靈輿)	201
예기	188
오반(午飯)	235
오살(五殺)	291
오색송편	176
오스트랄로 피테쿠스	12
오주연문장전산고	235
옥새(玉璽)	84
옥황상제	260
온돌	58, 250
왕건(王建)	263
왕대종록(王代宗錄)	276
외거노비(外居奴婢)	148
요기(療飢)	235
요역(徭役)	119
용재총화(慵齋叢話)	233
우륵	71
우백호	47
우사	22
우제(雩祭)	203
우주동물	32
운사	22
운아삽	201
울주 천전리 암각화	34
웅녀	22
원시(院試)	96
원옥(圓獄)	280
원유관	87
원장형(圓杖刑)	285
월도(月刀)	290
위지동이전(魏志東夷傳)	244
위해(尉解)	72
유교(儒敎)	252
유구석부	18
유중림(柳重臨)	166
유향소(留鄕所)	136
유형(流刑)	286
육례(六禮)	188
육시(戮屍)	292
윤회(輪廻) 사상	46
윤회봉사(輪廻奉事)	271
율곡 선생 남매분재기	271
을람(乙覽)	83
음복(飮福)	200, 211
음서(蔭敍)	134
음서제(蔭敍制)	98
음식디미방(飮食知味方)	236
음양이론(陰陽理論)	136
의금부(義禁府)	279
의양단자(衣樣單子)	189
의혼(議婚)	188
이규보(李奎報)	242
이사금(尼師今)	80
이승휴	20
이앙법(移秧法)	122
이중환(李重煥)	264
이화주(梨花酒)	237
익선관	88
인심(人心)	264
일생의례(一生儀禮)	164
일연	21
일월오악도(日月五岳圖)	84
일천즉천(一賤則賤)	154
임진왜란	54
입관(入棺)	198

ㅈ

자(字)	183
자녀 균분 상속	270
자녀 균분 상속제도	187
자녀안(恣女案)	143
자바원인	13
잡과(雜科)	94
장(醬)	243
장남 단독 봉사	271
장앙(醬瓨)	244
장예원(掌隷院)	149, 279
장옷	138, 218
장형(杖刑)	286
재가녀자손금고법	143
재이설(災異說)	79
재인(才人)	157
재최(齋衰)	199
쟁기	121
지(茄)	242
저고리(유)	47
저화(楮貨)	110
적각(赤脚)	149
적관(籍貫)	274
적석수혈식(積石竪穴式)	64
적석총	43
적전중앙(炙前中央)	207
전복	178
전세(田稅)	118
전시(田柴)	110
전시(殿試)	95
전시과(田柴科)	118

전안례(奠雁禮)	189
전정(田政)	120
전중성(殿中省)	275
전중시(殿中寺)	276
절충장군(折衝將軍)	105
절충형 주거 구조	255
절풍(折風)	51
점심(點心)	235
정낭귀신	260
정노제(丁老制)	149
정치	11
정토왕생	46
정호(丁戶)	156
제석오가리	127
제수(祭需)	206
제술업(製述業)	94
제왕운기	20
제정일치	22
조계(朝啓)	83
조두(澡豆)	226
조바위	179, 216
조상 숭배	253
조상단지	127
조상신(祖上神)	127
조상할매	127
조석(朝夕)	235
조왕각시	259
조왕신(竈王神)	259
조왕할매	259
조우관(鳥羽冠)	51
조참(朝參)	83
조혼(早婚)	181
족두리	216
족보(族譜)	275
족장형(足杖刑)	285
졸곡제(卒哭祭)	203

졸잇말	220
종묘	204
종법제도(宗法制度)	188
종부사(宗簿司)	279
종부시(宗簿寺)	276
종정시(宗正寺)	276
좌임	48
좌청룡	47
좌포우혜(左脯右醯)	206
주리	285
주세붕	103
주자가례	204
죽엽주(竹葉酒)	237
준호구(準戶口)	268
줄다리기	128
중인(中人)	221
중치막	159
증보산림경제(增補山林經濟)	166
지(漬)	242
지리(地利)	264
지모신(地母神)	34, 263
지모신상(地母神像)	131
지신(地神)	260
지앙할매	258
지연(地緣)	11
지주(地主)	260
직녀	48
직역(職役)	156
직파법(直播法)	122
진사	95
진설(陳設)	206
진세식	113
진흥왕	272
집중형 주거 구조	255
쪽 구들	56
쪽마루	256

ㅊ

차일드	16
차차웅(次次雄)	80
참봉	98
참상관(參上官)	105
참최(斬衰)	199
참하관(參下官)	105
참형(斬刑)	289
창두(蒼頭)	149
책(幘)	51
천거정침(遷居正寢)	196
천견설(天譴說)	79
천구(遷柩)	199
천부인	22
천사(遷徙)	288
천손(天孫)신앙	22
천신(天神)	147
천자수모법(賤者隨母法)	154
청동기시대	17
청주(淸酒)	237
청혼서(請婚書)	189
초가(草家)	248
초례(醮禮)	183
초시(初試)	95
초종(初終)	196
초혼(招魂)	197
추분(秋分)	289
춘분(春分)	289
출가외인(出嫁外人)	134
취재(取才)	95
측도부인	260
측신(厠神)	260
측신각시	260
치마(상)	47
치장(治葬)	201

Index
_찾아보기

친영(親迎)	188
친영상	191
친영제	187
칠거지악(七去之惡)	144
칠성판	198
침지(沈漬)	242

ㅋ
| 크로마뇽인 | 14 |

ㅌ
타래버선	178
타제석기	13
태교(胎敎)	170
태양신	32
태임	171
태항아리	174
태형(笞刑)	286
택리지(擇里志)	264
터주	260
터주대감	260
터주신[地神]	240
터줏가리	261
토성(土姓)	273
토우(土偶)	62
토테미즘	17
통정대부(通政大夫)	105
통훈대부(通訓大夫)	105

ㅍ
파종	115
팔작지붕	68
패랭이	159
팽형(烹刑)	291

평민(平民)	111
평토제(平土祭)	201
폐백	192
포(布)	110
표(表)	74
표상(表裳)	74
표의(表衣)	74
품계	105
품앗이	123
풍백	22
풍수사상(風水思想)	262
풍수지리설	47
풍차바지	178
프레스코기법	43

ㅎ
학춤	285
한성부(漢城府)	279
함	189
합근례	192
해산(解産)	173
향	226
향교(鄕校)	101
향도(香徒)	123
향시(鄕試)	95
향약(鄕約)	136
허혼서(許婚書)	189
현구고례(見舅姑禮)	192
현모양처(賢母良妻)	139
혈연	11
형조(刑曹)	279
호구단자(戶口單子)	268
호모 사피엔스 사피엔스	14
호모 사피엔스	13
호모 에렉투스	13

호모 하빌리스	13
호적(戶籍)	134
호족	273
호주(戶主)	257
혼례(婚禮)	185
혼백(魂魄)상자	198
혼서(婚書)	189
홍동백서(紅東白西)	206
화장(火葬)	75
화장금지법	229
화척(禾尺)	158
환웅	22
환정(還政)	120
환형(轘刑)	291
햇불싸움	128
회시(會試)	95
회초리[苕]	286
효수(梟首)	290
훈련원(訓鍊院)	96
흥(薨)	194
휘장	57
흉수아이	15

한국인의 생활사

2004년 2월 25일 1판1쇄
2011년 3월 25일 1판6쇄

저자 : 한미라 · 전경숙
펴낸이 : 이정일

펴낸곳 : 도서출판 **일진사**
www.iljinsa.com

140-896 서울시 용산구 효창동 5-104
대표전화 : 704-1616, 팩스 : 715-3536
등록번호 : 제 3-40호(1979. 4. 2)

값 **16,000**원

ISBN : 978-89-429-0756-4

*이 책에 실린 글과 그림은 문서에 의한 출판사의
동의 없이 무단 전재 · 복제를 금합니다.